宏观经济学

MACROECONOMICS

陈安宁　朱　喆◎编著

图书在版编目（CIP）数据

宏观经济学 / 陈安宁，朱喆编著. —杭州：浙江大学出版社，2014.1(2016.2 重印)

ISBN 978-7-308-12625-0

Ⅰ.①宏… Ⅱ.①陈… ②朱… Ⅲ.①宏观经济学－高等学校－教材 Ⅳ.①F015

中国版本图书馆 CIP 数据核字（2013）第 292290 号

宏观经济学

陈安宁　朱　喆　编著

责任编辑　徐　婵
文字编辑　姜井勇
封面设计　续设计
出版发行　浙江大学出版社
（杭州市天目山路 148 号　邮政编码 310007）
（网址：http://www.zjupress.com）
排　　版　杭州中大图文设计有限公司
印　　刷　浙江省邮电印刷股份有限公司
开　　本　787mm×1092mm　1/16
印　　张　14.25
字　　数　353 千
版 印 次　2014 年 1 月第 1 版　2016 年 2 月第 2 次印刷
书　　号　ISBN 978-7-308-12625-0
定　　价　32.00 元

浙江大学出版社发行中心联系方式：0571－88925591；http://zjdxcbs.tmall.com

前言

与微观经济学相比,宏观经济学是一门更为年轻的经济学分支学科。宏观经济学的诞生是与一场悲惨的大萧条和经济学天才凯恩斯密切相关的。与微观经济学不同,宏观经济学发展走的不是一条扩展式的思辨进路——不断用新范式包容旧范式——而是一条颠覆式的思辨进路,一直处在"革命"与"反革命"的斗争中:凯恩斯的革命——弗里德曼的反革命——卢卡斯、普雷斯科特和基德兰德的继续反革命——新凯恩斯主义的再革命。正因为如此,宏观经济学的教材体系远比微观经济学丰富多样。以中级宏观经济学为例,目前欧美院校较通行的宏观经济学教材大致可以分为两大体系:一是以曼昆、多恩布什和布兰查德等为代表的新凯恩斯主义体系,这些教材以凯恩斯主义和新凯恩斯主义宏观经济学进路为主轴,稍带讲授一些货币主义和新古典宏观经济学;二是以巴罗和威廉森为代表的新古典宏观经济学体系,这些教材以新古典宏观经济学进路为核心,顺便介绍一些凯恩斯主义和新凯恩斯主义宏观经济学。

在编写本书的过程中,我们反复学习了诸多国外教材和相关原始文献,比较了上述两大教材体系的各自特点,觉得各有精彩回味之处和不尽如人意之处。考虑到当前我国宏观经济学教育的国情,我们最后还是选择了前一种教材体系,其中主要原因还是与我国的研究生入学考试制度有关。在知识内容处理上,我们也不得不考虑上述因素。比如,*IS-LM* 模型在许多国外教材中正在弱化和消失,逐渐为 *AS-AD* 模型取代,但是,国内许多教材仍将其视为主干。因而,我们在本书中,在保留较大篇幅对 *IS-LM* 模型进行介绍的同时,特别加强了对 *AS-AD* 模型的应用介绍。为了比较全面地介绍宏观经济学,我们还加强了对有关新古典宏观学派——理性预期和实际经济周期理论观点的介绍。

与微观经济学不同,宏观经济学的发展动力主要来自一些重大历史事件,如大萧条、石油危机,等等。这些历史事件常常会颠覆传统宏观经济学理论,进而促发新宏观经济学理论的诞生。所以,了解这些历史事件对理解宏观经济学理论是有很大帮助的。另一方面,为了验证各种宏观经济学理论,经济学家们作了许多经验调查和实证分析,同样,这些调查分析结果对理解宏观经济学理论也是很有帮助的。因此,在编写本书前,我们曾听取过许多老师和本科生对国内外宏观经济学教材的比较与看法,增加了案例(包括许多现实世界的经济数据和事件)教学,让学生切身体会到宏观经济学就在我们身边,避免将经济学学习用书写成经济学考试用书。

另外,为了便于本科生更好地理解宏观经济学理念,我们试图在正文中尽量使用较简单的数学模型和示意图,避开过于复杂的数学分析。但是,为了满足部分求知欲较强的同学的需要,我们还是把相关内容放到附录中,以便于这部分同学参考和查阅。由于各专业的宏观经济学授课时间不同，教师可以根据实际课时数对本教材内容进行筛选，做一些相应的调整。为了便于这种筛选，本书专门对供筛选的相关章节打上了“*”。

现代宏观经济学有着广泛的研究领域，而由于篇幅有限，书中的章节自然只能涉及一些精心选择的问题。我们试图涉及现代宏观经济分析的所有重要领域，本书的读者对象是经管类大学本科生。不过，我们仍然希望包括研究生和学术同仁在内的更多读者也能对本书产生兴趣。

本书编写分工如下：陈安宁和朱喆合写第一章，朱喆撰写第二章至第八章，陈安宁撰写第九章至第十五章；全书由陈安宁统稿。

尽管我们作出了很大努力，书中必定存在一些未被我们发现的疏漏之处。我们特别期待同仁们能对本教材提出指正与建议，帮助本教材变得更加完善。

陈安宁　朱　喆

2013 年夏　杭州文汇苑

目　录
CONTENTS

第一章

导　论

大多数同学已经学过了微观经济学，现在我们开始继续学习宏观经济学。本章首先要与同学们讨论什么是宏观经济学，我们为什么要学习宏观经济学。其次，要向同学们介绍宏观经济学主要研究什么问题。最后，再向同学们讲授宏观经济学的研究方法，以及如何应用微观经济学原理构建宏观经济学模型，探讨宏观经济运行规律。

1.1　什么是宏观经济学?

同学们每天都可以从报纸、杂志、电视和网络上接触到当今世界上贫富悬殊的大量报道，那么，为什么一些国家富裕，而另一些国家贫穷？为什么我们今天的生活比父辈要富足？为什么一些国家、地区，乃至全世界的总体经济活动总会存在波动？是什么导致一些国家出现了恶性通货膨胀？为什么一些发达国家会存在严重失业？为什么一些国家的政府会欠下巨额债务？对这些社会经济问题的探讨激起了人们的研究兴趣。宏观经济学就是为了解答这些问题而发展起来的一门经济学分支学科。

宏观经济学是以整个社会的总体经济活动为考察对象的。所以，英语中的macroeconomics除了被译作宏观经济学外，还被译作总体经济学。宏观经济学关注的是一个国家的消费者、企业和政府的总体行为，社会经济活动的总水平，各国经济之间的相互影响，以及财政和货币政策的效应等。有人将宏观经济学的研究内容概括为以下四个主体与三个市场。这四个主体与三个市场之间的相互关系，以及其中所涉及的概念就构成了宏观经济学研究的主要对象。通过图1-1，我们可以较好地理解整个宏观经济的运行框架和脉络。

四个主体是家庭、企业、政府、国外部门，它们构成了宏观经济的所有行为主体。需要注意的是，这里所做的区分主要根据的是行为特征本身。家庭是最终消费品的消费者。企业是投资者，即生产性要素的消费者。政府是一个整体性的特殊消费者和投资者。国外部门是用不同货币结算的纯消费者。在宏观经济理论中，这四个主体都是抽象概念，并不特指任何家庭或企业，甚至也不特指哪个政府或国家，往往是泛指或者代表性的、典型性的描述，不能简单地把它们和现实中由夫妻孩子组成的家庭或由某些机关部门组成的政府等定义相混淆。

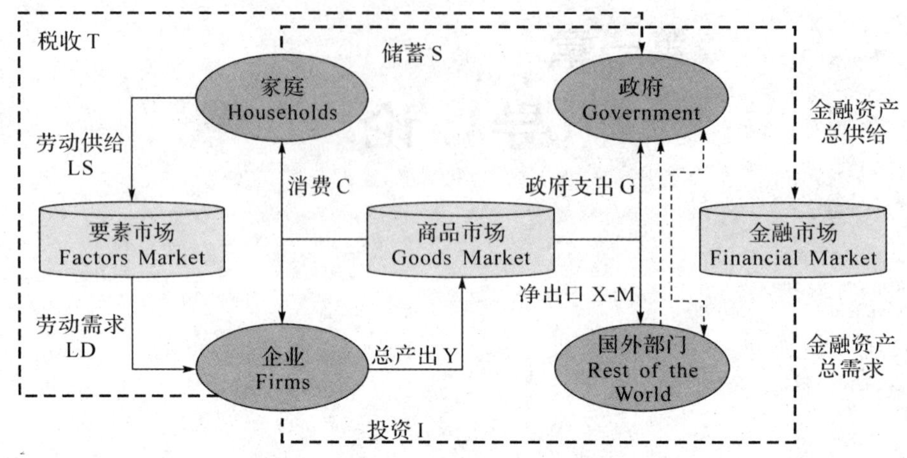

图 1-1 宏观经济学的主要框架

资料来源:袁志刚,等:《宏观经济学》,高等教育出版社 2008 年版。

三个市场是商品市场、金融市场、要素市场,也即所有行为发生的场所。首先,商品市场是整个框架的核心,它从消费角度反映了一国的生产状况,所谓的GDP概念,无非就是整个商品市场中新生产出来的产品与服务的总和。金融市场反映的是服务于商品市场即实体经济背后的货币流动。某些时候,货币流动的趋势与幅度可能会脱离实体经济。要素市场反映的是从生产角度看一国的各种要素供求及相应的收入分配情况,原本应该包含土地、劳动力、资本、企业家才能、知识等诸多生产要素,但由于土地和资本已经货币化,企业家才能和知识往往被列入劳动力中的特殊类别,所以,我们通常只要研究广义的劳动力要素市场就够了。

宏观经济学有别于微观经济学,因为它涉及的是所有经济主体行为对经济的总体影响,而不是单个消费者或企业的选择对经济的局部影响。然而,由于近三四十年来,微观经济学家与宏观经济学家都在使用非常相似的研究工具,微观经济学与宏观经济学之间的区别已经不那么明显了。也就是说,宏观经济学家用来描述消费者与企业的行为、目标与约束,以及它们之间相互影响的经济模型,是根据微观经济学原理建立起来的,而且在分析这些模型和数据时通常也都采用微观经济学家所用的方法。这就要求我们在学习宏观经济学时继续扮演学习微观经济学时扮演的角色,成为一名出色的规划求解者。宏观经济学的特色在于,它的研究重点是总体经济的长期增长和短期波动。经济增长(economic growth)是指一个经济体在一定时期内生产产品和服务能力的提高,而经济波动(economic fluctuation)也称经济周期(business cycle),是指一个经济体的短期波动,即经济景气(boom)与衰退(recession)的周而复始的交替。

宏观经济背景与每个同学密切相关。比方说,你大学毕业时正处于经济景气时期,那么你就会更容易找到一份称心如意的工作;相反,处于经济衰退时期,你就会很难找到一份令自己满意的工作,甚至还会失业。我国近30年的经济发展表明,经济的快速增长,不仅有助于减少社会贫困现象、提升国家综合实力,而且还能给同学们带来一个美好的前程。通过宏观经济学的学习,同学们就能更好地把握经济生活中发生的变化,更清楚地理解合理的经济政策促进经济增长、降低失业率的机理。最后,宏观经济学还能帮助同学们成为更有见识、素养和良知的现代公民。

1.2 宏观经济学研究什么?

世界各国的贫富程度一直存在着巨大的差异。当发达国家的健康专家忙于寻找解决青少年营养过剩之良策时,一些非洲儿童可能正在过着食不果腹的生活。从宏观经济学的角度来看,富国与穷国之间的差异源于它们各自不同的经济发展历程。富国通常经历过一段较长时期的高速经济增长,而穷国则可能从未有过持续的增长,甚至还可能经历了一定时期的经济衰退。

产出的增长率,尤其是人均产出的增长率,最终决定了一国的贫富程度,因而,宏观经济学的一项最重要的任务就是要搞清楚决定经济增长的因素。然而,要搞清这个问题并不容易。举个简单的例子,是什么使德国、日本和韩国这些资源贫乏且饱受战火摧残的国家在一两代人的时间里就恢复元气,甚至完成了现代化;而一些资源丰富的拉美国家的经济却在20世纪七八十年代长期停滞不前,甚至出现负增长呢?为什么我国在改革开放前后,经济增长的表现会有惊人的差异?宏观经济学家对这些问题进行了卓有成效的研究,得出了一些令人信服的结论,但目前他们仍然无法令人信服地回答决定经济增长的主要因素究竟有哪些这一问题。尽管如此,他们当中的大多数人还是确信,较高的储蓄率和投资率、积极的技术和制度创新,以及一些诸如稳定的政治生态、长期的和平环境等其他因素是取得高增长的重要条件。这些探索都为人们进一步研究经济增长提供了有价值的思路。

经济运行过程中,实际GDP(即国内生产总值,gross domestic product)的增长率和失业率等宏观经济指标会在长期趋势上作不规则的波动。由于经济活动的复杂性和不确定性,经济运行的波动并非像时钟的运转那样规则和固定,其演变的进程往往是随机且难以预料的。

尽管制定经济政策的工作通常落在各个国家或地区的领导人身上,但解释经济现象、预测经济结果和提供经济政策方案等工作却往往要由宏观经济学家来完成。为了达到这些目的,宏观经济学家经常需要收集不同时期和不同国家或地区有关收入、价格、失业和其他许多变量的数据。然后,他们就试图构建一般性理论来解释这些数据现象。像研究星体演变的天文学家或研究物种进化的生物学家一样,宏观经济学家不能在实验室中进行受控实验;相反地,他们必须利用历史观察数据来阐释和验证他们的理论。宏观经济学家观察到各国经济互不相同,而且还会随着时间的推移发生变化。这些观察既提供了发展宏观经济理论的素材,又提供了检验宏观经济学理论的依据。在分析各种资料的基础上,宏观经济学还需要研究政府政策对经济产出、就业、通货膨胀和贸易平衡的影响程度,以及如何确定“最优”政策,等等。

1.3 经济学理论与模型

客观地说,宏观经济学是一门年轻而不完善的学科。经济学家预测宏观经济未来趋向的能力并不比地质学家预测下一次强地震爆发时间强。但是,正如同学们将要看到的,经济学家对宏观经济运行的知识确实知道得较多。这些宏观经济知识既有助于解释经济运行,又有助于制定合理的经济政策。

在研究宏观经济问题时，经济学家们经常会有激烈的争论，但他们总会试图以科学家的客观性来分析这些分歧。与任何科学一样，经济学有自己的一套工具(如术语、数据、论述和思考方式等)。不过，在社会科学中，现代经济学的特别之处在于它的思考方式往往与某些数学模型联系在一起。这些工具，特别是数学模型，对外行来说几乎是十分陌生和神秘的。至于为什么经济学家特别喜欢用数学模型来说明问题，谁也没有给出一个完全合理的答案。不过，这种现象大概与以下两点事实有关：一是存在大量系统化的宏观经济数据可供经济学研究使用，整理、挖掘这些数据需要数学；二是经济学中的许多概念需要、也必须用数学语言来描述，这与那场轰轰烈烈的边际革命有关。既然数学成了陈述经济学问题的普遍语言，许多经济学术语需要用数学语言来表述，那么我们就要去熟悉它。熟悉这些数学分析工具的最佳方法就是不断运用这种语言进行实践。为此，本书提供了充分的机会让同学们进行这种实践。为了使这些数学分析不那么令人望而生畏，本书主要讨论其中一些比较简单但又十分重要的部分。

小孩通过玩玩具学到了现实世界的许多知识。例如，他们经常组装汽车模型、轮船模型或飞机模型。当然，这些模型与实物相差甚远，但模型组建者仍然可以从中学到很多相关知识。这是因为，模型体现了其试图模仿的实物的本质。而且，对许多孩子来说，组装模型是很有趣的。

经济学家也用模型来理解世界。不过，与小孩的玩具模型不同，经济学的模型不是实物的，而是文字的或数学的。在古典经济学时期，经济学模型几乎都是文字的。然而，到了边际革命时期，像戈森、杰文斯、门格尔、瓦尔拉斯和马歇尔等经济学家就开始试图用数学语言描述经济学问题。其后，数学模型就逐渐成为经济学研究问题的主流范式。宏观经济学家常常构建数学模型来说明GDP增长率、通货膨胀和失业等经济变量之间的关系。由于经济模型能够帮助我们省略次要的细节并关注根本的联系，它们对我们理解宏观经济运行大有用途。

为了更好地满足自己的需求，人们总有控制和改造周围事物的欲念和企图。因而，人们需要了解和预测它们。要有效地预测事物的发展趋势，人们总会简化现实世界的关系，以便用一个简单的模型将它们概括出来。所有科学的艺术在于判断简化的假设(如假设一个城市的房屋租赁市场上所有房屋的租金是相同的)什么时候揭示了事物的本质和什么时候偏离了事物的本质。简化是构建一个有用模型的必要组成部分。如果构建的模型完全反映现实，那么这样的模型将会复杂得任何人都无法接受，就像一张比例尺为1∶1的地图是毫无用处的一样。然而，简化就会伴随着误差。欧几里得平面几何中三角形内角之和等于180度之类的结论通常会与实地测量结果有所偏差，因为地球是一个不规则的椭圆形球体。一个模型是否成功，关键要看这种简化产生的理论结论与实际结果之间的偏差是否超过人们对其的容忍程度。如果一个经济模型的假设抛弃了其所要处理问题的关键特征，那么这样的模型就会得出错误的结论。因此，构建经济模型要求我们小心谨慎，根据相关常识行事。

与我们中学里学过的物理、化学和生物等自然科学不同，经济学研究的对象不是自然物体，而是实实在在的人，这就大大增加了理解经济学现象的难度。经济学，尤其是宏观经济学不可能像物理、化学和生物学那样进行可以人为控制的实验，因此我们不能奢望经济学模型能达到自然科学模型的精确程度。难以进行宏观经济学实验的主要原因在于成本非常高昂。例如，某位经济学家提出了一种理论，认为如果我国不使用化石能源，则我国的GDP就会下降90%。为了用实验证明这一结论,就得在我国停止使用所有化石能源一年或一个月,看看将会发生什么情况。当然,我们事先已经知道,化石能源在促进我国经济有效运转方面发挥了非常重要的作用,停止使用它们一年或一个月都会给我国经济带来无可弥补的损失。因此,进行这样的实验是极不可行的。许多类似于上面的宏观经济学实验可以使人们增长见识,但因成本过高而无法试行。所以,宏观经济学很像天文学,在很大程度上必须依赖于对现实事物的观察。然而,相当遗憾的是,我们所观察到的经济现象和统计数据并不具有类似于天体运行般的规律性和可预测性,以至于经济学家们不得不想出许多精制的经济计量工具来处理经济统计数据。即便如此,经济学模型也很难做到像万有引力、库仑力那样精确的物理学模型和开普勒三大定律那样优美的天文学模型。就此而言,经济学模型通常不是用来做定量预测的,而是用来说明经济变量之间因果关系、做定性分析的。尽管存在误差,人们还是习惯试图用经济学模型来说明经济活动的运行规律。

一个经济模型需要研究两种变量:内生变量(endogenous variable)和外生变量(exogenous variable)。内生变量是指一个模型要解释的变量,而外生变量则是指一个模型视为给定的变量。在宏观经济模型中,实际国内生产总值、投资、消费、价格(在本书中特指一般物价水平)、实际工资等通常被视为内生变量,而天气、战争和国际政治等则往往被看做外生变量。模型的目的是为了说明外生变量是如何影响内生变量的。图1-2描述了这一过程。

图1-2 经济模型的应用

资料来源:罗伯特·巴罗:《宏观经济学:现代观点》,上海三联书店2010年版。

我们假设图1-2的左边方块所表示的一组外生变量(通常是一些参数)是由模型外的因素给定的,即看作经济学模型的投入。而一组内生变量则是由经济学模型决定的,可以视为经济学模型的产出。如果投入(外生变量)发生变化,产出(内生变量)往往也会随之发生变化。

在宏观经济学中,我们对宏观经济的各种变量(如实际GDP、失业和通货膨胀等)的影响因素很感兴趣。为了研究宏观经济学问题,经济学家往往分析典型消费者、企业,甚至政府的微观经济行为,并以此为基础进行加总,构建宏观经济模型。这种以微观经济学分析为基础的研究方法通常被称为宏观经济学的微观经济基础(microeconomic foundation)。

为了说明用模型分析经济学问题的便利性,这里我们列举一个微观经济学中的著名模型,即需求与供给均衡模型。设想某经济学家打算分析一个城市市区房屋租赁市场情况的短期影响因素。他会在分析中集中应用三种经济学家经常使用的工具:需求曲线、供给曲线和市场出清(market clearing)条件或市场均衡(market equilibrium)条件,即市场上供需实现平衡的条件。

首先,该经济学家会假定待出租的房屋是同质的,即出租的房屋的区位条件相同,质量和大小一样。租房者的理性行为决定了市区住房需求量 Q_d 将随着市区租房价格 P_c 的上涨而下降,随着市区周围地区租房价格 P_r 的上涨而增加。这种关系可以用下列方程来表示:

$$Q_d = D(P_c, P_r)$$

其中，$D(\cdot)$为需求曲线，它反映到(Q_d, P_c)平面坐标上，就是如图1-3中显示的一条向右下方倾斜的需求曲线。

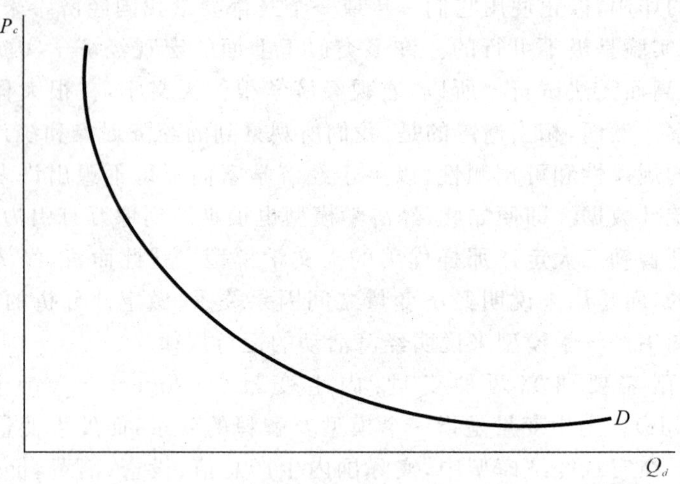

图1-3 需求曲线

其次，该经济学家会进一步假设，短期内市场上出租房屋的供给量Q_s取决于目前该市区房东们可供出租房屋的数量，而且应对市场变化的反应时间很短，投资者没有足够时间去添置或减少他们可供出租的房屋的数量，且出租房屋对房东自用效用为0。这就意味着，可供出租的房屋数量不能对租金的高低做出调整，因此可供出租的房屋数量就等于常数Q_0。这种关系我们可以用下列方程来表示：

$$Q_s = Q_0$$

它反映到(Q_s, P_c)平面坐标上，就是如图1-4中显示的一条垂直的供给曲线。

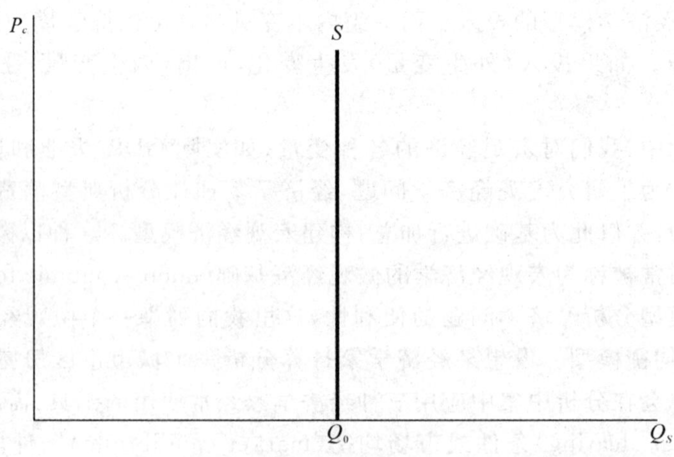

图1-4 供给曲线(甲)

最后，该经济学家还会继续假设市区和周围地区的租房者总量不变，房屋租赁市场是完全竞争的，市区和周围地区的出租房存在某种替代关系。租房者对房东要价的信息是充分的，房屋出租价格会得到充分的调整，市区所有房屋的出租价格必定是相同的，而且待出租

的房屋对自己房东的自用效用为0,即房东会想尽一切办法把房子租出去。最终需求量必然会等于供给量,市场实现出清,即:

$$Q_d = Q_s = Q_e$$

其中,Q_e 是市场出清时的交易量。

上述三个方程就组成了这个城市市区房屋租赁市场的模型。图1-5显示了市区房屋租赁市场的出清情况。图中 P_e 为均衡价格。

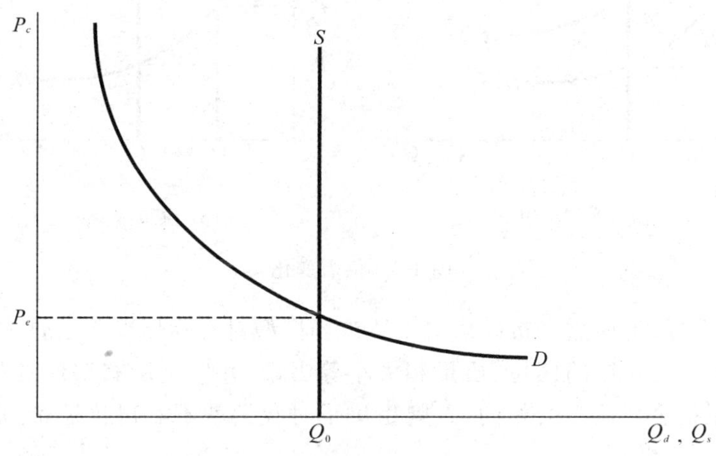

图1-5 供给和需求模型

上面这个市区出租房市场模型有两个外生变量和两个内生变量。外生变量是市区周围地区租房价格 P_r 和可供出租的房屋数量 Q_0,它们是这个模型不考虑予以解释的变量,故被视为由外部因素给定的变量。内生变量是市区租房价格 P_c 和市区房屋租赁市场出清时的交易量 Q_e,它们是这个模型需要解释的变量,即由模型决定的变量。

这个模型可以用来说明外生变量如何影响内生变量。比如,当市区周围地区租房价格 P_r 升高时,许多原来租居市区周围的租房者就会打算不再继续租居市区周围地区,转而租居市内的房子。因此,对市区租房需求就会增加。如图1-6(a)所示,市区房子的需求曲线便会向右移,从 D_1 移到 D_2,这将导致市区房屋租赁市场的出清价格出现上升,交易量不变。导致市区周围地区租房价格上升的原因可以有很多,例如:工矿业发展使民用出租房转为工用出租房;机场、铁路和公路扩建,拆迁了部分出租房;遭遇特大水灾,原有出租房已不再适合居住;等等。我们还可以进一步用上面这个市区房屋出租市场出清模型说明这些事件对市区房屋出租市场价格的影响。

同样地,如果政府对市区旧房子进行拆迁改造,或者市区出现地震、火灾、水灾、风灾等自然灾害,则会使市区可出租的房屋数量下降,即待出租房屋的供给下降,如图1-6(b)所示,从 Q_0 下降到 Q_1。这将导致市区房屋租赁市场的出清价格上升,且交易量下降。

同学们发现没有,许多影响市区出租房市场的因素与价格之间的关系都可以通过这个简单的模型得到合理说明,而不必一个一个分门别类地去说明。这就是经济学模型的威力。同学们要记住,好的模型就是让问题变得越来越简单,而不是越来越复杂。如果一个模型使问题越说越复杂,它必然会被淘汰。今天出现在我们教科书上的模型,都是几经筛选而保留下来的好的或比较好的模型。

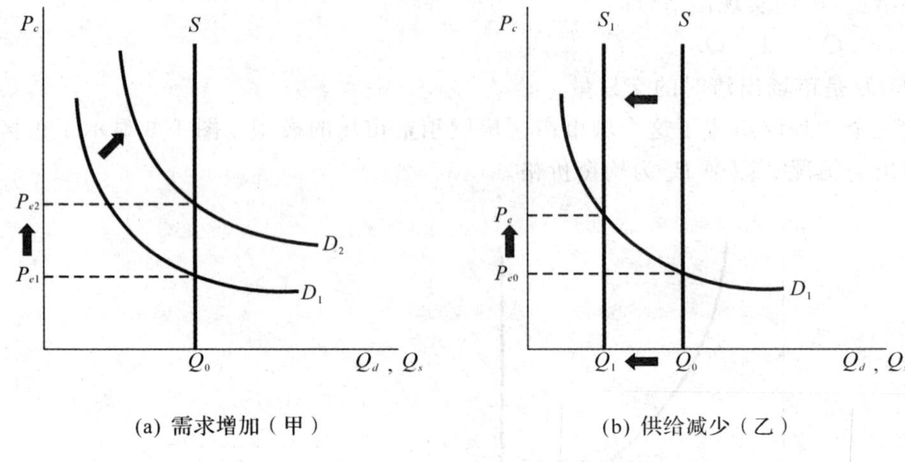

图 1-6　供需变化

与所有模型一样，上面这个市区房屋租赁市场模型对实际情况作了许多简化的假设，比如，这个模型没有考虑房屋的区位、质量和大小等因素，并假定所有房屋的租金相同等。而实际中，每套房屋租金往往不会相同，否则租房子时我们就不必讨价还价，房地产中介公司也就要消失了。

我们应该如何看待这个模型缺乏现实性这一问题？是应该放弃这个简单的房屋租赁市场供给和需求模型，还是应该尝试建立一个考虑到不同区位的房屋出租市场价格的更为复杂的模型？问题的答案取决于我们的目的。如果我们的目的是解释房屋的出租价格如何影响房屋的出租数量，那么房屋的多样性问题就会变得不那么重要。简单的房屋租赁市场模型就可以很好地解决这个问题。但如果我们的目的是解释为什么区位或质量不同的房屋的出租价格会不一样时，这个简单模型就会无效了。

在经济学中，经济学家可能会用迥然不同的经济模型分析同一经济事件，这种分歧是经济学家对经济活动的认识差异所造成的，而认识差异往往与经济学家个人的哲学理念、价值判断、社会认识和经济学方法论的不同有关。但分歧和争论并不一定意味着宏观经济学的理论混乱。我们可以用建立经济模型的方法分清每一种理论不同的基本假设，更好地理解为什么对同一经济事件会有不同的经济理论解释。例如，在上面市区房屋租赁市场的例子中，如果假设行为主体对市场变化的反应时间足够长，投资者有足够时间来添置或减少他们的房产，那么就意味着，可供出租的房屋数量会对市场的价格变化做出反应，也就是它是市区租房价格 P_c 的递增函数，即：

$$Q_s = S(P_c)$$

其中，$S(\cdot)$为供给曲线，它反映到(Q_s, P_c)平面坐标上，就是如图 1-7 中显示的一条向右上方倾斜的供给曲线。

图 1-4 和图 1-7 中两条供给曲线的形状不同，完全是由预设的市场运行时间的“长短”不同造成的，两个模型清晰地表明了这一点。模型并不会让理论避免错误，而是使理论上的错误更加容易被人辨认。模型的错误来自于两个方面：一是发生在推理层面，作者本人和其他读者往往可以直接发现这类错误；二是发生在假设层面，这类错误不能通过阅读本身来克

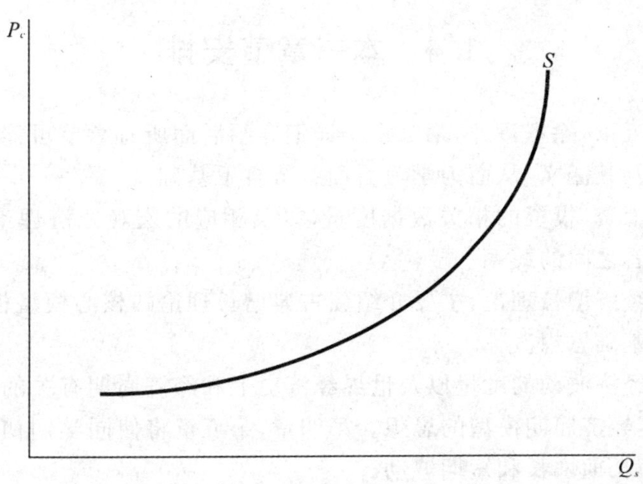

图 1-7　供给曲线

服，只有通过案例和经验数据的验证才能发现。利用经验数据来验证经济学观点有专门的课程——计量经济学。

若该经济学家再假设市区周围地区租房价格上涨，市区租房需求曲线同样要向右移动，如图 1-8 中从 D_1 移动到 D_2 所示，则需求曲线移动将导致市区房屋租赁市场的出清价格上升，即从 P_1 上涨到 P_2；租房市场交易量也将会增加，从 Q_1 增加到 Q_2。在微观经济学中，这个例子就反映了人们对市场“短期”和“长期”两种不同的理解。宏观经济学中这类例子要比微观经济学更多，如我们以后要学到的价格是黏性的或是弹性的，工资是黏性的或是弹性的，等等。

当然，有时不同的经济模型也会得出相同的推理结果，如总供给曲线的形状等。

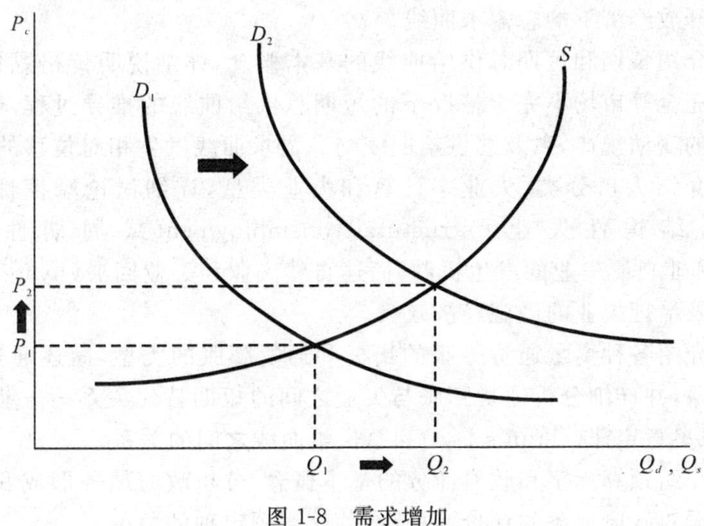

图 1-8　需求增加

1.4 本书章节安排

本文将分为十五章，除本章外，第二章将详细介绍后面所有章节可能涉及的主要宏观经济变量的数据度量及其涵义，从而为学习后面章节打下基础。

第三章将介绍消费、投资的相关数据度量，以及相应的宏观经济理论模型，并详细探讨消费、投资、储蓄三者之间的关系。

第四章将介绍经济增长理论，主要介绍新古典增长理论的核心模型框架，并简单论述内生增长理论的一些基础思想。

第五章将介绍经济波动的度量以及世界经济史上和经济周期有关的重大事件和相关理论，并初步介绍真实经济周期模型的思想。第四章、第五章将使同学们初步了解宏观经济学的两大核心问题，即长期增长和短期波动。

第六章将从政府部门的存在所引发的政府支出、税收等概念出发，引出封闭经济体系下的 *IS* 模型，并进一步介绍乘数等概念。

第七章将介绍货币需求理论、银行体系与货币供给，进而推导出 *LM* 模型，并介绍相关的货币政策涵义。

第八章将介绍 *IS-LM* 模型，这也是宏观经济学最主要的理论模型。进一步阐明该模型的宏观经济政策组合涵义，然后从 *IS-LM* 模型出发推导出总需求曲线，为后面的总需求—总供给模型打下基础。

第九章将介绍一些诸如汇率制度、购买力平价等国际贸易和国际金融方面的基本知识，并将 *IS-LM* 模型扩展到开放经济中去，重点考察小国开放经济的蒙代尔—弗莱明模型和大国开放经济的 *IS-LM-BP* 模型。

第十章重点分析不同汇率制度下各种宏观经济政策的运行情况，并从蒙代尔—弗莱明模型出发推导出开放经济下的总需求曲线。

第十一章将介绍长期和短期总供给曲线的基本概念，详细说明价格黏性、工资黏性、价格加成和信息不完全等市场不完全情况下的短期总供给曲线的推导过程，简要分析长期和短期总供给曲线的变动规律，以及总供给曲线与总需求曲线发生相对位移的后果。

第十二章将介绍人口分类、失业率计算和失业类型，详细讨论摩擦性失业(frictional unemployment)、结构性失业(structural unemployment)、周期性失业(cyclical unemployment)和非自愿失业的发生机制，简述自然失业和失业回滞(hysteresis)理论，分析失业的社会成本及治理失业的微观经济政策。

第十三章将介绍各种衡量通货膨胀的指标和通货膨胀的类型，简述通货膨胀税和通货膨胀的成本与收益，并详细分析通货膨胀与失业之间的短期替代关系——菲利普斯曲线，以及菲利普斯曲线、奥肯定律(Okun's law)和总供给曲线之间的关系。

第十四章将介绍预算赤字和政府债务的基本概念，分析政府债务形成和发展的原因，阐明不同经济学流派对政府债务的评价，以及有关李嘉图定理的争论。

第十五章将在前面各章详细讨论的需求冲击论的基础上，重点介绍供给冲击论和协调失效这两种经济周期理论，简述各种经济学流派在宏观经济政策上的争论。

选择题

1. 宏观经济学家研究以下所有问题，除了(　　)。

A. 影响通货膨胀的因素　　B. 影响失业的因素

C. 联想公司产品的创新　　D. 人均收入的提高

2. 在宏观经济学中，数学模型的作用是(　　)。

A. 可以保证结论的正确　　B. 可以替代实证

C. 可以减少推理的错误　　D. 可以吸引读者

3. (　　)经济学是将经济作为一个整体进行的研究，它的着重点是经济增长、通货膨胀和失业等问题。

A. 宏观　　B. 微观　　C. 发展　　D. 制度

4. 在解释一个完全竞争行业中某小企业产量的模型中，(　　)可能是外生的。

A. 该企业的产品产量　　B. 该企业的产品价格

C. 该企业的雇工数量　　D. 该企业的投入资本

5. 持续市场出清的假设似乎最不适用于(　　)市场。

A. 股票　　B. 大米　　C. 劳动力　　D. 国库券

6. 经济学模型向人们展示(　　)。

A. 外生变量影响内生变量　　B. 内生变量影响外生变量

C. 外生变量与内生变量相互影响　　D. 外生变量与内生变量互不影响

7. 宏观经济学模型的验证，主要依靠(　　)。

A. 实验数据　　B. 经验数据　　C. 逻辑证明　　D. 群众选举

8. 通货膨胀与失业之间的相互作用关系主要在(　　)经济学中研究。

A. 宏观　　B. 微观　　C. 产业　　D. 旅游

9. 在市区房屋租赁市场模型中，(　　)是外生变量。

A. 均衡数量　　B. 价格

C. 租赁房屋的数量　　D. 市区可供租赁的房屋数量

10. 大部分宏观经济学家认为在研究短期问题时，价格是(　　)。

A. 弹性的　　B. 黏性的　　C. 不确定的　　D. 以上都对

练习题

1. 谈谈宏观经济学与微观经济学有那些相同点和不同点。

2. 为什么宏观经济学模型很难进行实验验证？

3. 为什么经济学家会用不同的经济模型解释同一经济现象？

4. 什么是外生变量？什么是内生变量？它们之间有什么关系？

第二章

2 宏观经济的指标与衡量

宏观经济学的两大支柱是衡量和理论。对宏观经济指标进行衡量,既有助于宏观经济学家构建简单的模型,也有利于人们正确理解宏观经济的运行。例如,每年开展对收入和价格的调查,可使我们对收入和价格的变动有所了解,加深对收入与价格相互作用关系的理解,这些调查资料也可以帮助经济学家们建立和验证相关模型与理论。反过来,经济理论又能让我们更好地掌握衡量宏观经济运行的方式。例如,根据经济学理论设计出来的各种消费者价格指数和收入指标,能够更准确、更便利地帮助我们观察宏观经济运行状况,并正确地做出经济决策。

本章将集中关注经济学家和政策制定者最常用的三个经济统计指标:一是国内生产总值(GDP),它告诉我们一定时期内一个国家的总收入及在产品和服务上的总支出;二是价格指数(price index),它告诉我们价格水平变化的趋势;三是失业率(unemployment rate),它告诉我们社会劳动力资源的利用情况。

2.1 国内生产总值

GDP 常常被认为是对一个经济体宏观经济运行表现的最好衡量。它是指一定时期内在一国(或地区)境内生产的所有最终商品(final goods,包括产品和劳务)的市场价值总和。所谓最终商品是指不需要经过进一步加工就可以出售给顾客的商品。中华人民共和国国家统计局每季度公布一次 GDP,用它体现该季度我国国内所有经济活动的总价值。我国国民经济会生产出许多不同的商品,如手机、电脑、汽车、教育、理发和医疗,等等。GDP 就是把这些商品价值组合为一个单一的衡量指标。

比如,在一个"罗宾逊"和"星期五"的抽象经济体中,只生产椰子和鱼两种产品。假设采摘了 200 个椰子,每个椰子的价格为 2 元;捕获了 100 条鱼,每条鱼的价格为 3 元。那么,这个经济体的 GDP 就是:

$$
\begin{aligned}
GDP &= \text{椰子的价格} \times \text{椰子的数量} + \text{鱼的价格} \times \text{鱼的数量} \\
&= 2 \times 200 + 3 \times 100 = 700(\text{元})
\end{aligned}
$$

GDP一方面被看成是经济中所有人的总收入，另一方面被当做是经济中购买所有商品的总支出。对整个经济而言，收入必定等于支出。这个等式鉴于下面这样一个事实：由于每一次交易都有一个买者和一个卖者，买者支出的每1元钱必然构成了卖者的1元收入。比如，小张给小李理发，小李支付给小张60元理发费，小张挣得了60元收入，两者一定相等。无论我们是把所有收入加在一起，还是把所有支出加在一起，这次交易对GDP的贡献都是60元。

同样地，将各个生产单位创造商品的增加值(value-added，也译作附加值)之和与用于全部最终商品的支出的总和也应该是一样的。增加值是指创造的商品价值减去用于生产的中间商品(intermediate goods)的价值。中间商品是指在出售给顾客之前还需进行再加工的商品。比如，小王去茶馆喝一杯茶花了50元，这个花费可以通过加总从茶叶种植到茶馆泡好一杯香茶的每一个生产环节的增加值来获得。假定这些茶由茶农种植创造的增加值为10元，炒茶工人炒茶创造的增加值为10元，茶叶运输工人和批发商创造的增加值为15元，茶馆泡好一杯香茶创造的增加值为15元，则我们通过10＋10＋15＋15的简单加和计算就可得到一杯香茶在茶馆出售的最终价格为50元。

综上所述，我们可以知道衡量GDP有三种方法：支出法(expenditure approach)、收入法(income approach)和生产法(product approach)。如果每一种方法都没有衡量误差，三者的统计结果就应该完全相同。

最终商品与中间商品

在计算GDP时，我们应该避免将同一事物进行重复计算的错误。比如，当小陈在超市买了一个8元钱的面包时，面粉已经作为面包的一部分被计入GDP了。假设做这个面包所用面粉的价值为2元，那么将面粉2元和面包8元一同计入GDP将是错误的做法。这样的计算被称作重复计算。在这个例子里，为了避免重复计算，我们就不能将中间商品(面粉)计入GDP，而只应将最终商品(面包)计入GDP。但如果哪一天小陈想自己包饺子吃，去超市买了3元钱的面粉，那么这些面粉就应该被视为最终商品，这3元钱也应被计入GDP。

支出法

用支出法核算GDP，就是从商品的使用角度出发，把一年内购买的各项最终商品的支出加总后计算出的市场价值。现实中，最终商品的用途主要包括居民消费(consumption，C)、私人投资(investment，I)、政府购买(government purchases，G)和净出口(net exports，NX)四大项目。

居民消费由家庭购买的产品与服务构成，它又分为三个子类别：非耐用品消费、耐用品消费和服务消费。非耐用品是持续时间较短的产品，如食物和服装。耐用品是持续时间较长的产品，如汽车和家用电器。服务包括个体和企业为消费者付出的劳动，如教育和医疗。

私人投资由为未来使用而购买的产品构成，它也分为三个子类别：企业固定投资、住房固定投资以及存货投资。企业固定投资是企业对新厂房和设备的建造或购买。住房投资是家庭和房东对新住房的购买。存货投资是企业产品库存的增加(如果库存减少，则存货投资为负）。从国民经济统计的角度看，生产出来但没有卖出去的产品只能作为企业的存货投资处理，这样才能使按生产角度统计和按支出角度统计的 GDP 在理论上保持一致。

政府购买是指各级政府购买的商品。这些商品包括政府工作人员的办公设备、高速公路和政府工作人员提供的服务等项目。它并不包括向个人的转移支付（transfers），例如社会保障和福利。这是因为转移支付是已有收入的再分配，并不用于交换商品，故不是 GDP 的一部分。同样的道理，公债利息等都不被计入 GDP。

净出口是指出口扣除进口的差额。扣除进口是因为进口表示收入流到国外而没有用于购买本国商品；计入出口是因为出口表示收入从国外流入，是用于购买本国商品的支出。因此，净出口应计入总支出。净出口的代数表达式为：

$$NX=X-M$$

其中，X 表示出口，M 表示进口。

上述四个项目加起来，就是支出法计算 GDP 的公式：

$$GDP=C+I+G+NX$$

它表示 GDP 中的每 1 元钱都属于这四大类中的一类。这个等式是一个恒等式（identity），即根据 GDP 的定义而生成的等式。这个等式通常被称为国民收入核算恒等式（national income accounts identity）。

政府购买 G 由政府消费 C_g 和政府投资 I_g 两部分组成，居民消费 C 与政府消费 C_g 之和就是社会全部最终消费支出 C_s，企业投资 I 与政府投资 I_g 之和就是社会所有资本形成 I_s。因此，上面的恒等式也可以写成：

$$GDP=C_s+I_s+NX$$

表 2-1 是 2010 年我国根据支出法计算得出的国内生产总值表。

表 2-1 我国根据支出法计算的国内生产总值表（当年价格） 单位：亿元

支出法计算的国内生产总值	394307.6
最终消费支出	186905.3
资本形成	191690.8
商品净出口	15711.5

资料来源：《2011 年中国统计年鉴》。

收入法

为了用收入法计算 GDP，我们需要对各个经济主体参与生产而获得的全部收入进行加总。这些收入包括以下项目：

工人报酬（compensation of employees），是指工人挣得的工资和福利津贴。

业主收入（proprietors' income），是指非公司企业的所有者，如个体医生、个体律师、小店铺主和农民等群体的收入。

租金收入（rental income），是指房东得到的收入减去折旧等。

公司利润（corporate profits），是指公司扣除工资、利息和房租等后的收入。

折旧（depreciation），是指固定资本损耗（consumption of fixed capital）的价值量。

净利息(net interest),是指国内企业支付的利息减去得到的利息,加上从国外赚到的利息。

企业间接税(indirect business tax),是指企业缴纳的工资税和销售税等减去冲抵的企业补贴。间接税是指税收负担不是由纳税人本人承担的税收,即这种税收的负担是可以转嫁出去的。由于我们计算利润时已经剔除了折旧,因而在计算 GDP 时需要将其再加进来。

因此,按收入法计算 GDP 的公式就是:

GDP=工资+利息+利润+租金+折旧+间接税和企业转移支付

生产法

生产法也称增加值法(value-added approach),是将一个经济体中所有企业和个人的产出进行加总。要运用这种方法,我们首先要排除之前讨论过的"重复计算"问题。举例来说,如果通过加总新的面包、面粉、食糖和食用油等的总产值来计算 GDP,用来生产面包的面粉、食糖和食用油等的产值就会被重复计算两次,因此如果我们要通过加总产值来计算 GDP,就必须只计算每一个生产环节中的增加值。增加值是指一家企业的产值减去生产中使用的中间产品的价值。换句话说,也就是企业附加在中间投入品上以获得最终产品的价值。例如,一个面包师傅购买了面粉、食糖和食用油等原料,然后通过生产面包而增加的价值。当我们用生产法计算 GDP 时,我们只计算每一个生产环节的增加值。比如,生产一个面包的总价值为 8 元,其中增加值为 4 元,面粉、食糖和食用油等原料的价值为 4 元。用生产法计算时,这个面包计入 GDP 的价值量就应该为 4+4=8(元)。

误差

理论上说,上述三种方法计算的 GDP 在数量上应该是相等的,但实际核算中常常存在误差,因而需要加上一个统计误差项来进行调整。实际统计中,一般以支出法所计算出的国内生产总值为标准。

由图 2-1 可知,我国在实际统计中,用生产法计算出来的 GDP 通常要比支出法计算出来的 GDP 低 2~3 个百分点,最多时低 5 个百分点,这样的误差其实并不算小。同样地,在

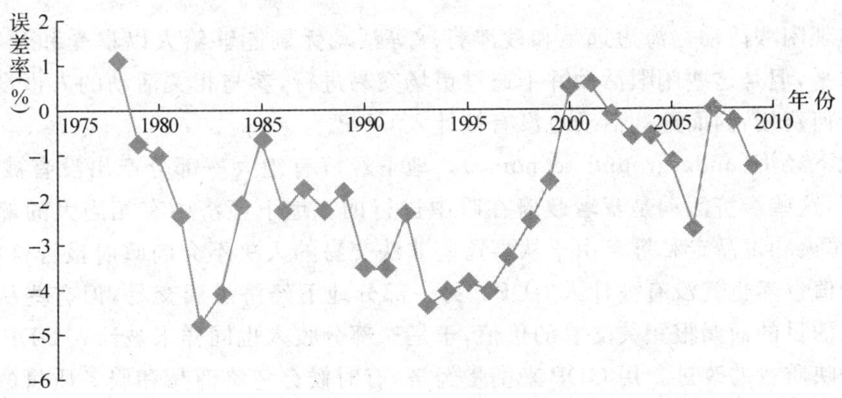

图 2-1　支出法与生产法计算出来的 GDP 的误差率

误差率=(生产法 GDP-支出法 GDP)×100%÷(支出法 GDP)

资料来源:《2011 年中国统计年鉴》。

支出法与收入法以及生产法与收入法之间，也存在类似的误差。

误差分析也成为核实和修正 GDP 的依据之一。即使某一年的 GDP 公布后，这一年的 GDP 数据也会随着核实工作的深入而不断得到更正。

投资与"二手货"交易

有些名词在经济学中的用法与日常习惯用法有很大差异。例如，宏观经济学中的"投资"一词并不包括不同个体之间进行资源重新配置的购买。举例来说，尽管许多人习惯把集邮看作是一种投资，比如小胡用 10000 元从小林手里购买了一张 1980 年面值仅为 8 分的"猴票"，并期望将来以更高的价格转卖给其他人而获利。但在经济学中，这种"炒邮票"行为就不能被视为投资，也不会作为 GDP 的一部分得到计算。因为 GDP 衡量的是现期产品和服务的价值，而这张"猴票"是 1980 年的产品，而非现期产品。推而广之，购买任何"二手货"（如旧房、旧车、废品、普通股票，等等）的行为在宏观经济学中都不能被视为投资。"二手货"的出售也不会作为 GDP 的一部分得到计算。

当然，如果在"二手货"交易中，交易者支付了交易税或交易费，则交易税和交易费就应被计入 GDP。这是因为，这些交易税和交易费是在现期交易活动中政府部门和交易中介商提供服务的价值。

用 GDP 反映社会福利的不足

通常，GDP 只不过是衡量一定时期内一个国家（或地区）经济中生产和交换商品全部价值的指标。但事实上，人们往往喜欢把人均 GDP 当做衡量一个国家（或地区）人民福利水平的指标。然而，作为衡量一个国家（或地区）人民生活福利的指标，GDP 具有以下一些不足。

没有考虑家庭工作和生产。尽管家务劳动对改善人们的境况和福利水平起到很大的作用，但大部分家务劳动并不通过市场进行。例如，母亲在家做饭供全家消费，让大家吃得可口开心，然而由于母亲并没有向家庭成员收取任何费用，故这部分改善福利的活动没有被计入 GDP。

无法体现闲暇活动。海边远足和沙滩打球等活动无疑能够给人以享受和开心，提高人们的福利水平，但是这些闲暇活动并不通过市场交易进行，参与相关活动的人也没有向其他人支付过任何费用，因而这些活动也没有被计入 GDP。

遗漏地下经济（underground economy）。地下经济有绝大一部分产出没有被计入 GDP 的原因在于，这些经济活动是背着政府在暗中进行的。地下经济中有相当大的部分属于非法交易，如军火和毒品走私等。由于从事这些非法交易的人决不会向政府报告这些交易，相关交易的价值自然也就没有被计入 GDP。另一部分地下经济虽属交易，但有些从事交易的人出于逃税的目的而漏报相关交易的价值，于是这部分收入也同样未被计入 GDP。

不能反映质量的改进。用 GDP 来衡量经济，有时候会忽略商品和服务质量的改进。比如，一台新型号的电脑实际上比旧型号的电脑配置更高、性能更好，从而使使用者获得更高的福利。但如果它们的价格是一样的，就不会带来 GDP 的增长。

忽视收入分配。GDP 总量没有考虑收入在人口中是如何分配的。极端地讲，假如一个经济体中的某一个人(如国王)拥有整个经济的全部收入,而其他人一无所有,那么这个经济体的平均福利水平就很低,但却无法在 GDP 中体现。

没有反映环境质量。GDP 没有考虑环境污染、自然资源退化等因素引起的经济损失成本,这部分成本没有从 GDP 中扣除。比如,因牧场过载而造成土地沙化,GDP 只计入畜牧业生产部分,而并没有扣除土地沙化的成本。

名义 GDP 和实际 GDP

由于 GDP 是用货币单位来计算的,因此一个国家(或地区)GDP 的变化来自于两个方面:一是商品数量的变动,二是商品价格的变动。如果需要比较一个国家在不同时期内的社会福利情况,人们就希望从 GDP 的变动中剔除价格变动的因素,否则 GDP 将失去衡量社会福利的意义。用现价计算的 GDP 不能满足不同时期社会福利比较的要求。比如,在上面的例子中,假定第二年商品的产量仍然保持原有水平:椰子 200 个、鱼 100 条;但价格却发生了很大变化:每个椰子 4 元、每条鱼 6 元。显然,这时的社会福利与前一年相比并没有变化。然而,GDP 或人均 GDP 却增长了一倍。为此,我们需要对 GDP 作进一步的划分,即划分为名义 GDP(nominal GDP)和实际 GDP(real GDP)。

名义 GDP 是用生产商品的当期(通常为当年)价格计算的全部最终商品的市场价值。本章在前面提及的 GDP 实际上就是指名义 GDP。

实际 GDP 是选定某一时期作为基期(base period),通常被称为基年(base year),然后以基期价格(通常称为不变价格)核算出的当期所生产的全部最终商品的市场价值。在上面的例子中,将第一年定为基年,实际 GDP 就仍旧为 700 元。这样考量,结果就与福利不变的事实相符了。

与 GDP 相关的其他收入指标

在国民收入核算领域,除了 GDP 外,还包括其他一些收入衡量指标,如国民生产总值(gross national product,GNP)、国民净产值(net national product,NNP)、国民收入(national income,NI)、个人收入(personal income,PI)和个人可支配收入(disposable personal income,DPI)等。

国民生产总值是指经济社会(一国或一个地区)成员在一定时期内运用生产要素所生产的全部最终产品和服务的市场价值。与 GDP 核算的国家原则不同,GNP 的核算原则是国民原则。按照这一原则,凡是本国国民所创造的收入,不管生产要素是否在国内,都被计入本国的 GNP 中。特别地,一国企业在国外子公司的利润应计入本国的 GNP 中,而国外公司在该国子公司的利润则不应被计入该国的 GNP 中。比如,一个中国公民在美国开了一家公司,在美国赚取的利润收入是美国的 GDP 的一部分,而不是中国 GDP 的一部分,因为这部分收入是在美国赚取的;同时,这部分利润收入是中国 GNP 的一部分,而不是美国 GNP 的一部分,因为这部分收入是中国人赚取的。

根据以上说明,GNP 和 GDP 的关系可以表示为:

GNP＝GDP＋来自国外的要素报酬－支付给国外的要素报酬

国民净产值表示经济活动的净结果,等于国民生产总值减去折旧,即:

NNP＝GNP－折旧

国民收入是指一国全部生产要素在一定时期内提供服务所获得的报酬的总和，即工资、利息、租金和利润的总和。国民收入是衡量经济中所有人一共赚了多少钱的指标。国民收入与国民生产净值的关系为：

NI＝NNP－间接税－企业转移支付＋政府对企业的补贴

其中，企业转移支付包括企业向社会的各种馈赠。

个人收入是指个人得到的收入。国民收入不是个人收入，这是因为，一方面，国民收入中有四个主要项目不会成为个人收入，即公司未分配利润、公司所得税、社会保险税和净利息（国内企业支付的利息减去它们得到的利息，加上从外国人那里赚到的利息）；另一方面，政府转移支付、股息和个人利息虽然不属于国民收入（生产要素报酬），但却会成为个人收入。因此，从国民收入中减去公司未分配利润、公司所得税、社会保险税和净利息，再加上政府转移支付、股息和个人利息，就得到了个人收入：

PI＝NI－公司所得税－公司未分配利润－社会保险税－净利息＋政府转移支付＋股息＋个人利息

个人可支配收入就是个人收入扣除个人所得税和某些对政府的非税收支付（如违规停车罚单），属于家庭能够支配的收入。

DPI＝PI－个人税收和非税收支付

实际 GDP 的链式加权

在计算实际 GDP 时，我们会选用某个基期来衡量。然而，随着时间推移，基期价格就会变得越来越过时和不靠谱。比如，近年来电脑价格大幅度下降，房价却迅速上升，当我们对电脑和住房的生产进行估算时，若仍以 20 或 30 年前的价格为基期就会产生误导。

假设一个丫丫国家的居民只消费苹果。国之东部种植红苹果，西部盛产青苹果，正常年份东、西部苹果产量基本一样。假设某一年（定为基期）正巧遇到东部红苹果大丰收，收获了 1000000 个红苹果，价格为每个 1 元，西部青苹果遭受重灾，只收获了 1 个，价格为每个 10000 元。几年后，情况正好相反，东部红苹果遭受灭顶之灾，只收获 1 个，价格上涨到 10000 元，而西部青苹果大丰收，收获了 1000000 个，价格下降到每个 1 元。根据我们的习惯判断，这两种情况的社会福利应该差不多。但若按上面的方法计算实际 GDP，则这一年的实际 GDP 为 10000000001 元，比基年实际 GDP（1010000 元）增长了 989999％。显然，上面这种衡量实际 GDP 和 GDP 增长率的方法有失偏颇。

为了解决这个问题，传统做法是每 5 年或 10 年选定一个新的基年，然后按此年的价格计算此后 5 年或 10 年的实际 GDP。我国常用的固定基期有：1950 年、1952 年、1957 年、1965 年、1970 年、1978 年、1980 年和 1985 年等。不过，这种方法还是不足以应对新产品不断涌现和相对价格剧烈变动带来的问题。20 世纪 90 年代中期后，国际上开始推广一种被称为链式加权的方法。在这种新的计算方法中，基年会随时间推移而不断变化，比如，用 2008 年和 2009 年的平均价格来衡量从 2008 年到 2009 年的实际 GDP 增长率，用 2009 年和 2010 年的平均价格来衡量从 2009 年到 2010 年的实际 GDP 增长率……然后，把这些不同年份的实际 GDP 增长率“链”起来，由此得到任何一个时期的实际 GDP。即：

$$RGDP_n=(1+r_1)(1+r_2)\cdots\cdots(1+r_n)RGDP_0$$

其中，n 代表当期在基期后的年份，r_n 是基期后第 n 年的实际 GDP 的增长率，$RGDP_0$ 是基期的实际 GDP(与基期的名义 GDP 是相等的),$RGDP_n$ 是当期的实际 GDP。

这种新的实际 GDP 的链式加权衡量比传统衡量方法更好,因为它能够确保用来衡量实际 GDP 的价格永远不会过时。现在我们用新方法来衡量前面例子中的 GDP 增长率。取这两年的(几何)平均,红苹果和青苹果的价格都为 100 元 1 个,实际 GDP 都为 10000010 元,GDP 的增长率为 0。由此可判断,两年的社会福利情况应该是一样的。这里并不是说新的实际 GDP 衡量方法可以消除误导性问题,只是表明新方法可以减少发生误导性的可能性。不过,在实际中,对大多数年份来说,这两种衡量方式得到的 GDP 增长率的差距并不明显,因为现实中的数据不会如此极端。

存量和流量

在经济学变量中有一个重要区别是流量(flow)和存量(stock)两种变量。流量是单位时间的速率,而存量是客观对象在某时点上存在的数量。在宏观经济中,GDP、消费、投资、政府支出和净出口都是流量概念,而我国某一年年末的住房数量就是存量概念。我们知道国民储蓄是流量,而国民财富是存量。在此情况下,国民储蓄是一种每年都增加国民财富存量的流量。流进浴缸的水是一个典型的相似例子,每分钟从水龙头流出的水量是一个流量,而任何时点上浴缸里的水量就是一个存量。

存量和流量之间往往有着相关关系。上面的浴缸例子中,浴缸中水的存量代表了从水龙头里流出的水量的积累,水龙头的流量则代表了浴缸里的水的存量的变动。

2.2 价格指数

宏观经济学中所讲的价格通常是指一般物价水平,劳务的价格则用一个专门名词——工资来表示。价格指数是衡量一段时期内一个经济体一般价格水平(price level)变化情况的指标。我们用价格指数衡量通货膨胀率(inflation rate,通常用 π 表示),即一个时期内价格的变动率,这个时期通常为 1 年或 1 个月。不过,要注意价格指数一般并不等于通货膨胀率,通货膨胀率等于价格指数减去 1。通货膨胀率的大小反映了一个时期通货膨胀的高低程度。

目前有关价格指数的指标很多,比如,消费者价格指数(consumer price index,CPI)、GDP 平减指数(GDP deflator)、生产者价格指数(producer price index,PPI)、批发价格指数(wholesale price index)、零售价格指数(retail price index)、生活费用指数(cost of living index)、货币购买力指数(purchasing power of the money index)以及实际工资指数(real wage index),等等。不过,在日常生活中见到最多的价格指数主要有两个:消费者价格指数和 GDP 平减指数。

消费者价格指数

CPI 作为一个单独反映消费者购买商品的价格指数,与广大老百姓的日常生活息息相关。人们将其看成一个很重要的价格指数。日常生活中人们一讲到通货膨胀,就会提及

CPI。中华人民共和国国家统计局每月都会公布一次 CPI。CPI 的计算方法有些特殊，定义为普通消费者购买具有代表性的一组产品（即所谓的一篮子产品）的当期（通常为当年）支出价值与基期支出价值之比。比如，假设一个典型的消费者每年购买 100 个椰子和 50 条鱼，一篮子产品就为 100 个椰子和 50 条鱼。若当期价格为每个椰子 3 元、每条鱼 4 元，基期价格为每个椰子 2 元、每条鱼 3 元，则 CPI 为：

$$\text{CPI}=\frac{\text{当期购买一篮子产品的支出价值}}{\text{基期购买一篮子产品的支出价值}}\times 100\%$$

$$=\frac{100\times 3+50\times 4}{100\times 2+50\times 3}\times 100\%=142.86\%$$

GDP 平减指数

GDP 平减指数也叫隐性 GDP 价格平减指数（implicit GDP price deflator），定义为名义 GDP 与实际 GDP 之比。比如，在上面的例子中，如果当期产量提高到椰子 250 个、鱼 150 条，则 GDP 平减指数为：

$$\text{GDP 平减指数}=\frac{\text{名义 GDP}}{\text{实际 GDP}}\times 100\%$$

$$=\frac{250\times 3+150\times 4}{250\times 2+150\times 3}\times 100\%=142.11\%$$

消费者价格指数与 GDP 平减指数比较

从上面关于 CPI 和 GDP 平减指数的定义中，我们可以看出两者所提供的有关价格总体水平变动方面的信息存在差异，具体表现在以下几个方面。

第一个差别是购买者的产品组合方面。GDP 平减指数衡量的是生产出来的所有产品的价格，企业或政府购买的产品价格的上升将部分反映在 GDP 平减指数上，而 CPI 仅仅衡量消费者购买的产品的价格，企业或政府购买的产品的价格上升不会反映在 CPI 上。

第二个差别是产品的来源地组合不同。GDP 平减指数只包括国内生产的产品，进口品并不是 GDP 的一部分，不会反映在 GDP 平减指数上。相反地，那些进口的消费品的价格变动会反映在 CPI 上。

第三个差别是“一篮子”的标准不同。CPI 给不同产品的价格分配固定的权重，而 GDP 平减指数则分配变动的权重。换一句话说，CPI 是用固定的一篮子产品来计算的，而 GDP 平减指数允许一篮子产品随 GDP 组成成分的变动而变动。

这里仍用丫丫国的例子说明问题。假如正常年份东、西部苹果产量基本一样。红、青两种苹果对绝大部分（多于 99.99%）消费者来说是可以完全替代的（替代比例为 1∶1）。两种苹果的价格均为 1 元 1 个。当然，丫丫国也有极少数“青苹果粉”和“红苹果粉”，“青苹果粉”们只吃青苹果，坚决不吃红苹果，“红苹果粉”们只吃红苹果，坚决不吃青苹果。突然，有一年东部红苹果大丰收，产量为正常年份的 2 倍，而西部青苹果遭受灭顶之灾，颗粒无收，产量为 0。此时，丫丫国的水果店的货架上，红苹果的价格仍为 1 元 1 个，而青苹果（上一年的剩货）的价格却飚升为 10000 元 1 个。由于青苹果已不再是 GDP 的一部分，青苹果价格上涨不会反映到 GDP 平减指数上，GDP 平减指数仍然 100%。相反地，因为 CPI 是按包括青苹果在内的固定的一篮子产品（5 个红苹果和 5 个青苹果）计算的，故青苹果价格飙升显然会引起

CPI 的疯涨。按照上面提供的数据计算，$CPI=\frac{5\times1+5\times10000}{5\times1+5\times1}\times100\%=500050\%$。从这个例子中我们可以看到，由于没有考虑产品替代、使用价值提升等因素，CPI 往往倾向于夸大通货膨胀。在极端情况下，CPI 对通货膨胀的衡量会严重偏离我们习惯上的判断。同样地，GDP 平减指数也会产生类似的偏离。

从极端例子中可以看出，CPI 与 GDP 平减指数有时会有很大差异。不过，在实际情况中，GDP 平减指数和 CPI 的差距并不像上面极端例子中那样显著，如图 2-2 所反映的，在 1980—2010 年间，我国的 GDP 平减指数和 CPI 走势基本上是一致的。因为指数也和模型一样，是对现实的简化刻画，是按照"正常"情况设计的，只要在绝大多数情况下能反映宏观经济运行状况就行。

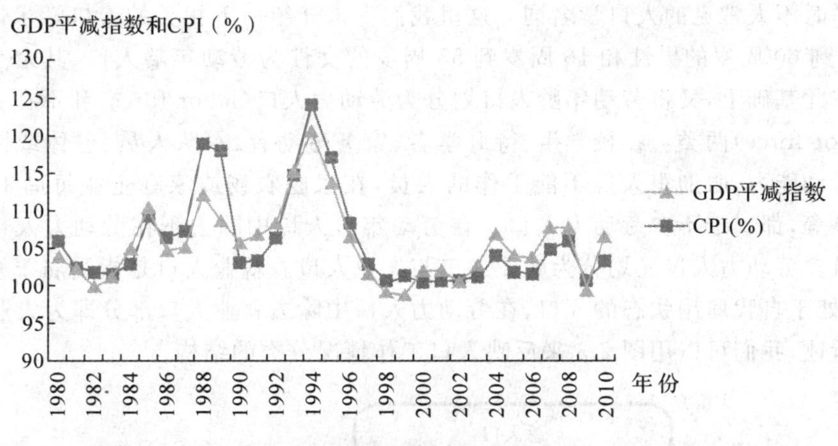

图 2-2　我国 GDP 平减指数和 CPI 走势对比：1980—2010

资料来源：《新中国五十年统计资料汇编》，《2011 年中国统计年鉴》。

在图 2-2 中，我们可以看出，我国改革开放初期 GDP 平减指数和 CPI 很不稳定，GDP 平减指数和 CPI 的变化幅度极大。其主要原因有两个方面：一是基本建设规模铺得过快，如 1979 年、1980 年的"洋跃进"，而早期出现财政赤字又全部是由中央银行发行货币来填补的，从而引起了较高的通货膨胀；二是将隐蔽性通货膨胀公开化了，如 1986—1988 年间的消费品的价格放开，导致 CPI 大大高于 GDP 平减指数，又如 1992—1994 年间的取消物资计划配给，也引起了较高的通货膨胀。其后，中国 GDP 平减指数和 CPI 还经常出现波动，但是已无大起大落的现象，且两者的偏差也日益趋小。

2.3 失业率

由于失业对当事人的心理折磨非常大，失业成了社会最为关心的经济问题。失业一词在许多学科里都有使用，但含义不尽相同。在宏观经济学中，失业有其特殊的界定，一般是指一个人愿意并有能力为获取报酬而工作，但尚未找到工作的情况。国际劳工组织关于失业的界定有三条通用的标准：第一是没有工作，既不被人雇用，也没有自我雇用；第二是当前准备工作，在相应的时期内，愿意被雇用或自我雇用；第三是正在寻找工作，在近期内积极地寻找被人雇用或自我雇用的机会。所有愿意工作的人都处于受雇佣或自我雇佣状态，就被称为充分就业(full employment)。

那么,我们用什么指标来衡量失业的严重程度呢?用绝对失业数量来衡量肯定是不准确的,因为一个经济的规模越大,人口或劳动力总量越大,失业人数往往也可能越多,像美国、中国的失业人数都可能会超过一个欧洲小国的总人口,但只要比重不高,就会让人们觉得失业情况并不严重。相反地,一个欧洲小国,虽然失业人数总量并不是很大,但若失业人数比重很高,就会给人感觉有许多人无事可做,社会处于比较严重的失业状态。说到底,失业反映了劳动力市场的一种重要特征,即劳动力不容易出清。能够衡量这种不容易出清程度的相关指标应该是一种相对指标,如失业率、劳动力参与率(labor-force participation rate)、就业—人口比率(employment-population ratio)和非农业就业—人口比率,等等。

计算失业率、劳动力参与率、就业—人口比率和非农业就业—人口比率等指标都会涉及一些我们平时不太常见的人口学名词。这里我们先来介绍一下相关的人口学术语。我国规定,16 周岁到 60 周岁的男性和 16 周岁到 55 周岁的女性为劳动年龄人口,其余为非劳动年龄人口。在此基础上,又将劳动年龄人口划分为劳动力人口(labor force)和不在劳动力人口(not in labor force)两类。在校学生、待升学者、家务劳动者、军队人员、退休或因病退职人员及丧失劳动能力、服刑犯人等不能工作的人员,在家庭农场或家庭企业每周工作不足 15 小时的人员等,都属于不在劳动力人口。在劳动年龄人口中除去不在劳动力人口后就得到劳动力人口。劳动力人口又划分为就业人口与失业人口。就业人口是指受雇于企业或政府部门,或者处于自我雇用状态的人口,在劳动力人口中除去就业人口部分即为失业人口。

综上所述,我们可以用图 2-3 来反映人口工作情况分类的结构。

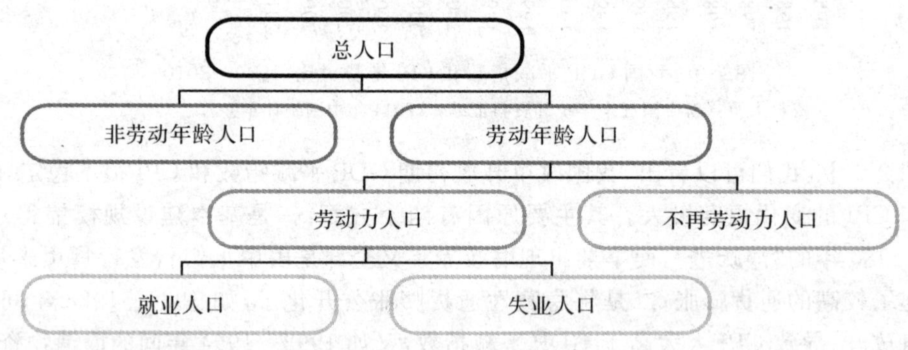

图 2-3　总人口划分示意图

当然,在现实中要确定某个人具体属于哪种人口类型有时是相当困难的,操作中可能会出现错误。比如,小程同学准备在大学毕业后考研究生,因而不打算去找工作。理论上讲,他不属于劳动力人口,也不属于失业者。但因为他将档案留在自己身上,故统计部门仍将他划入劳动力人口,算作失业者。即使同一个人长时间不工作,也很难确定他是失业还是不失业。比如,小汤是一个影视演员,属于自由职业者,连续两个月没有工作,其中第一月是他自己给自己放假,那么这个月他就不属于劳动力人口,不必计算到失业人口当中去,而第二月他打算接戏,但都没有找到合适的角色,这时他就应算作失业人口了,要计算到失业率当中去了。不过,类似这样的情况都是小概率的随机事件,比例很小,并且可能相互抵消,所以从统计学角度看几乎可以忽略不计。

现在让我们来定义上面提到的前三个衡量失业的指标:

$$失业率=\frac{失业人口}{劳动力人口}$$，表示劳动力人口中失业人口的比率。

$$劳动力参与率=\frac{劳动力人口}{劳动年龄人口}$$，表示劳动年龄人口中劳动力人口的比率。

$$就业—人口比率=\frac{就业人口}{劳动年龄人口}$$，表示劳动年龄人口中就业人口的比率。

目前中国只有劳动保障部门所公布的城镇人口登记失业率。登记失业率，统计的是到公共就业服务机构进行失业登记、享受失业保险待遇并正在求职的失业人员的数量。由于中国就业服务体系和社会保障体系还不完善，到劳动保障部门就业服务机构登记求职的失业人员数量不够全面，再加上就业和失业登记办法还不是很健全，因此存在着实际失业率高于登记失业率的现象。目前，采用家庭抽样调查失业的方法是国际上最常见和通用的做法，这种方法取得的失业率可以进行国际比较。但中国还没有开展劳动力抽样调查，所以没有抽样调查失业率。

正如我们上面讨论的情况，由于劳动力人口在任何国家都是一个比较难以度量的指标，而失业率和劳动力参与率都依赖于它，只有就业—人口比率不依赖劳动力人口。所以，尽管就业—人口比率不是最直接反映失业状况的指标，却是实际中比较容易得到的指标。不过，这个比较容易获得的指标在像中国这样的发展中国家使用时，还要稍做修正，如可以选用非农产业就业—人口比率替代。

$$非农产业就业—人口比率=\frac{非农产业就业人口}{经济活动人口}$$，表示经济活动人口中非农产业就业人口的比率。

按照中国统计局的定义，经济活动人口是指在16周岁及以上有劳动能力、参加或要求参加社会经济活动的人口。非农产业就业—人口比率是研究我国劳动力就业情况的重要指标。不过以后章节中，在讨论一般失业问题时，我们仍选失业率作为指标。

中国劳动市场就业情况的度量指标

改革开放前，中国农村人口众多，人均耕地面积少，工业起步晚，城市化水平低，经济发展道路曲折，加上户籍和用工制度僵硬，严重地阻碍了城乡之间劳动力的正常流动，使得农村劳动力的供给大大超过需求，这些超额农村劳动力从事农业生产的边际收益接近为0，或远低于非农产业。因此，当时在中国农业就业的劳动力不能看做是完全就业。这些劳动力在农业中一年的实际劳动时间远远低于意愿劳动时间。经济学家常常将发展中国家的农村视为劳动力的蓄水池。也就是说，在中国农村存在大量隐性失业(disguised unemployment)。因此，不能将当时一个在农村就业的劳动力视为一个完全的就业者，用一般的就业—人口比例来说明中国的失业情况就会有失偏颇。改革开放后，大量农村剩余劳动力(surplus rural labor)进城向非农产业转移，极大地促进了城市劳动市场特别是低端劳动市场的竞争，导致部分国有企业倒闭或半停业，以及部分原城市劳动力下岗和待业。所以，城镇登记失业率只能反映部分生活比较困难的城市劳动力失业情况，而不能真实地反映劳动市场状况。相比较而言，非农产业就业—人口比率是一个能更全面地反映劳动力就业情况的指标。

下面我们就用非农产业就业—人口比率作为指标，来考察一下中国改革开放以来劳动市场的发展概况。

从图 2-4 中我们可以看出，自 1978 年改革开放以来，中国的非农产业就业—人口比率从 29.09%提高到 2010 年的 61.46%，可以说，当前时期比新中国历史上任何时期的非农产业就业—人口比率都要高。从这个意义上讲，中国经济现在正创造着比以往任何时期都更多的非农业产业就业机会，由此也从另一侧面反映了中国经济持续高速增长对劳动力就业水平提高的积极推动作用。

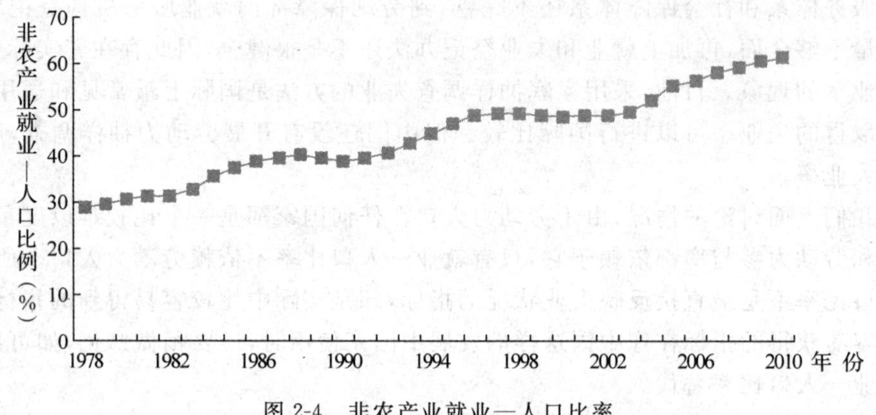

图 2-4 非农产业就业—人口比率

资料来源：《新中国五十年统计资料汇编》，2002—2011 年历年《中国统计年鉴》。

选择题

1. 下列变量都是流量，除了(　　)。

A. 个人可支配收入　　B. 消费支出　　C. 个人财富　　D. 国内生产总值

2. 下列说法错误的是(　　)。

A. GDP 和 GNP 都是流量概念　　B. GDP 是地域概念，GNP 是国民概念

C. GDP 和 GNP 都以市场交换为基础　　D. GDP 和 GNP 是同一概念，没有区别

3. 在通货膨胀期间(　　)。

A. 名义 GDP 与实际 GDP 以相同速度增长

B. 名义 GDP 比实际 GDP 增长得更快

C. 名义 GDP 比实际 GDP 增长得更慢

D. 不能确定名义 GDP 与实际 GDP 增长率之间的关系

4. "面粉是中间产品"这一命题(　　)。

A. 正确　　B. 错误　　C. 不能确定　　D. 以上都对

5. 下列(　　)项应被计入当期 GDP?

A. 购买一辆用过的旧自行车　　B. 购买普通股票

C. 汽车制造厂买进 10 吨钢板　　D. 银行向某企业收取贷款利息

6. 假设你以 150 万元购买了一栋新房子并入住。在计算国民收入的时候，消费支出(　　)。

A. 增加了 150 万元

B. 增加了150万元除以你预期将在这栋房子里居住的年数

C. 增加了这栋房子的估算租金，它等于如果将这栋房子出租可以获得的市场租金

D. 不变

7. 经济学上的投资是指(　　)。

A. 企业购买了一台新机床　　B. 建造一座住宅

C. 企业购买了一台计算机　　D. 以上都是

8. 国民收入支出法核算中，住房属于(　　)。

A. 消费支出　　B. 投资支出　　C. 政府购买支出　　D. 以上都不对

9. 如果一个中国公民小张被一家在美国经营的中国公司雇用，那么他的收入(　　)。

A. 是美国 GDP 的一部分，中国 GNP 的一部分

B. 是美国 GDP 的一部分，中国 GDP 的一部分

C. 是美国 GNP 的一部分，中国 GNP 的一部分

D. 是美国 GNP 的一部分，中国 GDP 的一部分

10. GDP 平减指数的定义是(　　)。

A. 名义 GDP＋实际 GDP　　B. 名义 GDP－实际 GDP

C. 名义 GDP×实际 GDP　　D. 名义 GDP÷实际 GDP

11. 如果在两年期间，GDP 平减指数增长了3%，名义 GDP 增长了5%，那么实际 GDP 将(　　)。

A. 大约上升2%　　B. 大约下降2%　　C. 大约上升8%　　D. 大约下降8%

12. 如果要保持退休工人的生活水平不变，退休金的增长率应该(　　)。

A. 等于 CPI　　B. 大于 CPI

C. 小于 CPI　　D. 等于 GDP 平减指数

13. CPI 变化的百分比往往夸大了通货膨胀，因为(　　)。

A. 人们会用其他东西代替相对价格上涨的商品

B. 不断推出的新商品使消费者即使在价格没有下降的情况下，福利也能有所增加

C. 产品质量的提高往往被政府部门低估

D. 以上所有原因都对

14. 下面各种现象都会降低失业率，除了(　　)。

A. 失业人口数减少　　B. 就业人口数增加

C. 劳动力减少，而失业人口数没有任何变化　　D. 放弃找工作的人数增加

15. 一个国家在战争结束后大量裁军最可能带来的社会问题是(　　)。

A. 通货膨胀加剧　　B. 失业率突增　　C. 环境污染加重　　D. 增长变缓

练习题

1. 一个农民种植了1公斤小麦，以2元钱的价格把它卖给磨坊主。磨坊主把小麦磨成面粉，然后以6元钱的价格卖给面包师。面包师用面粉制作面包，并以12元的价格卖给消费者。消费者吃了面包。请问，这当中每个人的增加值是多少？GDP 是多少？

2. 小张开了一家水果店，小王在该店打工，后来小张娶小王为妻，水果店的情况照旧，小王还是在店里干活，只不过是以老板娘的身份干活了。这场婚姻对 GDP 有什么影响？

3.假设一个QQ国只消费面包和水两种产品，其中面包是本国自己生产的，而水是进口的，第一年全国消费了10000只面包，10000公斤水，价格为每只面包8元，每公斤水8元，第二年全国仍然消费了10000只面包，10000公斤水，但是价格发生了变化，每只面包还是8元，而每公斤水却涨到16元。分别求CPI和GDP平减指数。（假定CPI“一篮子”是1只面包和1公斤水。）

3

第三章

消费与投资

根据上一章我们讨论过的国民收入恒等式 $Y=C+I+G+NX$，其中，消费 C 和投资 I 是收入 Y 的主要构成部分。在一个经济体中，家庭的消费决策和企业的投资决策都是影响经济长期增长和短期波动的重要因素。自从宏观经济学成为一个独立的研究领域以来，很多经济学家发展和创立了许多有关消费和投资行为的理论，并且通过这些理论来构建整个宏观经济运行的模型。本章我们将重点考察各种消费和投资理论，并用它们来说明影响消费和投资主要因素。

3.1 消费函数

在现实生活中，决定消费支出的因素有很多，如收入水平、价格水平、收入分配、利率水平、消费者偏好、消费者年龄构成、风俗习惯以及经济前景预期等。从宏观经济层面上看，导致个体消费差异性的因素一般不予以考虑，对消费有决定性影响的是整个社会的收入情况。一般而言，人们收入越高，消费支出也会越多。因此，消费与收入两者之间存在正相关关系。所谓的消费函数(consumption function)就是用来表示消费支出与收入之间一一对应的正相关关系的，即：

$$C=f(Y),\frac{\mathrm{d}C}{\mathrm{d}Y}>0$$

其中，C 代表消费，Y 代表收入。

消费与收入之间的关系可以用平均消费倾向与边际消费倾向来进一步详细刻画。

平均消费倾向(average propensity of consumption，APC)是指消费支出在收入中所占的比例，即 $APC=C/Y$。

边际消费倾向(marginal propensity of consumption，MPC)是指收入每增加一个单位所引起的消费增加量，以 ΔC 代表消费的增量，ΔY 代表收入的增量，其公式为：

$$MPC=\frac{\Delta C}{\Delta Y}$$

也可以用微分形式表示，则边际消费倾向即为消费对收入的一阶导数，即：

$$MPC = \frac{dC}{dY}$$

如果在一个只有家庭和企业组成的经济体中，消费和储蓄(S)之间存在互补关系，则消费函数和储蓄函数中只要有一个确立，另一个也就随之确立。所以，可以类似地得到储蓄函数和储蓄倾向的定义。

$$S=Y-C=Y-f(Y)$$

平均储蓄倾向(average propensity of saving，APS)是指储蓄占收入的比例。即：

$$APS = \frac{C}{Y} = \frac{Y-C}{Y} = 1-\frac{C}{Y} = 1-APC\text{，或 }APC+APS=1$$

边际储蓄倾向(marginal propensity of saving，MPS)是指收入每增加一个单位所引起的储蓄的增量。以 dS 表示储蓄的增量，dY 代表收入的增量，即：

$$MPS = \frac{d(Y-C)}{dY} = 1-\frac{dC}{dY} = 1-MPC\text{，或 }MPC+MPS=1$$

只要对收入的含义稍作修改，将收入限定为居民收入，我们就可以将上述这些有关消费与储蓄之间的恒等式推广到拥有家庭、企业、政府和国外部门的一般经济体中去。

3.2 消费理论

在《通论》中，凯恩斯创造性地用消费函数代替效用函数作为研究消费者行为的“利器”。其后，很多宏观经济学家都用消费函数来构建各自的消费者行为理论，提出多种解释消费与收入历史数据资料的方法。这里我们介绍其中四个著名经济学家的观点，来说明和解释消费与收入之间关系的多样性。

凯恩斯的消费函数

在凯恩斯写《通论》的时候，他既没有大量可供分析的统计数据，也没有能对大量统计数据进行计量分析的电脑。凯恩斯对消费函数的研究完全是建立在他自己的内省和偶然观察的基础上的。

首先，凯恩斯认为边际消费倾向小于 1 而大于 0，这意味着，一个人收入增加 1 元钱后，会增加他的消费支出，但消费支出增加的额度要小于 1 元，余下的部分就是储蓄增加的数量。

其次，凯恩斯认为消费与收入的比例(即平均消费倾向)会随着收入的增加而下降。他相信，储蓄是一种奢侈品，因此他预计富人的收入用于储蓄的比例要高于穷人。

再者，凯恩斯认为消费取决于收入，而与利率无关。

根据凯恩斯这三大假设，凯恩斯消费函数最简单地表述为：

$$C=\alpha+\beta Y$$

其中，α 代表自发消费(autonomous consumption)，大于 0，表示不论收入水平如何都必须进行的消费，类似于基本生活开支。β 代表边际消费倾向，$0<\beta<1$，βY 表示引致消费(induced consumption)，是指随收入的变动而变动的那部分消费。

注意，$MPC=\beta$，满足 $0<MPC<1$；$APC=\alpha/Y+\beta$，满足随 Y 增加而递减。这里特别要指出，根据凯恩斯在《通论》中的说明，对收入的适当计量应是指个人的税后收入，即可支配收入。

在凯恩斯提出消费函数后不久，经济学家便开始收集和分析数据以检验他的猜测。研究者对一些家庭进行了调查，收集了有关消费与收入的数据。他们发现，更高收入的家庭消费得更多，这就证实了边际消费倾向大于0；更高收入的家庭储蓄更多，这就证实了边际消费倾向小于1；更高收入的家庭将其收入中更大的比例储蓄起来，这也就证实了平均消费倾向随着收入的增加而下降。因此，这些数据证实了凯恩斯关于边际消费倾向与平均消费倾向随收入变化的猜测。

另外，许多研究者还考察了在两次世界大战之间消费与收入的数据，发现这些数据也都支持凯恩斯有关消费函数的猜测。在收入不同寻常之低的年份，例如在大萧条期间，消费和储蓄都较低，且消费与收入之比很高，这表明边际消费倾向在0～1之间，平均消费倾向随收入递减。同样地，消费和收入数据之间的正线性相关性极好。这也就证实了凯恩斯的第三个猜测。

然而，到了20世纪40年代末，库兹涅茨等人利用美国1869—1939年间的资料，对消费作了进一步的计量实证研究，结果与凯恩斯绝对收入假说的结论并不完全相符。特别是在较长时期内(如用10年的平均值来表示)，自1869年以来，(每10年的)平均消费倾向比较稳定，基本上是一个常数，大约等于0.9。这个现象被称为“库兹涅茨之谜”(Kuznets mystery)。图3-1就是用来说明这个谜的。

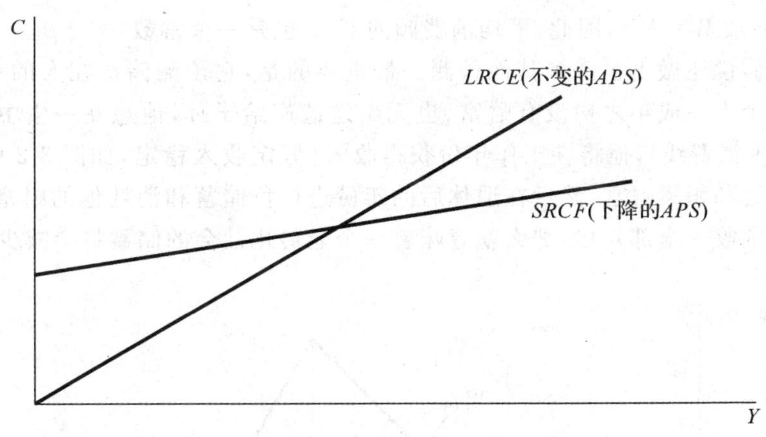

图3-1 库兹涅茨之谜

上述证据表明，存在两种消费函数。对家庭数据和短期时间序列而言，凯恩斯消费函数看起来在起作用，即存在下降的平均消费倾向。但是，对长期时间序列而言，消费函数看起来存在趋于不变的平均消费倾向。在图3-1中，我们可以将消费与收入之间的这两种关系分别称为短期消费函数(short-run consumption function，SRCF)和长期消费函数(long-run consumption function，LRCF)。经济学家需要解释这两种消费函数如何相互一致，又如何有所不同。

莫迪利安尼的生命周期假说

针对“库兹涅茨之谜”，莫迪利安尼与他的合作者安多和布伦伯格提出了一种假说：理性的消费者会根据一生的收入流来优化一生的消费流。这种对消费行为予以解释的假说就是生命周期假说(life cycle hypothesis，LCH)。

依据边际效用递减规律，消费者最好选择“平滑消费”的策略，即消费者将其一生的所有收入全部用于消费，且每年的消费将会一样多。为了讨论的便利起见，我们不考虑储蓄的利率因素。这样就有：

$$C=\frac{W+(1-k)R\times Y}{T}$$

其中，C 是消费者每年的消费，W 是消费者的初始财产，如一次性从长辈那里继承的一笔遗产，Y 为消费者工作每年的劳动收入，R 为消费者能劳动的总年份，T 为消费者一生预期能存活的总年份。k 是消费者自己的全部收入中作为遗产赠送给子孙的比例，其取值小于 1。

如果我们取 $a=1/T$，$\beta=(1-k)R/T$，就有

$$C=aW+\beta Y$$

其中，a 为财产的边际消费倾向，β 为收入的边际消费倾向。将方程两边同除以 Y，就有

$$\frac{C}{Y}=a\left(\frac{W}{Y}\right)+\beta$$

莫迪利安尼等人对“库兹涅茨之谜”的解释是：对个人和短期情况而言，初始财富是稳定的，验证结果符合凯恩斯猜测。但是，长期情况就不同了。根据上面的假设，随着收入增加，遗产也会按比例增多，因而每代人的初始财富会同比例提高。这就意味着，W/Y 是一个常数，即 $W/Y=k'$ 或 $W=k'Y$，因此，平均消费倾向 C/Y 也是一个常数 $ak'+\beta$。

生命周期假说还做出了许多其他预测。最重要的是，它预测储蓄在人的一生中会发生变动。如果一个人在成年之初没有财富，也无赠送遗产给子孙，他想在一生中平滑消费（如图 3-2 中的水平消费线），他将在工作年份获得收入（假定收入稳定，如图 3-2 中的水平收入线），并进行储蓄和积累财富，然后在退休后的年份进行负储蓄和消耗他的财富，在临终那刻他正好将所有的收入全部耗尽，那么就意味着一个老龄化社会的储蓄将会减少。

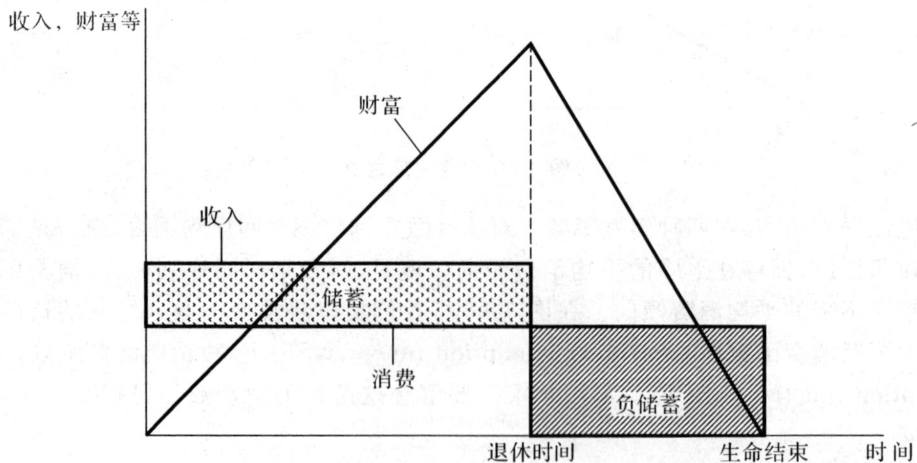

图 3-2　生命周期假说中的消费、收入和财富

弗里德曼的持久收入假说

曾经当过库兹涅茨助手的弗里德曼则用持久收入假说(permanent income hypothesis,也译永久收入假说)来解释“库兹涅茨之谜”。他认为,消费者的消费支出不是由他的现期收入决定的,而是由他的持久收入决定的。也就是说,理性的消费者为了实现效用最大化,不是根据现期的收入,而是根据在长期中能保持的收入水平即持久收入水平来做出消费决策的。这一理论将人们的收入分为持久收入(permanent income)Y^P 和暂时收入(transitory income)Y^T,持久收入是收入中人们预期持续到未来的那一部分,暂时收入是收入中人们并不预期持续到未来的那一部分。换个说法,持久收入是平均收入,而暂时收入是对平均值的随机偏离。弗里德曼还认为消费是持久收入的稳定线性函数,用公式表示就是:

$$C=\beta Y^P$$

其中,C 为当期消费支出,β 为边际消费倾向。

因此,从短期来看,平均消费倾向 $C/Y=\beta Y^P/(Y^P+Y^T)$,是 Y(或 Y^T)的递减函数,这符合凯恩斯的猜测。而从长期来看,平均消费倾向 $\bar{C}/\bar{Y}=\beta Y^P/(\bar{Y}^P+\bar{Y}^T)$,其中,$\bar{C}$ 和 $\bar{Y}$ 分别为消费和收入的多年平均值。根据前面关于 Y^P 和 Y^T 的定义,就有 $\bar{Y}^P=Y^P$,$\bar{Y}^T=0$,故 $\bar{C}/\bar{Y}=\beta$ 为一个常数,这就符合对“库兹涅茨之谜”的解释了。

综上所述,我们可以得到这样的结论:在讨论长期经济增长时,选用长期消费函数 $C=\beta Y$;在考察短期经济周期时,选用短期消费函数 $C=\alpha+\beta Y$。不过,特别要注意,在不同模型中,衡量收入的指标是不同的。

费雪的跨期选择假说

上面的消费函数只是把消费和收入联系在一起。然而,这种关系也是不完全充分的。当人们决定消费多少和储蓄多少时,他们既要考虑现在,又要考虑未来。人们今天享受的越多,明天能享受的就会越少。在做出这种取舍时,家庭必须预期到他们在未来可以得到的收入,才能确定他们希望得到的消费。

经济学家费雪就建立了一个假设人们这样来思考消费与储蓄的模型。经济学家用它来分析理性的、具有前瞻性的消费者如何做出跨期选择,也就是涉及不同时期消费与储蓄的选择问题。费雪模型说明了消费者在面临收入约束的前提下,将如何根据收入约束和自身偏好决定对消费和储蓄的选择。

在费雪模型中,个人并不只考虑当前的消费,而且还要考虑未来的消费,因此一个人的效用最大化是跨期最优的选择。模型假定个人的一生包括当前和未来两个时期,不考虑价格水平变化,可以令价格为 1,当前的消费为 C_1,未来的消费为 C_2,收入 Y 只在当前获得,未来将因为退休等原因而没有收入,$S=Y-C_1$ 作为当前的储蓄可以获得 r 的利率。

则未来的消费为:

$C_2=S=(Y-C_1)(1+r)$,移项整理后可得:

$$C_1+\frac{C_2}{1+r}=Y$$

我们假定效用函数满足柯布—道格拉斯形式,即 $U=\ln C_1+b\ln C_2$。

其中,b 的取值反映了个人对当前消费与未来消费之间的时间偏好。通常,$0<b<1$,表

明人们更偏重于当前的消费。

个人两期消费总效用最大化要求：

$$\max U = \ln C_1 + b\ln C_2\ ,$$

$$\text{s. t.}\ C_1 + \frac{C_2}{1+r} = Y$$

将 $C_1 + \frac{C_2}{1+r} = Y$ 代入 $U = \ln C_1 + b\ln C_2$ 求最大值，就有：

$$\max U = \ln C_1 + b\ln(1+r)(Y - C_1)$$

由规划一阶优化条件可以得到：

$$\frac{1}{C_1} - \frac{b}{Y - C_1} = 0$$

解上述方程可以得到：

$$C_1 = \frac{Y}{1+b}\ ,\ S = \frac{bY}{1+b}\ ,\ \beta = \frac{C_1}{Y} = \frac{1}{1+b}\ ,\ s = \frac{S}{Y} = \frac{b}{1+b}$$

式中，β 和 s 分别表示平均消费倾向（也是边际消费倾向）和平均储蓄倾向（也是边际储蓄倾向）。

可见，个人每期的消费都与收入成正比，同时平均消费倾向 β 小于 1。若通常由文化等因素决定的 b 值固定，则 β 也为常数。b 值越大，β 越低，消费越偏向于未来。b 值越小，β 越高，消费越偏向于当前。这构成了解释中国和美国平均消费倾向差异的一个因素，即由文化、信贷条件等决定的 b 值差异。

上述结果还表明，边际消费倾向与利率无关。这是因为利率变化对当前消费的影响存在“收入效应”和“替代效应”两种不同的效应。利率提高时，替代效应意味着牺牲当前的消费可以换取更多的未来消费，应该减少当前消费；而收入效应则意味着总收入增加，应该增加当前消费。在这里两者正好相互抵消。

影响收入的因素

人们通常会用平均消费倾向或者边际消费倾向来衡量一个国家、一个地区、一个民族甚至一个人的消费（或储蓄）偏好。在分析统计资料时，人们会发现有些消费差异现象可以用传统经济学理论来解释，如在一些社会福利保障制度完善的国家，人们更喜欢消费。这是因为，如果一个国家的养老、伤病和失业保险水平较高，人们会大大降低对未来钱不够用的预期，进而减少预防性储蓄，这个国家的平均消费倾向自然就会比较高。然而，也有一些消费差异现象很难用传统经济学理论来解释，例如，世界上社会福利保障最为完善的北欧和德国的平均消费倾向低于美国、英国、法国和俄罗斯等国，而东亚的平均消费倾向低于非洲等。这些问题就很难从传统经济学理论中获得令人满意的答案。经济学家们只能从其他学科的视角来审视这类问题。

语言特性与经济行为

许多经济学家对消费的文化差异现象作了相当深入的研究，其中，耶鲁大学经济学家陈基思（音译）认为，消费文化差异的部分原因可能在于语言，特别是不同语言对时间的处理方式。各种语言在区别未来和当下事件的程度上有所不同。比如，英语的未来时间参照（future time reference，FTR）比较强，人们说“明天将要下雨”。在弱 FTR 语言中，比如德语，人们只说“明天下雨”。与此类似，汉语也是弱时间结构的。说强 FTR 语言的人要稍微多用一些言辞来阐明他们在谈论未来。陈基思认为，这个细微的差别实际上改变了说不同语言的人考虑时间的方式，进而影响人们在当下的行为方式。心理研究结果显示，语言差别的确会影响对外部现象的看法。在衡量时间方面，陈基思假定，说弱 FTR 语言的人认为未来没有那么遥远，因此较少采取会在未来产生负面后果的行为。弱 FTR 语言包括德语、汉语、日语和斯堪的纳维亚语，而英语、希腊语、俄语和西班牙语则是强 FTR 语言。

陈基思在最近的一篇论文中比较了在教育、收入和宗教方面类似的几个欧洲家庭，发现说弱 FTR 语言的人一般会为退休后的生活存更多的钱，较少吸烟，肥胖的可能性也较低。他表示：“我们认为，在储蓄上与众不同的国家在它们表达未来的方式上也与众不同。”

3.3　投资函数与投资理论

消费支出是当期给家庭提供了效用，而投资支出则是为了在日后给家庭提供更高的生活水平。因而，投资是 GDP 中联系当前与未来的一条纽带。

由于投资是 GDP 中波动最大的组成部分，因此投资支出无论在长期经济增长中，还是在短期经济周期中都起着关键作用。在衰退时期收入下降时，往往主要是由于投资减少引起的。经济学家研究投资就是为了更好地理解经济增长和经济周期问题。

作为增加未来生产能力的一种活动，投资也叫资本形成，是指在一定社会中实际资本存量的增加。从这个意义上讲，投资应该包括物质资本投资和人力资本（human capital）投资。不过，习惯上我们讲的投资主要指物质资本投资，而将许多人力资本投资归算到消费支出之中去了，如供小孩子读书、技能培训等费用。物质资本投资包括厂房、设备和存货的增加以及新住宅的建设等，通常是企业行为。人力资本投资包括劳动力的教育、培训和身体保健，以及生产技术知识的扩展和积累等。物质资本投资又分为政府投资和私人投资。对经济周期影响较大的是私人投资。因此，下面我们重点介绍私人投资。私人投资可以分为以下几个部分：企业固定投资（business fixed investment），包括企业购买的用于生产的设备和建筑物；住房投资（residential investment），包括人们为居住而购买的和房东为出租而购买的新房；存货投资（inventory investment），包括企业储存的产品，如原料、耗材、尚未完工的产品，以及尚未出售的产品等。

企业固定投资

总投资构成中的最大部分是企业固定投资。据统计，美国企业固定投资大约占到全部私人投资的 3/4。企业固定投资是指这些投资品是企业买来用于未来生产的资本品。企业固定投资包括企业购置或租借的家具、机器、电脑、汽车和厂房等资本品。很多经济学家建立了有关企业固定投资的理论，下面我们列举其中经常提及的几种。

凯恩斯的投资理论

凯恩斯认为，一家企业是否要进行投资，取决于这些投资的预期利润率与利率之间的比较。前者大于后者时，投资是值得的，若企业投资的资金来源是银行贷款，相当于企业贷款的收益会大于贷款的成本，那么就应该贷款来投资；前者小于后者时，投资就不值得，若企业投资的资金是自有资金，投资的收益还不如把钱存银行拿到的利息，自然也不必自己去投资了。因此，在决定投资的诸因素中，资本的预期利润率，即资本边际效率(marginal efficiency of capital，MEC)是主要因素。

根据凯恩斯的定义，把一项资本资产在它的有效期内的各年收益，按某一贴现率折为现值后，正好等于这项资本资产的供给价格，则这一贴现率就是这项资产的资本边际效率。如果假定新增一项资本资产的使用寿命为 n 年，每年各收回 $R_1,R_2,R_3,\cdots\cdots,R_n$ 的预期收益，J 代表该项目资本品在第 n 年末报废的价值，r 为贴现率或资本边际效率，则这项资产的总预期收益折为现值或这项资本资产的供给价格 R 应为：

$$R=\frac{R_1}{1+r}+\frac{R_2}{(1+r)^2}+\frac{R_3}{(1+r)^3}+\cdots\cdots+\frac{R_n}{(1+r)^n}+\frac{J}{(1+r)^n}$$

如果 $R,R_1,R_2,R_3,\cdots\cdots,R_n$ 和 J 已知，就能算出资本边际效率 r。凯恩斯认为，资本边际效率是投资规模的递减函数，因为随着投资的增加，对资本的需求扩大，资本资产的供给价格上升，而未来产品数量增多会使产品价格降低，预期收益下降。而因为资本边际效率递减，反过来又使投资者减少投资，这就使得整个社会对资本品的需求不足，从而使有效需求不足，导致经济危机和失业。

不过，在资本边际效率既定的情况下，一家企业的投资与利率存在反向变化的关系。举例来说，如果预期利润率已知为10%，利率若只有5%，则企业家会选择贷款来扩大经营；若利率为8%，企业家就会开始犹豫，因为扩大经营不仅要承担更多风险，也往往需要企业家本人付出更多的管理劳动；若利率为10%，企业家一定会放弃投资，因为辛苦挣到的钱全给银行拿走了，还不如在家闲着。

对于整个经济来说，显然也是如此。投资与利率之间的这种负相关关系称为投资函数，可表示为：

$$I=I(r),\ \frac{\mathrm{d}I}{\mathrm{d}r}<0$$

它的线性简化表示是

$$I=I_0-dr$$

在上式中，I_0 为自发投资(autonomous investment)，表示利率 r 为零时的投资量。d 为投资需求的利率敏感系数(interest rate sensitivity coefficient of the investment demand)，表示利率每上升或下降1个百分点，投资会减少或增加的数量。投资函数可以用图3-3中的投资需求曲线表示，即为一条向右下方倾斜的曲线。

新古典的投资函数

上述投资函数中，投资只与利率成反比关系，那么投资与 Y 一定相互独立吗？根据新古典的投资函数，其实还可以得出投资与 Y 的关系。

假设企业只使用资本 K 与劳动 L 两种要素，生产函数形式为 $Y=AK^{\alpha}L^{1-\alpha}$，资本 K 是以市场利率 r 为成本贷款筹集的，支付利息为 rK，资本折旧率为 δ，资本折旧量为 δK，工资水平为 w，工资成本为 wL。

这样一来，追求利润最大化的企业所面临的最优化问题为：

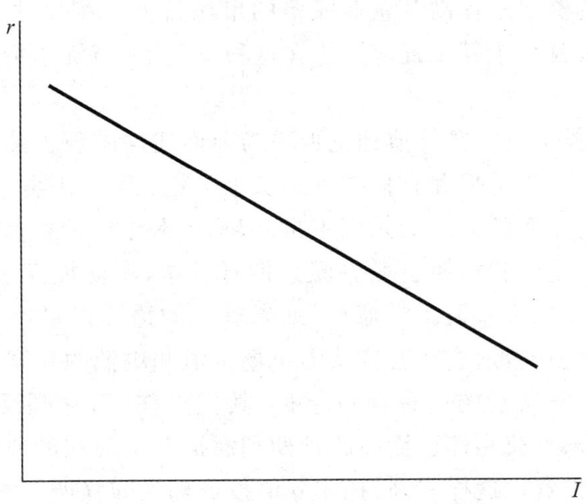

图 3-3 投资需求曲线

$$\max_{K,L} \Pi = AK^{\alpha}L^{1-\alpha} - rK - \delta K - wL$$

规划的一阶优化条件之一为：

$\frac{\partial \Pi}{\partial K} = A\alpha K^{\alpha-1}L^{1-\alpha} - r - \delta = 0$，移项整理后得到：

$$K = \frac{\alpha}{r+\delta}Y$$

这意味着企业最优的资本存量是市场需求的线性函数。因此，我们可以将投资表述为资本存量的变化，于是有 $I = \Delta K = \frac{\alpha}{r+\delta}\Delta Y$

在更一般的情况下，企业投资的需求方程可以表述为：

$$I^d = I^d(r, \delta, \alpha, \Delta Y)$$

其中，$\frac{\partial I^d}{\partial r} < 0$，$\frac{\partial I^d}{\partial \delta} < 0$，$\frac{\partial I^d}{\partial(\Delta Y)} > 0$ 和 $\frac{\partial I^d}{\partial \alpha} > 0$。

投资需求方程表示，投资依然与利率和折旧率成反比，与预期收入变动成正比。第六章将进一步分析此变化的理论含义。

托宾 q 值理论

许多经济学家看到了投资波动与股票市场波动之间的联系。股票是指在公司所有权中的份额，股票市场就是交易这些股份的市场。当企业有许多盈利的投资机会时，股东未来收入就会增长，股票价格就会上升；反之，股票价格就会下降。股票价格反映了投资者对企业未来的一种预期。诺贝尔奖获得者、经济学家托宾提出，企业根据以下比率做出投资决策，这一比率现在被称为托宾 q 值。

$$q = \frac{\text{公司的市场价值}}{\text{资产的重置价值}}$$

公司的市场价值是由股票市场决定的股票价格决定的，资产的重置价值是由现在购买这些资本的价格决定的。托宾认为净投资的变化取决于托宾 q 值大于 1 还是小于 1。如果托宾 q 值大于 1，股票市场对公司市场价值的估价就大于其重置资本。在这种情况下，经理们可以通过购买更多的资本来提高其企业股票的市场价值。相反地，如果托宾 q 值小于 1，股票市场对资本的估价就小于其重置成本。在这种情况下，当资本折旧时，经理们不会再添置资本。

尽管表面上看来，投资的托宾 q 值理论似乎与前面建立的新古典模型完全不同，但是这两种理论是密切相关的。为了把握它们之间的关系，应注意到托宾 q 值取决于从已安装资本获得的现期与未来的预期利润。如果资本的边际产量大于资本成本，那么企业就从已安装资本中赚到了利润。这些利润使企业更愿意拥有资本，这就提高了这些企业股票的市场价值，也就意味着更高的托宾 q 值。类似地，如果资本的边际产量小于资本成本，那么企业就从已安装资本上招致损失，这意味着较低的市场价值和更低的托宾 q 值。

托宾 q 值作为对投资激励的一种衡量指标，其优点在于，它既反映了资本的现期获利性，又反映了其预期的未来获利性。更高的预期利润推升了现在的股票价值，使托宾 q 值更大，因而鼓励现在进行投资。这样一来，托宾 q 值投资理论即强调了投资决策不仅取决于现在的经济政策，还取决于预期的未来政策。

住房投资

我们用一个简单的住房投资模型来说明影响住房投资的因素。住房投资的模型包括两部分：一是现有住房存量市场，二是新住房投资流量市场。

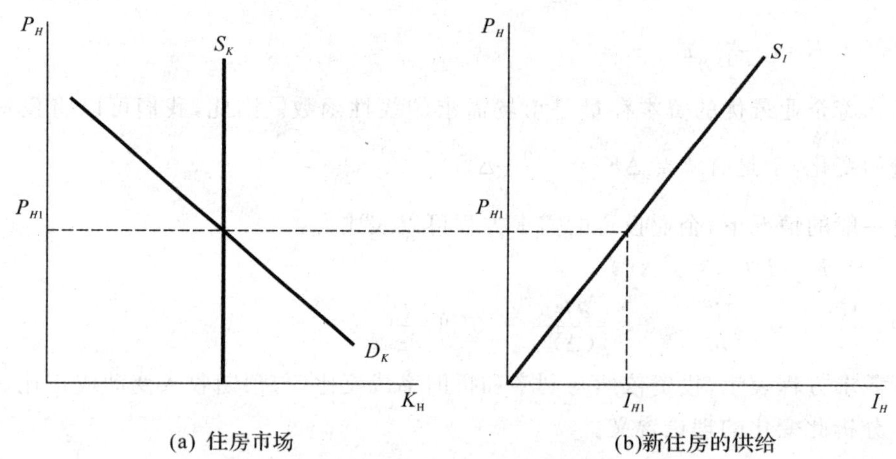

图 3-4　住房投资的决定因素

图 3-4(a)表示住房供需情况对住房市场均衡价格的影响。假定在短期内住房的供给是固定的，那么住房供给曲线即为一条垂直线 S_K。而在需求方面，假定随着住房价格的提高，人们会选择更小的居住面积，所以，住房需求曲线 D_K 为一条向右下方倾斜的曲线。住房价格调整可以实现供需均衡。

图 3-4 (b)表示住房价格对投资新住房供给的影响。住房价格越高，建房的激励越大，所建的住房就越多。因此，投资新住房的供给曲线 S_I 向右上方倾斜。相对于住房价格 P_{H1} 的新住房投资量为 I_{H1}。

除了住房价格外，还有许多其他影响住房需求的因素。其中，利率是最常见的一个因素，因为购房者肯定会在购房利息与租房租金之间进行权衡。随着利率下降，向银行贷款购房后所需支付的利息也会下降，选择购房者就会增多，购房需求量就会上升。反之，购房需求量就会下降。即住房需求量是利率的递减函数，利率下降会使住房需求曲线向右移动。

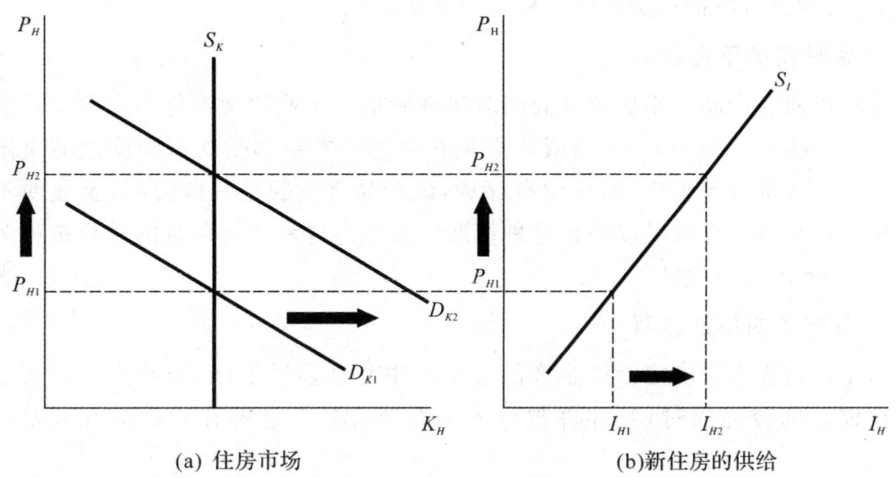

图 3-5　住房需求增加

图 3-5(a)表示当利率下降后，住房需求曲线向右移动，从 D_{K1} 移到 D_{K2}，住房价格从 P_{H1} 上升到了 P_{H2}。图 3-5(b)表示住房价格上涨进而提高了投资新住房的激励，使投资新住房的数量从 I_{H1} 增加到 I_{H2}。因而，住房投资也是利率的递减函数。即：

$$I_H = I_H(r),\ \frac{dI_H}{dr} < 0$$

住房需求的另一个重要决定因素是信贷的可得性。当贷款很容易获得时，更多家庭会选择自置住房，购买比难以获得贷款情况下更大的户型，进而增加住房需求。当信贷条件收紧时，更少的人会选择自置住房或更换大的住房，导致住房需求下降。

存货投资

虽然存货投资比重不高，但研究存货投资却有着重大意义。它是支出中最小的一个组成部分，在美国存货投资只占 GDP 的 1%左右。不过，其显著的波动性使它成为研究经济波动的重要内容。在衰退时期，当产品售出后企业不再补充自己的存货时，存货投资将变成负数，从而导致存货下降。

持有存货有许多目的，下面我们粗略地讨论一下企业持有存货的原因。

提高生产要素的使用效率

存货的一种用途是平滑不同时期的生产水平。不妨考虑一家经历着销售有较大幅度波动的企业。企业可能会发现，按稳定的比率生产产品比调整生产以匹配销售的波动更为理智。当销售量低时，企业生产的产量多于销售量，便把额外的产品作为存货。当销售量高时，企业生产的产量少于销售量，便从存货中拿出产品来销售。这种持有存货的动机称为生产平滑化(production smoothing) 动机。

减少生产故障的时间损失

存货还可以使企业更有效率地运行。例如，如果零售商店手头有产品可以向顾客展示，它们可以更有效率地销售商品。制造业企业持有零配件存货可以减少当机器发生故障时装配线停止运行的时间。从这个意义上讲,生产规模越大,企业持有的存货量也应该越多。在某种程度上,我们也可以把存货看做一种生产要素。

防止产品脱销的不良影响

存货还可以避免产品在销售意外高涨时出现脱销。企业常常不得不在知道顾客需求水平之前做出生产决策。例如,一家出版商必须在知道一本新书受欢迎程度之前决定该书的印刷册数。如果需求大于生产,而且没有存货,该产品将会脱销一段时间,企业便不得不损失部分销售额和利润。存货可以防止这种情况的发生。这种持有存货的动机被称为避免脱销(stock-out avoidance)动机。

生产大型产品的特殊过程

存货由生产过程本身决定。许多产品在生产中有许多道工序,因此生产需要时间。当一种产品仅仅是部分完成时,其部件被计入了企业存货。这种存货称为在制品(work in process)。

综上所述,我们可知,一个合理的存货投资规模取决于企业对存货投资的收益和存货投资的成本之间的比较。如果存货投资的收益大于成本,厂商就会扩大存货投资;相反地,如果存货投资的收益小于成本,企业就会减小存货投资规模。不同行业的最佳存货投资规模也会有所不同。

从与利率的关系上看,存货成本主要是由此导致的资产利息损失。即利率越高,存货的机会成本越高,此时企业会减少存货投资;利率越低,一般而言,企业也就越愿意进行存货投资。因此,存货投资与利率也成反比关系。

选择题

1. 消费者储蓄增加而消费支出减少,则(　　)。

A. 储蓄和 GDP 都将下降　　B. 储蓄保持不变,GDP 下降

C. 储蓄下降,GDP 不变　　D. 储蓄上升,GDP 下降

2. 边际消费倾向的值越大,则(　　)。

A. 平均消费倾向越大　　B. 边际储蓄倾向越大

C. 平均消费倾向越小　　D. 边际储蓄倾向越小

3. 根据消费函数,引起消费增加的因素是(　　)。

A. 收入增加　　B. 储蓄增加　　C. 利率降低　　D. 价格水平下降

4. 边际消费倾向是指(　　)。

A. 在任何收入水平上,总消费对总收入的比率

B. 在任何收入水平上,由于收入变化而引起的消费支出的变化

C. 在任何收入水平上,当收入发生微小变化时,导致的消费变化对收入变化的比率

D. 以上答案都不正确

5. 下列(　　)选项在国民收入账户中被视为投资?

A. 你买了中国石化公司的旧股票　　B. 你购买了汽油驾车去旅游

C. 中国石化公司开发一个新油田　　D. 你吃了一个苹果

6. 下列(　　)选项在国民收入账户中被视为投资?
A. 店员王好买了10000元的普通股票
B. 木匠杨过给自己建造了一所小木屋
C. 教师徐荣用1000元购买了一台二手电脑
D. 司机陈平买了一座新盖好的房子
7. 有关国民储蓄,错误的是(　　)。
A. 国民储蓄是银行的存款总量
B. 国民储蓄是私人储蓄和公共储蓄的总和
C. 国民储蓄反映了消费者和政府的需求得到满足后所剩下的产出
D. 在均衡利率处,国民储蓄等于投资
8. 根据新古典投资模型(　　)。
A. 实际利率升高时投资降低
B. 实际利率降低时投资减少
C. 资本边际产量的增加使投资函数向左移动
D. B与C都正确
9. 公司所得税不利于投资是因为(　　)。
A. 规定利润为资本的租赁价格减去资本成本
B. 对利润征收60%的税率过高
C. 计算折旧与利润时没有适当考虑到通货膨胀
D. 以上全部都对
10. 以下关于投资理论的表述都是正确的,除了(　　)。
A. 托宾q值等于已安装资本的市场价值与重置资本成本的比率
B. 如果托宾q值大于1,企业将允许它们的资本损耗而不进行重置
C. 其认为股票价格在投资决策中起到重要作用
D. 其认为投资依赖于已安装资本的当前与未来预期的利润
11. 根据凯恩斯消费理论,消费的主要决定因素是(　　)。
A. 利率　　B. 消费者的财富
C. 消费者的借贷能力　　D. 消费者的收入
12. 按照费雪的消费模型,以下关于跨时期预算约束的表述都正确,除了(　　)。
A. 如果现期消费增加,未来消费的可用资源就会减少
B. 第一阶段的消费必须少于或等于第二阶段的消费
C. 在第一阶段,储蓄等于第一阶段的收入减去消费
D. 进行消费选择时,消费者既考虑现期收入也考虑未来的预期收入
13. 生命周期消费函数考虑了以下各项因素,除了(　　)。
A. 财富总量　　B. 政府预算赤字
C. 预期工作年数　　D. 预期退休年数
14. 根据永久收入假说,一个收入每年都在波动的艺术家(　　)。
A. 在收入低的年份有较高的平均消费倾向
B. 在收入高的年份有较高的平均消费倾向

C. 每年的平均消费倾向不变

D. 从不将其收入用于储蓄

15. 根据永久收入假说，如果政府临时减税，下列(　　)可能会发生。

A. 消费者将会增加他们的储蓄，增加的储蓄量等于减税的总量

B. 消费者将增加相当于减税总量的消费

C. 减税将对总需求产生巨大影响

D. B 和 C 都正确

练习题

1. 证明边际消费倾向和平均消费倾向都大于 0 而小于 1。

2. 利用生命周期理论说明储蓄和退休人员比例的关系。

3. 根据永久收入理论，说明人们消费不会随经济周期发生变化。

4. 用永久收入理论解释“库茨涅茨之谜”。

5. 根据新古典投资理论，说明哪些因素会影响企业固定投资。

第四章 经济增长

在人类历史上，工业革命是影响世界发展进程的重大事件之一。工业革命极大地改变了人类社会的面貌，使GDP总量和人均GDP出现了持续的提高，这些提高我们称为经济增长。工业革命的主要成果就是使人类物质生活取得了前所未有的改善。然而，诱发工业革命和经济增长的原因一直让经济学家们争论不休，至今也无一个明确的答案。本章我们就来讨论经济增长问题。

4.1 经济增长的事实

当你在聆听父母讲述他们童年和青年时期的故事时，你会发现我们国家的物质生活水平取得了巨大的提高。这来自于我们每个人的收入的提高，或者说来自于经济增长。下面我们就通过对一系列有关经济增长的重要事实的介绍，开始对经济增长问题的考察。

生活水平的巨大差异

在开始研究经济增长问题前，我们对世界上人口最多的14个国家的物质生活水平——人均GDP进行一个比较。我们用图4-1来显示这一事实。在图4-1中，横坐标标出了2010年这14个国家的人均GDP占美国的人均GDP的百分比，纵坐标表示相应的国家。

这一比较使我们知道哪些国家相对富裕，哪些国家相对贫穷。图中显示，2010年，在当今世界上人口最多的14个国家中，孟加拉国人均GDP仅为美国人均GDP的1.3%。这种惊人的贫富差距显然是世界经济不平衡发展的结果。

尽管前面我们已经讲过，人均GDP并不是一个衡量人类福利水平的完美指标，但是，人均GDP高的国家能够负担得起更好的医疗保健、更好的教育制度，也可以提供给公民更多的其他社会福利。因此，人均GDP的国家间差异也大致反映了福利的国家间差异。

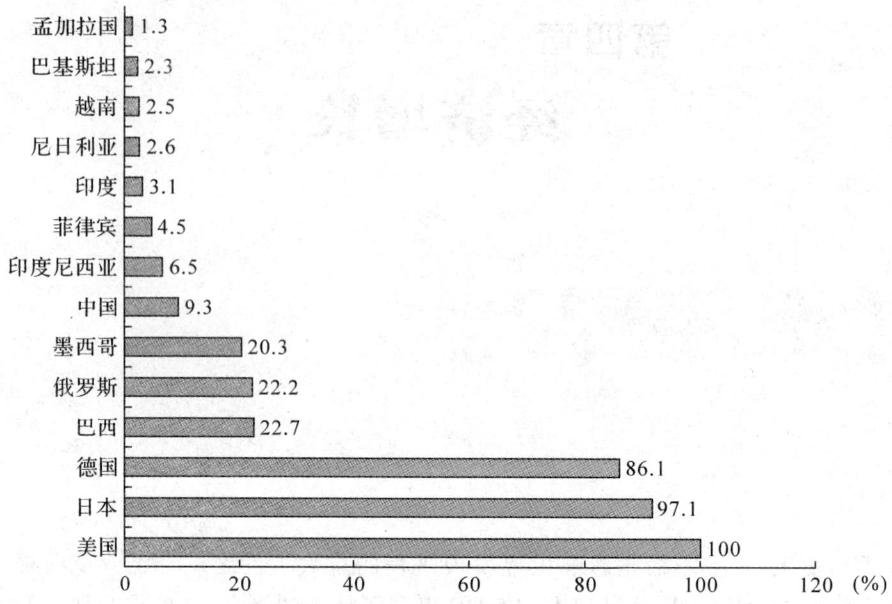

图 4-1　2010 年世界人口最多的 14 个国家的人均 GDP 占美国人均 GDP 的百分比

资料来源：世界银行官方网站。

经济增长与贫富变化

为了揭示经济增长给社会生活带来的巨大变化，我们不妨再来看看 40 年前这 14 个国家的情况。在图 4-2 中，横坐标标出了 1970 年这 14 个国家的人均 GDP 占美国人均 GDP 的百分比，纵坐标表示相应的国家。

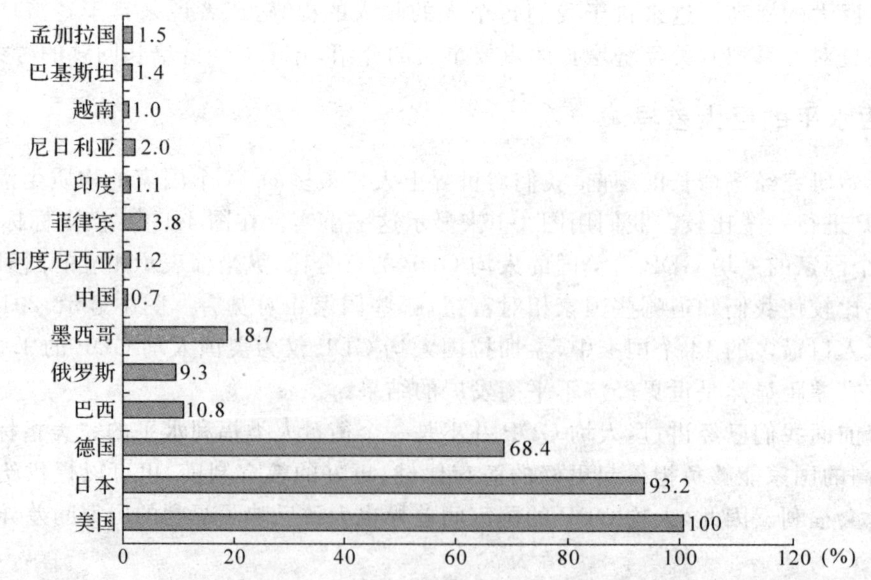

图 4-2　1970 年世界人口最多的 14 个国家的人均 GDP 占美国人均 GDP 的百分比

资料来源：世界银行官方网站。

对比图 4-1 和图 4-2，不难发现，只有孟加拉国和日本等国的人均 GDP 占美国的人均 GDP 的百分比变小了，说明这些国家在这 40 年的经济增长慢于美国，而巴基斯坦、越南、尼日利亚、印度、菲律宾、印度尼西亚、中国、墨西哥、俄罗斯、巴西和德国等多数国家的人均 GDP 占美国人均 GDP 的百分比变大了，说明这些国家的经济增长快于美国。通过比较，我们还可以发现，当今世界 3 个最富裕的大国——美国、日本和德国在 40 年前就已经是世界上最富裕的大国了，甚至连排名次序都没有发生变化。相反地，在这 40 年里，比较贫穷的国家之间的排名却发生了很大的变化。比如中国从第 14 名上升到了第 7 名，足以让世人惊叹。这种结果完全归功于近 30 多年来我国经济的持续高速增长。而在这 40 年里，孟加拉国经济基本上处于停滞不前的状态，经济总量的增长基本上被人口的增长所抵消，排名也从第 9 名下降到了第 14 名。

投资率与人均收入

人均产出水平的增加依赖于人们拥有的劳动工具的数量和质量，而这些都与投资水平之间存在着紧密的联系。图 4-3 是 96 个国家或地区投资率和人均收入的散点图（该图包括了世界上大部分经济体，但不包括主要产油国和在这一时期的大部分时间推行社会主义制度的国家，因为它们的经历要用其自身的特殊环境来解释）。图 4-3 中的每个点都代表一个国家或地区，横轴表示投资率（用投资占产出的百分比表示），纵轴表示人均收入（用对数尺度表示）。

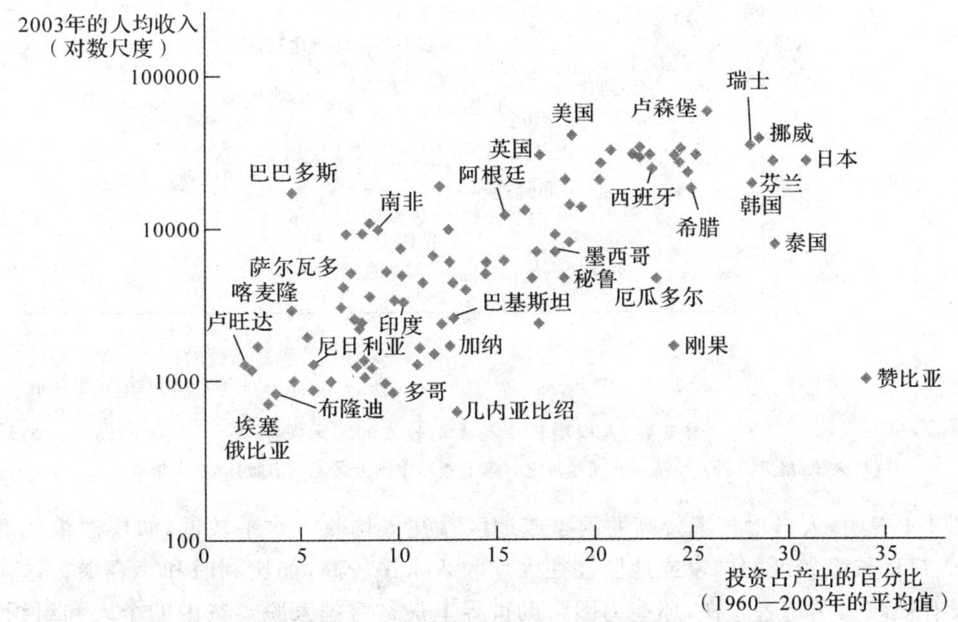

图 4-3　投资率与人均收入的国际数据

资料来源：格里高利·曼昆：《宏观经济学》（第七版），中国人民大学出版社 2011 年版。

图 4-3 中的数据表明，用于投资的产出比例和人均收入水平之间存在正相关关系。通常地，投资率较高的国家，如日本和挪威，人均收入水平也会比较高；相反地，投资率较低的国家，如布隆迪和埃塞俄比亚，人均收入水平也会比较低。引起投资率差异的原因多种多

样，包括文化的、社会的和制度的，等等。一般来说，在经常发生战争、革命和政变的国家里，民众的财产得不到足够的保护，储蓄和投资率往往就比较低。在政治制度不完善（用官员腐败程度的估算来衡量）的国家里，投资的交易成本很高，储蓄和投资也往往会比较低。在儒教、新教文化圈中，储蓄和投资率往往较高。然而，到底哪种因素是最重要的，经济学家们至今还没有达成共识。

人口增长率与人均收入

图 4-4 是 96 个国家或地区人口增长率与人均收入数据的散点图（该图包括了世界上大部分经济体，但不包括主要产油国和在这一时期的大部分时间实行社会主义制度的国家）。图 4-4 中每个点均代表一个国家或地区，横轴表示人口增长率（用每年的百分比表示），纵轴表示人均收入（用对数尺度表示）。

按照我们的常识分析，人口增长率较高的国家将有较低的人均资本存量，从而使这些国家生产状态日趋恶化，这是因为，在劳动数量迅速增长的时期，社会很难维持高水平的人均资本和投资率。为了验证这个猜测，我们可以来考察图 4-4。

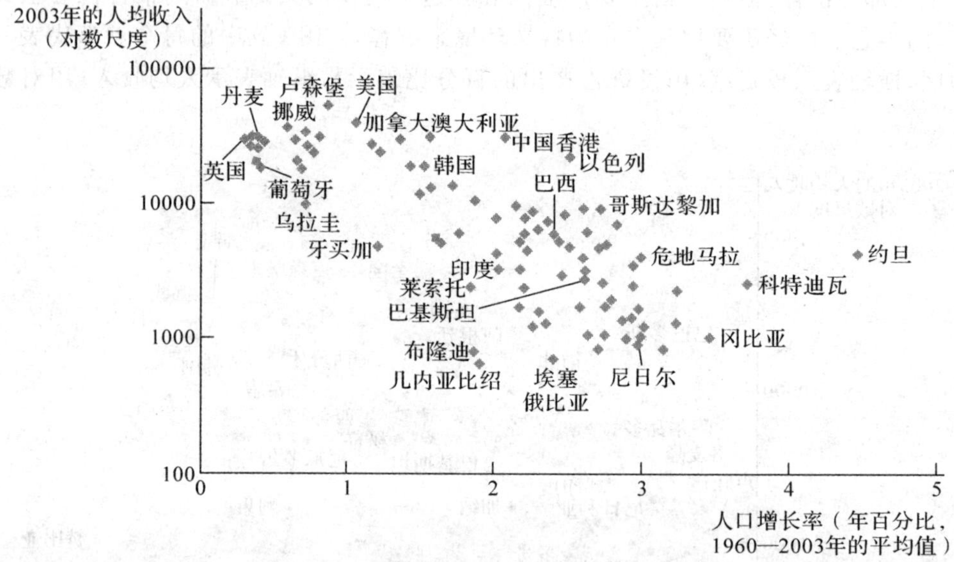

图 4-4　人口增长率与人均收入的国际数据

资料来源：格里高利·曼昆：《宏观经济学》（第七版），中国人民大学出版社 2011 年版。

图 4-4 表明，人口增长率较高的国家或地区往往人均收入水平较低，如埃塞俄比亚和尼日尔；人口增长率较低的国家或地区往往人均收入水平较高，如比利时和卢森堡。这个结论一直没有被政策制定者忽视，那些力图帮助世界上最贫穷国家脱离贫困的个人和组织，如世界银行派到发展中国家去的顾问，常常建议通过增加关于生育控制方法的教育和扩大妇女工作机会等手段来降低人口的出生率。为了达到同样的目的，我国实行法定的独生子女政策。也许这正是近 30 多年来，我国经济持续高速增长的一个重要原因。

4.2 经济增长模型

为了解释上面这些经济增长的事实，经济学家提出了许多经济增长的理论模型。从宏观经济学的发展历史来看，经济增长理论发展较快的时期有两个：第一个时期是 20 世纪 50 年代中期至 60 年代，诞生了新古典增长理论(neoclassical growth theory)，第二个时期是 20 世纪 80 年代中期至 90 年代初期，产生了内生增长理论(endogenous growth theory)，也称新经济增长理论(new economic growth theory)。下面就让我们来分别考察新古典增长理论和内生增长理论。

新古典增长理论

对经济增长的研究始于 18 世纪，斯密、李嘉图、马尔萨斯、马歇尔、扬、克莱默和熊彼特等著名经济学家都曾探索过如何使经济实现较快增长的问题。然而，这些研究尚未形成规范方法和系统理论。现代经济增长理论源于 20 世纪三四十年代哈罗德和多玛的开创性研究工作。50 年代中期索洛和斯旺等人扩展和完善了哈罗德和多玛模型，60 年代卡斯和库普曼斯等人利用 20 年代拉姆齐发明的研究工具进一步完善了索洛和斯旺等人的模型，形成了新古典增长理论。下面我们就来系统地介绍新古典增长理论的基本模型——索洛增长模型(Solow growth model)。

生产函数

为了方便起见，索洛增长模型作了以下一些假设：

首先，假设一个经济只生产一种产品。这种产品既可以用于消费，也可以用于投资。产品的产量就是这个经济的总产出 Y，它取决于资本 K——这个经济中所有的机器、工厂、机场和公路等，劳动 L——这个经济中所有人(假定全是劳动力)，技术水平或称全要素生产率(total factor productivity，TFP) A——这个经济的生产技术、社会制度、文化习俗和意识形态等，且产出与资本、劳动和技术水平成正相关，即生产函数为：

$$Y=F(K,L,A)\text{，而且 }\frac{\partial F}{\partial K}>0\text{，}\frac{\partial F}{\partial L}>0\text{。}$$

其次，同样出于方便需要，这里将生产函数进一步简化为一种特殊形式：

$$Y=AF(K,L)$$

第三，根据“新古典性质”，假定 $F(K,L)$ 规模报酬不变，即对于任何 $\lambda>0$，都有：

$$AF(\lambda K,\lambda L)=\lambda AF(K,L)$$

第四，根据“新古典性质”，假定 $F(K,L)$ 对于资本 K 和劳动 L 两种生产要素都是边际报酬递减的，即：

$$\frac{\partial^2 F}{\partial K^2}<0\text{，}\frac{\partial^2 F}{\partial L^2}<0\text{。}$$

基本方程

根据生产函数 $Y=AF(K,L)=ALF(K/L,1)$，在方程两边同除 L 后，就有：

$$\frac{Y}{L}=AF\left(\frac{K}{L},1\right)$$

取 $y=\dfrac{Y}{L}$ 为人均产量，$k=\dfrac{K}{L}$ 为人均资本，人均生产函数就为：

$$y=AF(k,1)=Af(k)$$

其中，$f(k)=F(k,1)$。

资本积累受到两种因素的影响，即投资（新资本的形成）和折旧（旧资本的损旧）。假定在封闭经济下，投资 I 等于储蓄 S（其实从长期来看，开放经济也是如此，因为很少有国家能长期保持对外贸易盈余或赤字）。这里再假定折旧是资本存量的一个固定比率 $\delta(0<\delta<1)$，即折旧等于 δK，人口增长率为常数 n，则有

$$\dot{K}=I-\delta K=S-\delta K$$

根据第三章的讨论，这里应该取长期储蓄函数，即 $S=sY$，其中 s 为储蓄率。于是，有：

$$\dot{K}=sY-\delta K$$

由 $k=\dfrac{K}{L}$，两边取对数后再求导，得到：

$$\frac{\dot{k}}{k}=\frac{\dot{K}}{K}-\frac{\dot{L}}{L}=\frac{sY-\delta K}{K}-n=\frac{sy}{k}-\delta-n$$，移项整理后，有：

$$\dot{k}=sy-(\delta+n)k=sAf(k)-(\delta+n)k$$

上式就是索洛增长模型的基本方程，也称人均资本积累方程。虽然同学们已掌握的数学知识对讨论这个方程而言不会有任何困难，但是这个方程在一般情况下并没有解析解，只有在一些特殊情况下才有解析解（详细讨论请参见附录）。

上述人均资本积累方程表示，人均资本变化等于人均储蓄 sy 减去 $(n+\delta)k$ 项。$(n+\delta)k$ 可以理解为“临界的”投资，它是保持人均资本 k 不降低所必需的投资。为了防止人均资本 k 下降，需要用一部分投资来抵消折旧，这部分投资就是 δk。同样还需要一些投资来补偿劳动数量以 n 的速率增长带来的人均资本稀释，这部分投资就是 nk。资本存量至少以 $(n+\delta)k$ 的速度增长，才能维持 k 不下降。因此，这里将总计为 $(n+\delta)k$ 的储蓄（或投资）称为资本广化（capital widening）。当人均储蓄（投资）大于临界投资所必要的数量时，人均资本 k 将会上升，即 $\dot{k}>0$，反之，$\dot{k}<0$。人均资本变化的部分 $\dot{k}$ 就称为资本深化（capital deepening）。根据以上解释，索洛模型的基本方程也可以表述为：

资本深化＝人均储蓄（投资）－资本广化

稳定状态

人均资本积累方程说明了人均资本随时间流逝而变化的趋势。按照这个方程，如果 $sAf(k)$ 大于 $(n+\delta)k$，则 $\dot{k}$ 大于 0，人均资本 k 增加；反之，如果 $sAf(k)$ 小于 $(n+\delta)k$，则 $\dot{k}$ 小于 0，人均资本 k 减少；如果 $sAf(k)$ 等于 $(n+\delta)k$，则 $\dot{k}$ 等于 0，人均资本 k 不变。图 4-5 描述了上述内容。

图 4-5 中，人均储蓄（投资）曲线 $sAf(k)$ 和资本广化直线 $(n+\delta)k$ 的交点 E 就是基本方程的稳定状态。稳定状态意味着人均资本和人均产出等变量（如图 4-5 中的 k^* 和 y^*）不再变化。否则，如果 $k>k^*$，$sAf(k)$ 小于 $(n+\delta)k$，则 $\dot{k}<0$，k 会不断下降，最终趋向于 k^*；如果 $k<k^*$，$sAf(k)$ 大于 $(n+\delta)k$，则 $\dot{k}>0$，k 会不断上升，最终也趋向于 k^*。这就意味着，基本方程的稳定状态（steady state）$k=k^*$ 是稳定的。

当经济处于稳定状态时，有

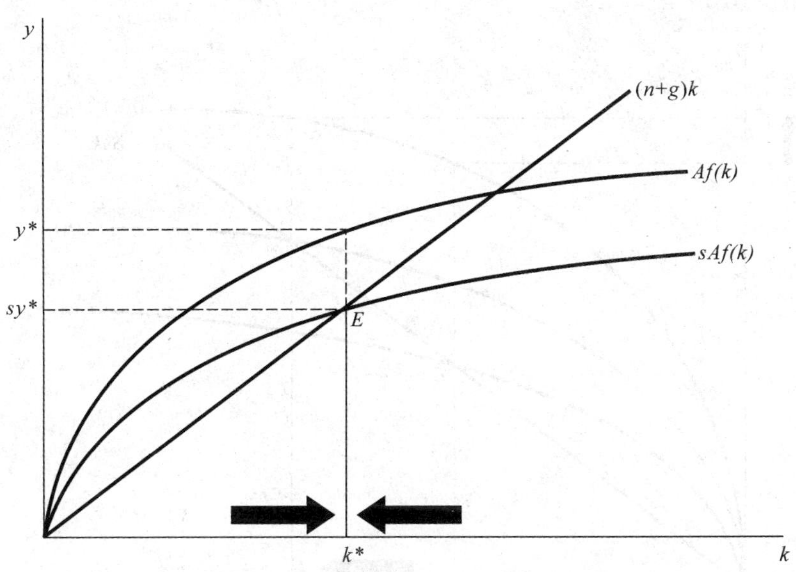

图 4-5　索洛模型基本方程的稳定状态

$\frac{\dot{K}^*}{K^*}-\frac{\dot{L}^*}{L^*}=\frac{\dot{k}^*}{k^*}=0$ 和 $\frac{\dot{Y}^*}{Y^*}-\frac{\dot{L}^*}{L^*}=\frac{\dot{y}^*}{y^*}=0$，移项可得：

$\frac{\dot{Y}^*}{Y^*}=\frac{\dot{K}^*}{K^*}=\frac{\dot{L}^*}{L^*}$，即：

产出增长率＝资本增长率＝劳动(或人口)增长率

对收入差异的解释

到此为止，我们已经可以利用基本方程的稳定状态来解释“为什么一些国家富裕，而另一些国家贫穷”的问题。

为了简明起见，我们取柯布—道格拉斯形式的生产函数：$Y=AK^{\alpha}L^{1-\alpha}$，令人均生产函数为 $y=Ak^{\alpha}$，其中，$0<\alpha<1$。基本方程的稳定状态方程就为：

$sAk^{\alpha}=(n+\delta)k$，解得：

$k^*=\left(\frac{sA}{n+\delta}\right)^{\frac{1}{1-\alpha}}$，相应地，有：

$y^*=A^{\frac{1}{1-\alpha}}\left(\frac{s}{n+\delta}\right)^{\frac{\alpha}{1-\alpha}}$

上式表明，人均资本和人均收入(或产出)都与储蓄率(或投资率)成正相关。在其他条件相同的情况下，储蓄率比较高的国家，人均资本和人均收入也会比较高，人们生活也会比较富裕；反之，人们生活将会比较贫穷。如果一个国家的储蓄率提高了，那么这个国家的人均资本和人均收入也会增加(见图 4-6)。

在图 4-6 中，当储蓄率从 s 提高到 s'，稳定状态也会从 E 向右上移动到 E'，人均资本也从 k^* 增加到 k'。同样地，人均产出也会增加，从 y^* 增加到 y'。需要指出，从短期来看，储蓄率提高可以产生正的人均资本变化率和人均产出变化率，产出增长率会高于人口增长率。从长期来看，当经济趋向新的稳定状态，人均资本变化率和人均产出变化率趋向于 0 时，产出增长率又会回到人口增长率的水平。

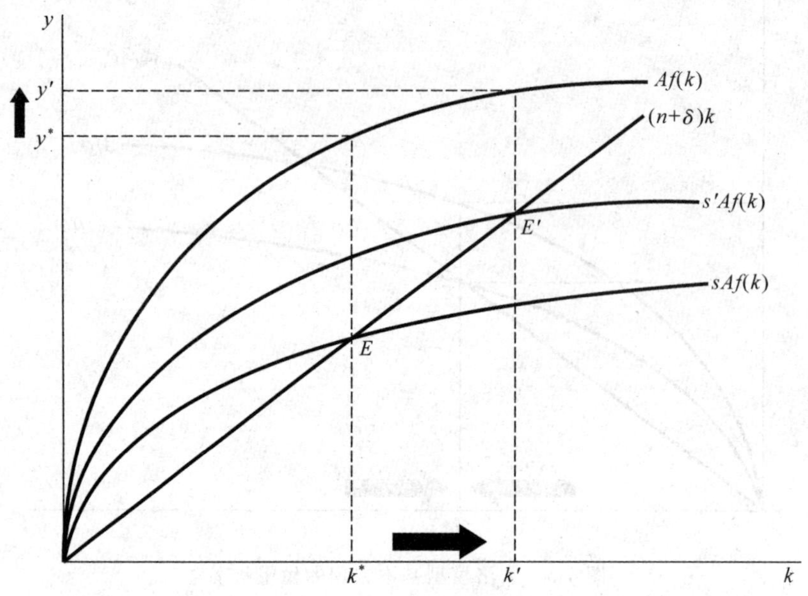

图 4-6 储蓄率增加的影响

上式还表明，人均资本和人均收入（或产出）与人口增长率成负相关。在其他条件不变的情况下，人口增长越快的国家，人均资本和人均收入越低，人们的生活就越贫穷；反之，人们的生活就越富裕。如果一个国家的人口增长率提高了，那么这个国家的人均资本和人均收入也会下降（见图 4-7）。

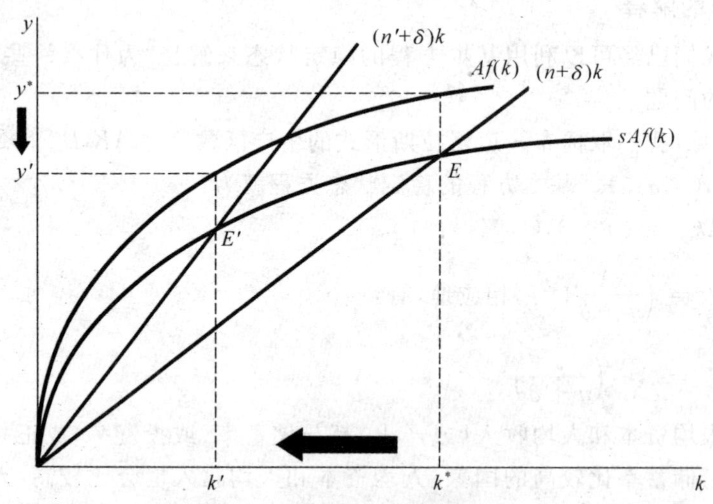

图 4-7 人口增长率提高的影响

在图 4-7 中，当人口增长率从 n 提高到 n' 时，稳定状态也会从 E 向左下方移动到 E'，人均资本也从 k^* 下降到 k'。同样地，人均产出也会下降，从 y^* 下降到 y'。人口增长率提高，起初产出增长率会低于人口增长率，最终产出增长率又会回到人口增长率水平。

上图表明，人均资本和人均收入（或产出）与技术水平成正相关。技术水平比较高的国家，人均资本和人均收入也会比较高，生活比较富裕；反之，生活会比较贫穷。如果一个国家的技术水平提高了，那么这个国家的人均资本和人均收入也会增加（见图 4-8）。

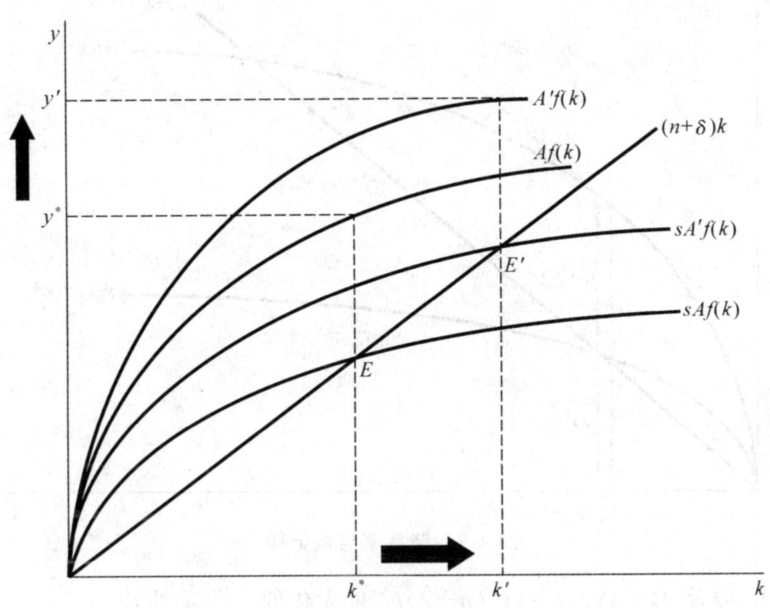

图 4-8 技术水平提高的影响

在图 4-8 中，当技术水平从 A 提高到 A'，稳定状态也会从 E 向右上方移动到 E'，人均资本也从 k^* 增加到 k'。同样地，技术水平提高，人均产出也会增加，从 y^* 增加到 y'。在技术水平提高初期，产出增长率会高于人口增长率，最终产出增长率又会回到人口增长率水平。

资本积累的黄金律

通过前面的学习，同学们已经知道，在其他条件不变的情况下，一个经济的储蓄率越高，人均资本存量和人均收入也就越高。有些同学就会得出高储蓄率总是一件好事的结论。但是同学们想过没有，高收入是我们经济活动的最终目的吗？我们设想一下，一个经济将其全部产出用于投资（储蓄率等于 100%）合理吗？显然，这种做法是非常荒唐的，因为这样做就意味着没有任何消费，显然这样我们就不能生存下去。相反地，如果一个经济将其所有产出用于消费，那么相信这个经济所有的人不久将要回归“原始丛林状态”了。所以，在 0%～100%之间至少会存在一个最合适的储蓄率。如何确定这个最合适的储蓄率就是我们下面要讨论的问题。

我们假设政策制定者可以将一个经济的储蓄率设定在任何水平，他可以通过设定储蓄率实现他希望实现的稳定状态。再假定政策制定者是仁慈的，他的目标是社会福利最大化，也即人均消费最大化。那么，这个仁慈的政策制定者设定的储蓄率就能保证稳定状态的人均消费最大化。此时的人均资本 k 值被称为资本的黄金律水平（Golden Rule level of capital），记为 k^*_{gold}。有关资本积累的黄金律的研究始于费尔普斯 1961 年的研究工作，所以资本积累的黄金律也被称为费尔普斯黄金律（Phelps' Golden Rule）。

为了考察资本积累的黄金律，我们先来分析稳定状态的个人消费 c^*，根据封闭经济两部门国民收入核算恒等式，我们有：

$$c^* = y^* - i^* = Af(k^*) - s^* f(k^*) = Af(k^*) - (n+\delta)k^*$$

根据上式，我们用图 4-9 分析如何求解黄金律水平 k^*_{gold}。

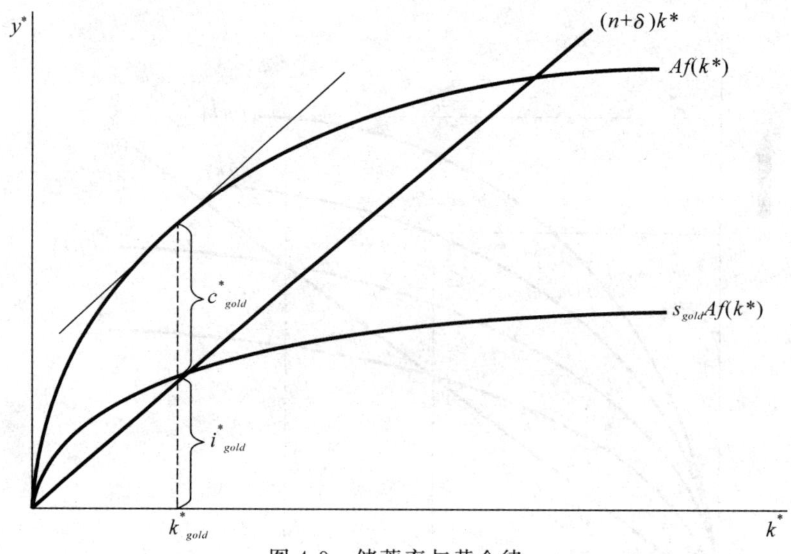

图 4-9 储蓄率与黄金律

在图 4-9 中，要使 $c^*=Af(k^*)-(n+\delta)k^*$ 最大化的一阶条件是：

$$Af'(k^*)-(n+\delta)=0,$$

即 $Af'(k^*)=n+\delta$，由此式求得 k^*_{gold}。

再由 $sAf(k^*_{gold})=(n+\delta)k^*_{gold}$ 求得 s_{gold}。

下面，我们还是举柯布—道格拉斯生产函数的例子来说明黄金律的具体求解过程。

$y=Ak^\alpha$ 满足黄金律条件，就有：

$$\alpha A(k^*)^{\alpha-1}=n+\delta$$ ，解得：

$$k^*_{gold}=\left(\frac{\alpha A}{n+\delta}\right)^{\frac{1}{1-\alpha}}$$

相应的储蓄率可以从下面的方程中求解：

$$sA\left(\frac{\alpha A}{n+\delta}\right)^{\frac{\alpha}{1-\alpha}}=(n+\delta)\left(\frac{\alpha A}{n+\delta}\right)^{\frac{1}{1-\alpha}}$$ ，解得：

$$s_{gold}=\alpha$$

向黄金律稳定状态的过渡

现在，我们假设政策制定者能够简单地选择经济的稳定状态，并让经济立即跳到这种状态。在这种情况下，政策制定者会选择能实现最高消费的稳定状态，即黄金律稳定状态。现在，假定经济已处在一种稳定状态，但不是黄金律稳定状态。当经济从现在的稳定状态向黄金律稳定状态过渡时，消费、投资和资本会发生什么变化？过渡期的影响会阻碍政策制定者设法去达到黄金律吗？

现在的稳定状态起始有两种情况：资本高于黄金律稳定状态，或者资本低于黄金律稳定状态。结果是这两种情况向政策制定者提出了非常不同的问题。

从资本过高开始

假定经济一开始处于稳定状态的资本高于黄金律稳定状态。在这种情况下，为了减少资本存量，政策制定者追求旨在降低储蓄率的政策。假定这些政策成功了，在某个时点（设为 t_0），储蓄率下降到最终将趋向黄金律稳定状态的水平。

图 4-10 显示了当储蓄率下降时，产出 y、消费 c 和投资 i 所发生的变化。储蓄率下降立即造成消费增加和投资减少。由于投资和资本广化在初始稳定状态是相等的，所以投资现在就会小于资本广化，这意味着经济不再处于稳定状态。资本存量会逐渐减少，从而导致产出、消费和投资的减少。这些变量一直下降，直到经济达到黄金律稳定状态为止。所以，尽管产出和投资都更低了，消费仍然会高于储蓄率变动之前的水平。

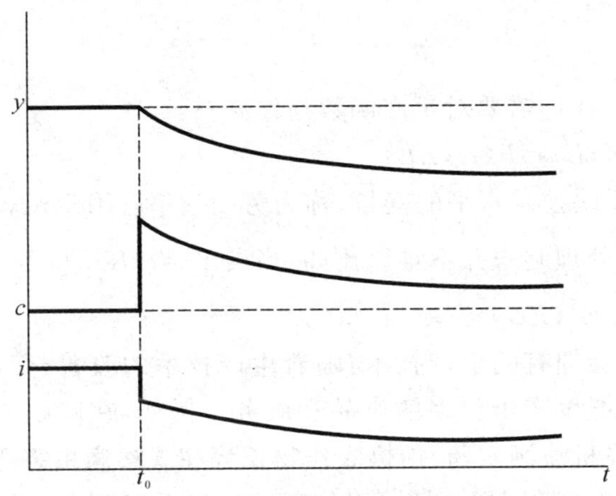

图 4-10　从资本高于黄金律稳定状态开始时储蓄率的下降

与原来的稳定状态相比，消费不仅在黄金律稳定状态更高，而且在沿着通向黄金律稳定状态的整条路径都更高。当资本存量超过资本积累的黄金律时，降低储蓄率显然是一项好的政策，因为这种政策始终会增加社会的消费。

从资本过低开始

假定经济从资本低于黄金律稳定状态开始，为了达到黄金律水平，政策制定者必须提高储蓄率。图 4-11 显示了所发生的情况。在时间 t_0，储蓄率的提高立即导致了消费减少和投资增加。随着时间的推移，更高的投资将引起资本存量的增加。随着资本的积累，产出、消费和投资逐渐增加，最终达到黄金律稳定状态。可见，储蓄的增加最终会导致消费水平高于初始水平。

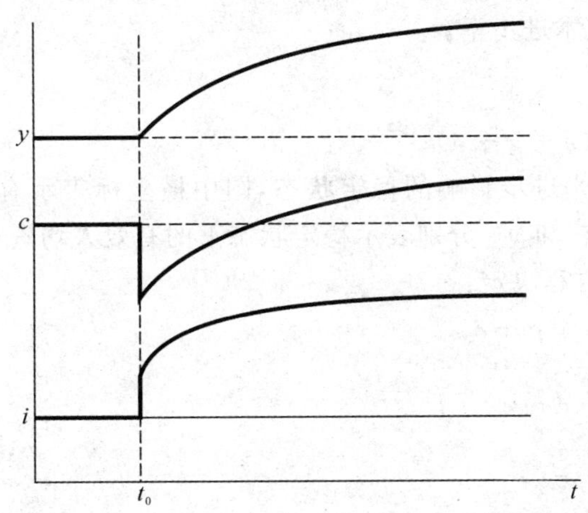

图 4-11　从资本低于黄金律稳定状态开始时储蓄率的提高

实现黄金律稳定状态的储蓄率一定能提高经济福利吗？虽然因为黄金律稳定状态的消费水平高于初始水平而最终提高了经济福利，但是达到黄金律稳定状态要求在开始时期减少消费。这与经济初始状态高于黄金律的情况相反。当经济从高于黄金律水平开始时，达到黄金律将使得所有时点的消费都更高；当经济从低于黄金律水平开始时，达到黄金律要求最初减少消费以增加未来的消费。此时，政策制定者不得不考虑政策执行初期可能会遭遇到社会不满和抵触等问题。

技术进步

为了纳入技术进步，我们需要对生产函数稍作修整：

$$Y=AF(K,L)=F(K,EL)$$

其中，E 也是一个反映技术水平的变量，称为劳动效率(efficiency of labor)。其实，这种转换在具体生产函数中处理起来并不难。比如，当设 $Y=AK^{\alpha}L^{1-\alpha}=K^{\alpha}(A^{\frac{1}{1-\alpha}}L)^{1-\alpha}$ 时，我们取 $E=A^{\frac{1}{1-\alpha}}$，就有 $Y=K^{\alpha}(EL)^{1-\alpha}$。

劳动效率反映了社会拥有的生产技术：随着生产技术的改善，劳动效率将会获得提高，一个劳动力每小时工作能生产出更多的产品和服务。例如，在广阔的平原地区所从事的农业生产中，用小型无人飞机喷洒农药、拍摄农作物长势和观察病虫害等可以使劳动效率提高50倍左右，用大型无人飞机做同样事情可以使劳动效率提高200倍左右。

EL 可被视为工人的有效数量，上面的新生产函数表示，产出 Y 取决于资本 K 和有效工人 EL，这意味着劳动效率 E 的提高等价于劳动力 L 的增加。

当需要考虑技术进步因素对经济增长的影响时，我们必须对前面的处理方法作出一定修正，不妨用 $\tilde{k}=\frac{K}{EL}$ 代表有效人均资本，用 $\tilde{y}=\frac{Y}{EL}$ 代表有效人均产出。由此，我们可以得到有效人均生产函数：

$$\tilde{y}=f(\tilde{k})$$

其中，$f(\tilde{k})$ 是 $\tilde{k}$ 的边际递减函数。

同样地，我们也能得到相应的索洛增长模型的基本方程：

$$\dot{\tilde{k}}=sf(\tilde{k})-(n+g+\delta)\tilde{k}$$

其中，$g=\frac{\dot{E}}{E}$，即技术进步率。

稳定状态需要满足：

$$sf(\tilde{k})=(n+g+\delta)\tilde{k}$$

图 4-12 显示了有技术进步影响的稳定状态，图中横坐标表示有效人均资本 $\tilde{k}$，纵坐标表示有效人均产出 $\tilde{y}$。$\tilde{k}^{*}$ 和 $\tilde{y}^{*}$ 分别表示稳定状态下的有效人均资本和有效人均产出。

黄金律可以由下列方程决定：

$$f'(\tilde{k})=n+g+\delta$$

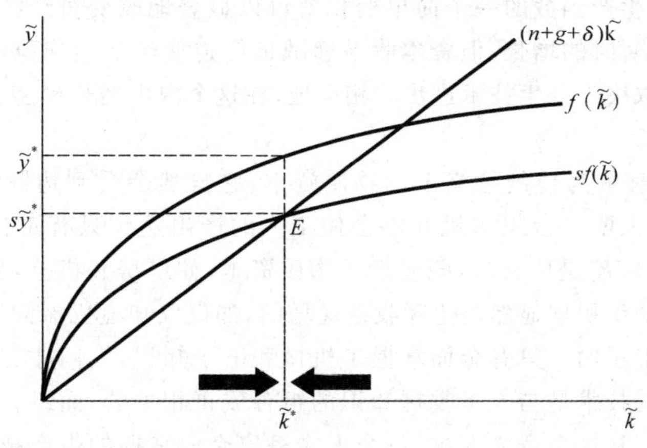

图 4-12　技术进步与稳定状态

内生增长理论

经济增长理论经过 20 世纪五六十年代的新古典经济增长喧嚣后，到了 70 年代逐渐平静下来。从 70 年代至 80 年代中期，经济增长理论几乎没有令人瞩目的成果。这种理论上的平静当然不是经济增长问题变得不重要了，而是经济增长研究缺乏了耀眼的火花。到了 80 年代中期，以罗默、卢卡斯为代表的一批经济学家，在对新古典增长模型重新思考的基础上，探讨了长期增长的可能前景，使得经济增长理论研究在停滞了 10 多年后又重新引起了人们的兴趣。这种兴趣的结果，是以“内生经济增长”为主要特征的“新增长理论”的诞生。新一代增长模型最重要的特征当然不在于其华丽的数学模型，而在于它们试图以其他经济学研究领域中的最新理论进展或共识为基础，重新解释原来被假定为“外生的”技术进步因素与经济增长之间的内在联系，从而使技术进步因素被不断“内生化”。内生增长理论的最大雄心在于，理解如何将以知识创新为基础的决策过程与经济增长之间作为一个内生的过程。严格地说，内生增长理论不是一种具有内在统一逻辑的理论，而是许多种试图解释新古典增长理论中技术进步因素如何被“内生化”的理论，下面我们将介绍其中的两种，即 AK 模型和两部门模型。

AK 模型

为了说明内生增长理论的内在思想，让我们从一个特别简单的生产函数开始：

$$Y = AK$$

其中，Y 是产出，K 是资本存量，A 是衡量每一单位资本生产的产出的一个常数。注意：这个生产函数是资本收益非边际递减的，不存在资本边际收益递减是这个内生增长模型与新古典增长模型之间最大的不同之处。

现在，我们就利用这个生产函数讨论资本积累的方程，我们假定 s 为储蓄率，仍然有：

$$\dot{K} = sY - \delta K$$

把这个方程与生产函数 $Y = AK$ 合在一起，稍作调整后，我们可以得到：

$$\frac{\dot{Y}}{Y} = \frac{\dot{K}}{K} = sA - \delta$$

这个方程表明，只要 $sA > \delta$，即使没有外生技术进步的假设，一个经济体的收入也会永远增长下去。因此，生产函数的一个简单变化就可以显著地改变对经济增长的预测。在索洛模型中，储蓄导致暂时的增长，但资本收益递减最终迫使经济达到稳定状态，在这一稳定状态下的增长只能取决于外生技术进步。相反地，在这个内生增长模型中，储蓄和投资可以导致持续的经济增长。

如果将资本 K 理解为传统意义上的物质资本，它自然会受到边际收益递减规律的影响。比如，给每个工人配 5 台织布机并不会使工人的产出达到只有 1 台织布机时的 5 倍。AK 模型却认为，资本 K 是广义的，既包括了物质资本，如厂房和机器，也包括了人力资本，如各类知识。对于知识积累显然是边际收益递增的，如仅仅知道机械知识或电子知识，人们是无法制造出人造卫星的。只有全面掌握了机械和电子知识，人们才有可能制造出人造卫星。人类能够利用的技术是与人类掌握知识的组合成正相关的，而组合数是随知识存量增加而呈边际递增的。从这个意义上讲，每个人或每家企业掌握的生产技术都是具有外溢性的。所以，知识对产出的影响也是边际递增的。因此，综合边际收益递减的物质资本和边际收益递增的人力资本，选择边际收益不变的假设是基本合理的。

两部门模型

两部门模型假定经济只有两个部门，分别称为制造业企业和研究大学。企业生产产品与服务，这些产品与服务用于消费和物质资本投资。大学生产被称为“知识”的生产要素，然后，这两个部门免费利用知识。企业的生产函数，大学的生产函数以及资本积累方程描述了该经济：

$$Y=F[K,(1-u)EL] \quad \text{企业的生产函数}$$
$$\dot{E}=g(u)E \quad \text{大学的生产函数}$$
$$\dot{K}=sY-\delta K \quad \text{资本积累方程}$$

其中，u 是在大学的劳动力的比例，相应地，$(1-u)$是在企业的劳动力比例，E 是知识存量，函数 $g(u)$表明知识增长是取决于在大学的劳动力比例的递增函数。这里假设企业的生产函数是规模收益不变的。如果资本存量 K 和有效工人的数量$(1-u)EL$ 增加 1 倍，产品与服务的产出 Y 也增加 1 倍。同样地，如果使物质资本 K 和知识 E 都增加 1 倍，根据以上关系式和假定可知，这时，经济中两个部门的产出也将增加 1 倍。

这个模型也可以在不假设生产函数中有外生变动的情况下阐述经济的长期增长。因为在两部门模型中，只要大学的知识创造永不停止，经济增长也将是长期可持续的。

4.3 经济增长的核算

前面我们已经考察了诸多影响经济增长的因素，下面我们将要介绍如何应用现有的经济统计数据分析这些因素对经济增长的具体影响权重或贡献率。这种分析通常被称为经济增长的核算。

增长率

增长率(rate of increase)是一种考察某变量增长情况的指标。用该变量在单位时间内的变化量与基期该变量的总量之比或变量的变化率与变量之比来表示：

$$r_{xt}=\frac{\Delta x_t}{x_{t-1}}=\frac{x_t-x_{t-1}}{x_{t-1}}\text{，或 } r_{xt}=\frac{\dot{x}}{x}$$

其中，x_t 表示 t 期（或末期）的变量 X 的值，x_{t-1} 表示 $t-1$ 期（或基期）的变量 X 的值，Δx_t 表示变量 X 从 $t-1$ 期到 t 期的变化量，r_{xt} 表示变量 X 在 t 期的增长率。

在考察经济增长时，我们会涉及总产出、人均产出、资本、人均资本、人口，甚至技术水平（或劳动水平）对经济增长的影响。

增长核算方程

这里我们以新古典增长模型的生产函数为例，向大家介绍增长核算方程。设经济的生产函数为：

$$Y=AF(K,L)$$

方程两边取对数后求导，就有：

$$\frac{\dot{Y}}{Y}=\frac{\dot{A}}{A}+\frac{\partial F}{\partial K}\frac{\dot{K}}{F}+\frac{\partial F}{\partial L}\frac{\dot{L}}{F}=\frac{\dot{A}}{A}+\left(\frac{\partial Y}{\partial K}\frac{K}{Y}\right)\frac{\dot{K}}{K}+\left(\frac{\partial Y}{\partial L}\frac{L}{Y}\right)\frac{\dot{L}}{L}$$

其中，$\frac{\partial Y}{\partial K}\frac{K}{Y}$ 就是资本收益占总产出的份额，简称资本份额，记为 a。$\frac{\partial Y}{\partial L}\frac{L}{Y}$ 就是劳动收益占总产出的份额，简称劳动份额，记为 b。上述方程就为：

$$\frac{\dot{Y}}{Y}=\frac{\dot{A}}{A}+a\frac{\dot{K}}{K}+b\frac{\dot{L}}{L}$$

通常情况下，a 和 b 都是关于 K 和 L 的函数。不过，我们通常取 $F(K,L)=K^{\alpha}L^{1-\alpha}$，于是，就有 $a=\alpha$，$b=1-\alpha$，即资本份额和劳动份额都为常数。于是，有：

$$\frac{\dot{Y}}{Y}=\frac{\dot{A}}{A}+\alpha\frac{\dot{K}}{K}+(1-\alpha)\frac{\dot{L}}{L}$$

$\frac{\dot{A}}{A}$ 与前面提到的 $\frac{\dot{E}}{E}$ 含义相同，也是用来反映技术进步速度的，所以也被称为技术进步率。一般来说，技术进步率无法直接观察到，需要通过下式间接求得：

$$\frac{\dot{A}}{A}=\frac{\dot{Y}}{Y}-\alpha\frac{\dot{K}}{K}-(1-\alpha)\frac{\dot{L}}{L}$$

所以，$\frac{\dot{A}}{A}$ 也被称为索洛余量（Solow residual），表示技术进步对经济增长的影响。$\alpha\frac{\dot{K}}{K}$ 即为资本对经济增长的影响，$(1-\alpha)\frac{\dot{L}}{L}$ 为劳动对经济增长的影响。在实际核算过程中，通常用差分替代微分，即用 ΔA、ΔK 和 ΔL 替代 $\dot{A}$、$\dot{K}$ 和 $\dot{L}$。上式就可改写为：

$$\frac{\Delta A}{A}=\frac{\Delta Y}{Y}-\alpha\frac{\Delta K}{K}-(1-\alpha)\frac{\Delta L}{L}$$

增长的经验估算

在知道了如何衡量经济增长的源泉之后，现在我们来看一个具体的例子。表 4-1 使用美国的数据来衡量 1948—2007 年间资本、劳动和技术进步对经济增长的贡献。

表 4-1 美国经济增长的核算 单位:%

年份	增长的源泉			
	产出 $\Delta Y/Y$	资本 $\alpha\Delta K/K$	劳动 $(1-\alpha)\Delta L/L$	技术 $\Delta A/A$
1948—2007	3.6	1.2	1.2	1.2
1948—1972	4.0	1.2	0.9	1.9
1972—1995	3.4	1.3	1.5	0.6
1995—2007	3.5	1.3	1.0	1.3

资料来源:U. S. Department of Labor,数据为非农业部门数据;转引自格里高利·曼昆:《宏观经济学》(第 7 版),中国人民大学出版社 2011 年版。

该表显示,在这一时期,美国非农产业部门的产出平均每年增长 3.6%。在这 3.6%中,1.2%源于资本存量的增加,1.2%源于劳动投入的增加,还有 1.2%源于技术进步生产率的提高。这些数据表明,资本增加、劳动增加和生产率的提高对美国经济增长所做的贡献几乎是相等的。

表 4-1 还表明,在 1972—1995 年间,技术进步率的增长大大减缓了。为此,许多经济学家试图解释这一不利的变动。有学者从数据衡量方面提出解释,认为实际上生产率并没有放慢,只是因为统计数据本身有缺陷(比如,前后数据的处理方法不一致)。还有一些学者认为,1973 年和 1979 年出现的两次石油价格的大幅上升是导致生产率下降的主要原因。然而,在有关生产率下降的种种原因分析中,至今还没有人对此提出一个系统全面的解释。

4.4 促进经济增长的政策

到此为止,我们已经用新古典增长模型和内生增长模型揭示了经济增长的不同源泉,现在我们需要根据这些增长理论来选择适合增长的经济政策。

选择合适的储蓄率

在新古典增长模型中,储蓄率对经济增长的速度是至关重要的。然而,一个国家的储蓄率往往是由它的文化习俗决定的,未必会等于黄金律水平。普遍认为,一些欧美国家(如美国、希腊等)的储蓄率低于黄金律水平;相反地,一些东亚国家(如中国、日本等)的储蓄率高于黄金律水平。那么,政府是否可以通过经济政策诱导民众改变自己的储蓄(或消费)习惯呢?这个问题目前并没有确切的答案。不过,有些经济学家还是开出了一些处方:对于储蓄不足的国家,首先,需要降低资本收入税(如企业所得税、房地产税等)的税率,增加免税储蓄项目(如免税退休基金账户);其次,增加某些种类的消费税的税率;再者,削减公共消费性支出,降低预算赤字,提高实际储蓄水平。相反地,对于储蓄过度的国家,首先,要提高资本收入税收的税率;其次,健全社会保障体系(如养老保险、伤病保险等),降低社会的预防性储蓄水平。

促进技术进步

新古典增长模型表明,人均收入的持续增长来自于技术进步。虽然该模型没有在具体细节上对技术进步展开研究，但这并不妨碍人们设计出诸多公共政策来鼓励技术进步。首先，对企业研究与开发支出实行税收优惠。例如，美国企业在任何一年的研究与开发支出，对其数额超过前 3 年支出平均额的部分，可实行 20%（一般税率为 34%）的优惠税率。其次，建立风险投资机制。风险投资主要投向处于创业期未上市的新兴中小企业，尤其是高新技术企业，风险投资是必需的。风险投资在美国最成功。在美国，约有 80%的风险资本资金投资于创业期的高新技术企业。再者，大力发展政府导向性采购。例如，美国的半导体、集成电路、计算机辅助设计和计算机工业，其早期的发展主要得益于国防和宇航的政府采购。第四，强化知识产权保护和标准。专利制度的主要目标就是为投资于新技术开发的最终成果提供保护，从而也为企业资助此类研究和开发活动提供直接刺激，也有助于以外国直接投资、合作研究和专利许可等形式发生的技术转移活动。第五，完善中介服务体系，加快技术转移速度。比如，成立各种技术转移研究机构，增加技术转移投资和加强信息交流等。

建立适当的制度

在前面的讨论中，我们已经知道，新古典增长模型中所涉及的技术水平是广义的，包含了制度创新的因素。早在 18 世纪，斯密在他的《国富论》中就强调了保护产权对经济发展的重要性。其后，许多经济学家对此展开了深入的研究。研究结果表明，合适的产权制度对控制寻租和腐败，刺激社会储蓄、生产性投资和人力资本投资，提高劳动效率和鼓励创新活动等都具有重大影响。这些影响从根本上决定了一个国家的储蓄率（或生产性投资比率）和技术进步率。中国改革前后的经济绩效就是制度影响经济增长的最好案例。

附 录　人均资本积累方程的求解

微分方程 $\frac{dk}{dt}=sAf(k)-(n+\delta)k$（假设初始条件为 $k(0)=k_0$）的解其实并不难求，即为 $\int_{k_0}^{k}\frac{dk}{sAf(k)-(n+\delta)k}=\int_{0}^{t}dt=t$，当然并不是对任何 $f(k)$ 都有解析解，但对于某些特殊情况还是存在解析解的。下面我们来考察 $f(k)=k^{\alpha}$ 的情况：

$$\int_{k_0}^{k}\frac{dk}{sAk^{\alpha}-(n+\delta)k}=\frac{1}{1-\alpha}\int_{k_0}^{k}\frac{dk^{1-\alpha}}{sA-(n+\delta)k^{1-\alpha}}=\frac{1}{(1-\alpha)(n+\delta)}\ln\frac{sA-(n+\delta)k_0^{1-\alpha}}{sA-(n+\delta)k^{1-\alpha}}$$

由 $\frac{1}{(1-\alpha)(n+\delta)}\ln\frac{sA-(n+\delta)k_0^{1-\alpha}}{sA-(n+\delta)k^{1-\alpha}}=t$ 化简得到：

$$k=\left[\frac{sA}{n+\delta}-\left(\frac{sA}{n+\delta}-k_0^{1-\alpha}\right)e^{-(1-\alpha)(n+\delta)t}\right]^{\frac{1}{1-\alpha}}$$

现在让我们来检验一下，此解的稳定情况是否与前面“对收入差异的解释”一节中的讨论结果相一致？

$$\lim_{t\to\infty}k(t)=\left[\frac{sA}{n+\delta}-\left(\frac{sA}{n+\delta}-k_0^{1-\alpha}\right)e^{-(1-\alpha)(n+\delta)t}\right]^{\frac{1}{1-\alpha}}=\left(\frac{sA}{n+\delta}\right)^{\frac{1}{1-\alpha}}=k^{*}$$

选择题

1. 以下关于资本的边际产量 MP_K 的陈述，错误的是(　　)。

A. $MP_K=f'(k)$　　B. MP_K 是 k 的递减函数

C. MP_K 是 k 的递增函数　　D. MP_K 与生产函数 $y=f(k)$ 的斜率相等

2. 资本存量的变化等于(　　)。

A. 投资加上折旧　　B. 投资减去折旧

C. 投资乘以折旧　　D. 投资除以折旧

3. 如果没有人口增长和科技进步，人均资本的稳态水平将会上升，只要(　　)。

A. 人均投资量下降　　B. 折旧率上升

C. 储蓄率上升　　D. 以上全部正确

4. 如果 $y=k^{0.5}$，$s=0.4$，折旧率 $\delta=0.2$，人口增长率 $n=0$，则人均资本存量稳态水平等于(　　)。

A. 4　　B. 8　　C. 2　　D. 16

5. 设一个处于稳态的国家实施了提高储蓄率的政策，那么在达到新的稳定态后(　　)。

A. 人均产量将比之前增长得更快　　B. 人均产量将比之前更高

C. 人均资本量和之前相同　　D. 以上全部正确

6. 如果不考虑技术进步，当人均资本达到黄金律水平的稳态时，(　　)达到最高。

A. 人均消费水平　　B. 人均产量

C. 人均消费的增长率　　D. 人均产量的增长率

7. 在索洛增长模型中，人口增长率为 n，人均资本变动等于(　　)。

A. $sf(k)+(\delta+n)k$　　B. $sf(k)+(\delta-n)k$

C. $sf(k)-(\delta+n)k$　　D. $sf(k)-(\delta-n)k$

8. 索洛增长模型预测人口增长率高的国家(　　)。

A. 人均产量的稳态水平较低　　B. 人均产量增长率的稳态水平较低

C. 人均消费较高　　D. 人均储蓄较高

9. 在索洛增长模型中，技术进步率是(　　)。

A. 外生的　　B. 内生的　　C. 8%　　D. 0.2

10. 内生增长理论意味着(　　)。

A. 储蓄和投资增加可以带来持续的增长

B. 如果知识被视为一种资本，资本可能不会收益递减

C. 技术变革率是内生的

D. 以上全部正确

11. 如果不考虑技术进步，据新古典增长模型，若资本增长1%，劳动投入不变，则经济增长(　　)1%。

A. 大于　　B. 等于　　C. 小于　　D. 不确定

12. 根据新古典增长模型，若考虑技术进步，则资本增长率和劳动增长率(　　)。

A. 提高　　B. 减少　　C. 不变　　D. 不确定

13. 根据新古典增长模型，在存在技术进步的情况下，人均产出增长的条件是人均资本占有(　　)。

A. 增长　　B. 负增长　　C. 不变　　D. 不确定

14. 根据新古典增长模型，若资本收入占总收入的比例上升，则可知劳动产出弹性(　　)。

A. 变大　　B. 变小　　C. 不变　　D. 不确定

15. 下列(　　)可以从理论上证明政府鼓励某些领域投资的技术政策是正确的。

A. 投资率的降低

B. 技术外部性在资本积累方面的定位和衡量

C. 实际利率的下降

D. 以上全部正确

练习题

1. 在新古典增长模型中，假设总量生产函数为 $Y = K^{\frac{1}{3}}L^{\frac{2}{3}}$，求：

(1)稳态时的人均资本量和人均产量；

(2)与黄金律水平相对应的储蓄率。

2. 在新古典增长模型中，人均生产函数为 $y=f(k)=2k-0.5k^2$ 人均储蓄率为0.3，设人口增长率为3%，折旧率为0，求：

(1)使经济均衡增长的 k 值；

(2)黄金律水平所要求的人均资本量。

3. 假设一个经济的人均生产函数为 $y=k^{0.5}$。如果储蓄率为28%，人口增长率为1%，技术进步率为2%，折旧率为4%，那么该经济的稳态产出为多少？如果储蓄率下降到10%，而人口增长率上升到4%，这时该经济的稳态产出为多少？

4. 经济增长的源泉是什么？

5. 在新古典增长模型中，人口增长对经济有哪些影响？

第五章 经济周期初论

经济波动或经济周期,是各国经济的普遍现象。然而,自从资本主义现代化生产方式得到发展以后,经济波动开始呈现放大的现象,剧烈的经济波动不但严重影响了普通百姓的日常生活,也加剧了国际政治的紧张关系。因而,经济周期也成为引人关注的社会事件。近代史上几次有全球范围影响力的经济波动,不仅催生了宏观经济学,也引发了有关政府经济职能的讨论。本章要向大家介绍经济周期的现象、重大历史事件和对经济周期的预测。

5.1 GDP的波动与潜在产出

图5-1反映了1978—2010年间中国实际GDP(按1978年不变价格计算)的变迁过程。在经济学上,长期表示所有生产要素都可以得到恰当的调整。因此,图5-1中GDP变化的长期趋势线就是经济增长曲线,代表了资本、劳动和技术等生产要素在有效供给状态下的生产能力。我们将这种生产能力称为潜在GDP(potential GDP),或称潜在产出(potential output)或自然产出水平(nature level of output)。这里的"自然"一词只是反映一种产品和劳动市场的均衡状态,即充分就业或无通货膨胀状态。我们从图5-1中可以看出,实际GDP的波动和增长是同时发生的,实际GDP围绕着趋势线上下波动,构成了一系列所谓的经济周期现象。经济周期就是实际GDP对潜在GDP的偏离运动,表现为实际GDP曲线时而在趋势线上端,时而在趋势线下端。这些现象意味着经济增长时快时慢和经济活动的扩张与收缩相互交替,给人一种仿佛周而复始的感觉。所以,习惯上,实际GDP的短期波动也被称作经济周期。当然,经济周期与物理学、地理学和天文学中的周期概念相比几乎有本质上的不同。它的频率、振幅、波峰和波谷会表现得十分不规则和难以预测。因此,我们将这类波动视为随机的,而不能将其看作具有固定时间周期的波动,如基钦周期(3年)、朱格拉周期(10年)、库兹涅茨周期(20年)和康德拉耶夫周期(50年)等。从目前已有的各种宏观经济实证统计数据来看,没有任何事实能支持经济波动会呈现出固定时间周期的运动规律。

在波动中,GDP增长有快有慢。我们习惯上将GDP增长得慢或出现负增长的时候称为衰退,而将GDP增长得快的时候称为景气。不过,衰退和景气两词在不同宏观经济学教

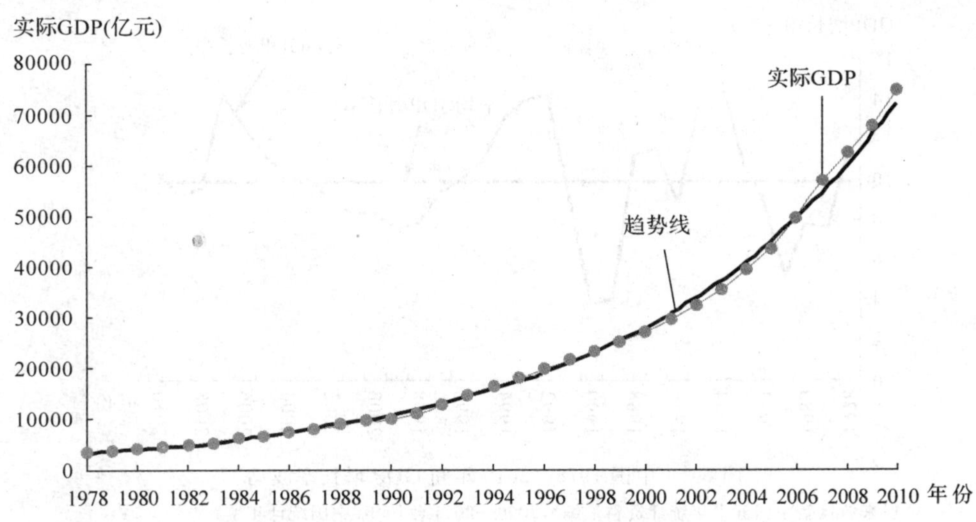

图 5-1　中国 1978—2010 年间实际 GDP 走势和趋势线

资料来源:《新中国五十年统计资料汇编》,2000—2011 年历年《中国统计年鉴》。

科书和词典中说法不一,定义也较混乱,其大致可分为两大类:按古典经济学说法,衰退是指实际 GDP 下降(即负增长)的持续时期,景气是指在接近波峰前的一段时期。不过,现代经济中,很少出现实际 GDP 下降的现象。现代经济学关于衰退和景气有两种说法:第一种说法是将衰退视为实际 GDP 低于潜在产出的时期,相当于经济受到一个负向冲击影响的时期,而将景气视为实际 GDP 高于潜在产出的时期,相当于经济受到一个正向冲击影响的时期,这种说法常见于教科书中;第二种说法是将衰退看作实际 GDP 增长慢于潜在 GDP 增长,即实际 GDP 增长率小于 GDP 长期平均增长率的时期;而将景气看作实际 GDP 增长快于潜在 GDP 增长,即实际 GDP 增长率大于 GDP 长期平均增长率的时期,这种说法常见于新闻报道中。严重的衰退被称为萧条(depression)和危机(crisis)。在讨论经济周期的时候,我们习惯上将一个景气与衰退的组合称为一个周期。一个经济周期中,正向偏离最大处称为波峰(peak),负向偏离最大处称为波谷(trough)。波峰与波谷的平均值称为振幅(amplitude)。单位时间(通常为 1 年)内出现平均周期的个数就是频率(frequency)。

需要指出的是,现代经济学关于两种衰退和景气定义所产生的波峰和波谷是不一致的,第一种定义的波峰和波谷要滞后于第二种定义。我们来看一下 1978—2010 年间 GDP 增长率变化的过程图。从图 5-2 中可以看到,GDP 的增长率在其多年平均值上下徘徊。在 1978—2010 年间,中国的实际 GDP 年平均增长率为 9.45%。但是,这一数值并不意味着可以掩盖中国经济非平衡增长的事实:实际 GDP 增长率在一些年份超过 9.45%,而在另一些年份则低于 9.45%,大体上围绕着 9.45%上下波动。

在 1978—2010 年间,中国经济经历了 4 个波峰:1978 年(11.7%)、1984 年(15.2%)、1992 年(14.2%)和 2007 年(13%);4 个波谷:1981 年(5.2%)、1990 年(3.8%)、1999 年(7.6%)和 2009 年(9.2%),即共经历了 4 个经济周期。

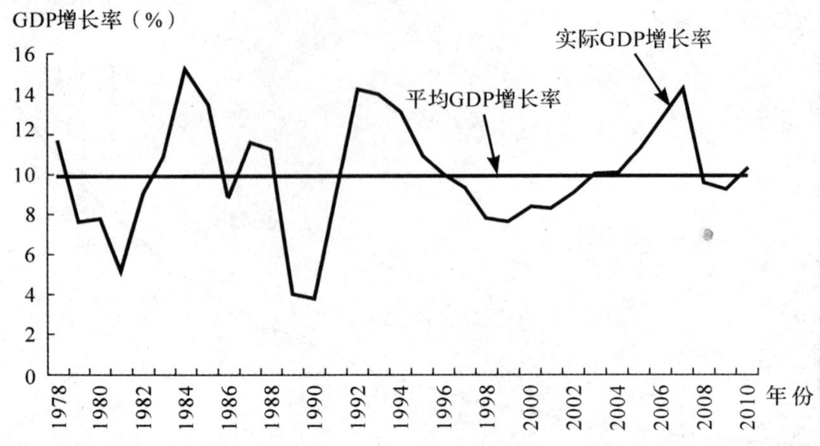

图 5-2 中国 1978—2010 年间 GDP 增长率波动

资料来源:《新中国五十年统计资料汇编》,2000—2011 年历年《中国统计年鉴》。

5.2 经济周期的特征

当 GDP 的增长发生变化时,其他一系列的经济变量(如收入、消费、投资、货币、就业和通货膨胀等)也会发生相应的变动。我们会发现,这些变量之间存在着很强的相关性,如图 5-3 所示。这种现象称为联动(comovement),这些联动关系可以概括为顺周期的(procyclical)和逆周期的(countercyclical)两种。所谓顺周期是指该变量的变动与实际 GDP 成正相关关系,如消费、投资、货币供给、实际工资、通货膨胀和名义利率等的变化率。当 GDP 高涨时,它们也随之高涨;当 GDP 下降时,它们也随之下降。逆周期是指该变量的变动与实际 GDP 成负相关关系,如失业率。当 GDP 高涨时,它们也随之下降;当 GDP 下降时,它们也随之高涨。当然,也有些经济变量是非周期的(acyclical),即变量的变动与实际

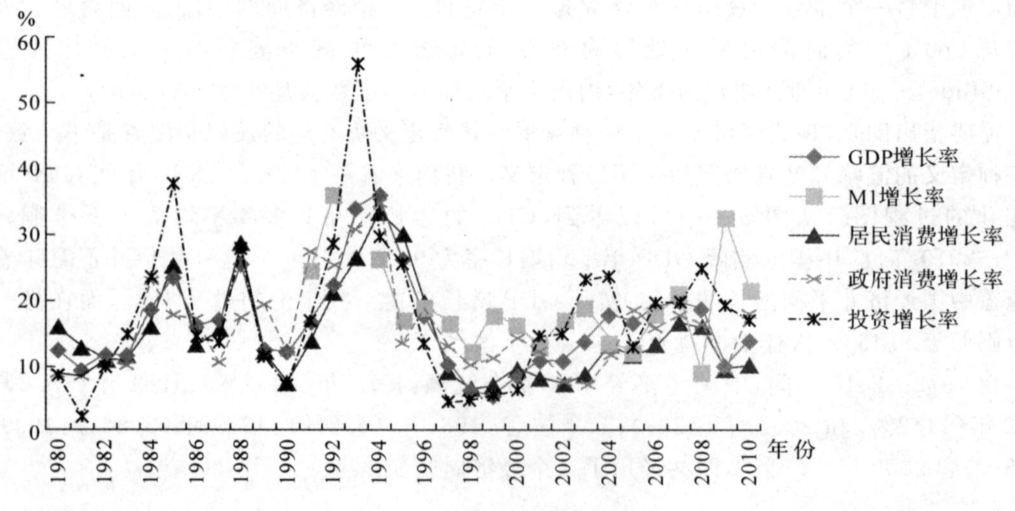

图 5-3 中国经济周期的特征

资料来源:《新中国五十年统计资料汇编》,2000—2011 年历年《中国统计年鉴》。

GDP 无关,如实际利率,即两者之间没有明确的相关关系。

这种经济变量的联动性导致经济波动阶段特征具有多维性,比如,景气阶段的特征是产品和劳动需求扩张、消费和投资提高、信用和物价膨胀、利润和股价上升、就业增加等都超过长期平均水平,公众对未来持乐观态度。相反地,衰退阶段的特征是产品和劳动需求扩张、消费和投资提高、信用和物价膨胀、利润和股价上升、就业增加等都低于长期平均水平,甚至严重时会出现产品和劳动需求萎缩、消费和投资降低、信用和物价紧缩、利润和股价下降、就业减少的现象,公众对未来持悲观态度。

5.3 大萧条

1936 年以前的资本主义经济波动要比现在剧烈得多。经济波动最终往往会演变成经济危机,继而演变成社会危机。因而,"资本主义必然灭亡"的预言在当时曾经盛行全世界。在诸多经济危机中,对资本主义社会冲击最大的莫过于"大萧条"。这种冲击不但发生在日常生活领域,而且也发生在社会基本信仰层面。宏观经济学中,我们常见的大萧条(Great Depression)一词特指 1929—1933 年间发生的全球性经济大衰退。大萧条首先于 1929 年秋在美国爆发,最早是美股出现灾难崩盘,继而殃及整个资本主义及其他外围国家。

有关大萧条爆发的原因众说纷纭。不过,凯恩斯后来提出的"有效需求不足"确实是其主要诱因。大萧条的发源地是美国,当时其经济发展存在严重的不平衡。1920—1921 年间,资本主义世界爆发了一战后首次经济危机。不过,美国很快恢复过来,并趋向景气,1923—1929 年秋天,美国生产率的年均增长率高达 4%,创造了经济发展的奇迹。

然而,高速发展的经济也带来了经济结构的严重失衡:收入分配极度不均衡,工资增长远远落后于经济增长。大部分财富都集中到了极少数人手中,如在 1929 年,美国占人口 5% 的富人掌握着全部个人收入的 1/3。从 1920 年到 1929 年,工人的生产率增长了 55%,而工人工资仅仅上升了 2%,农业工人的处境更悲惨,他们的收入还不到非农业工人收入的 30%。如此不合理的收入分配格局只能带来消费严重滞后的结果。这种不平衡起初还可以通过大量的贸易顺差和超常规投资来克服。然而,巨额贸易盈余的超常规投资只能暂时缓解需求不足的问题。贸易顺差需用资本净流出来平衡。这种异常的经济平衡方式只能推迟危机来临,而不是根除危机。大规模投资带来了巨大的产能过剩,实际供给已大大超过国内的需求。同时由于支付款到期,债务国不得不减少从美国进口产品,尤其是农产品,进而加剧了供过于求的困境。此外,美国的强势出口还造成了一些国家的还债困难,它们不得不多次拖欠欠款,而这回过头来又进一步动摇了美国某些金融公司的资金周转。爆发危机的一天终于来临。1929 年 10 月 24 日(后来该日被称作"黑色星期四"),纽约证券交易所的证券价值一落千丈。在此后一周之内,美国人在证券交易所内失去的财富竟高达 100 亿美元。到 11 月中旬,纽约证券交易所股票价格下跌了 4000 点以上,证券持有人的损失高达 260 亿美元,成千上万普通美国人辛劳一生的血汗钱化为乌有。这一事件最终打击了所有投资者的信心。结果,投资者大量减少投资和生产,国民收入和就业率随之出现骤然下降。萎缩的经济反过来又一次挫伤了投资者的信心。一时间,成千上万家公司纷纷破产,上百万人进入失业大军,美国历史上最惨重的一次灾难降临了。到 1933 年,工业总产量和国民收入暴跌了将近一半,商品批发价格下跌了近 1/3,商品贸易下降了 2/3 以上;纽约股票交易所的股票价值从 870 亿美元跌落到 190 亿美元；据不完全统计，1929—1932 年间，美国有 85000 多家企业惨遭破产，5000 多家银行停止营业，失业人数增加到 1200 万，大约 1/4 的人口无法养活自己，农场收入减少了一大半，制造业产出也几乎减少了一半多的生产。美国从世界上最富有的国家变成了一个成千上万人生活在贫困失望之中的国家，其中尤以社会底层的黑人和其他少数族裔为甚。黑人在失业人口中所占的比重比其在总人口中所占的比重高出的部分由 60%增加到 400%。英国《泰晤士报》如此来评论大萧条期间的失业问题："失业，仅次于战争，是我们这一代蔓延最广，噬食最深，最乘人不备而入的恶疾，是我们这个时代西方特有的社会弊病。"全社会的收入、投资和消费严重萎缩，失业率惊人上升(见图 5-4 和图 5-5)。

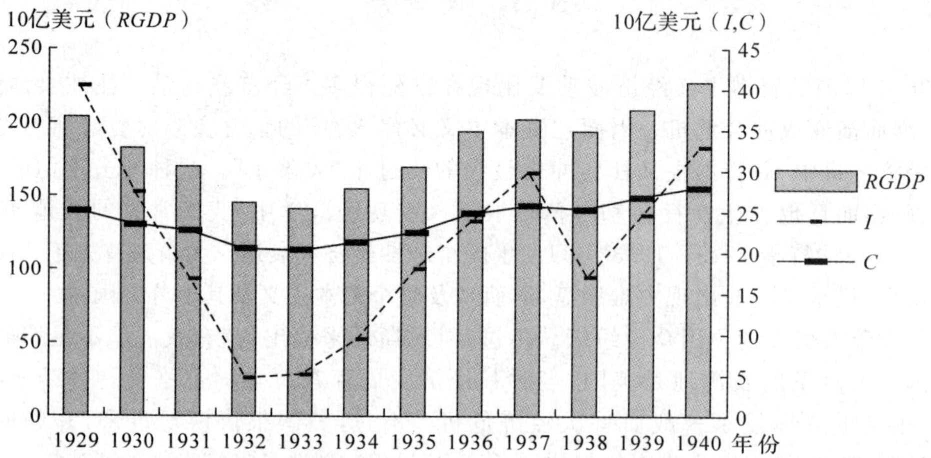

图 5-4 美国 1929—1940 年间的实际 GDP、投资和消费情况

资料来源：格里高利・曼昆：《宏观经济学》(第七版)，中国人民大学出版社 2011 年版。

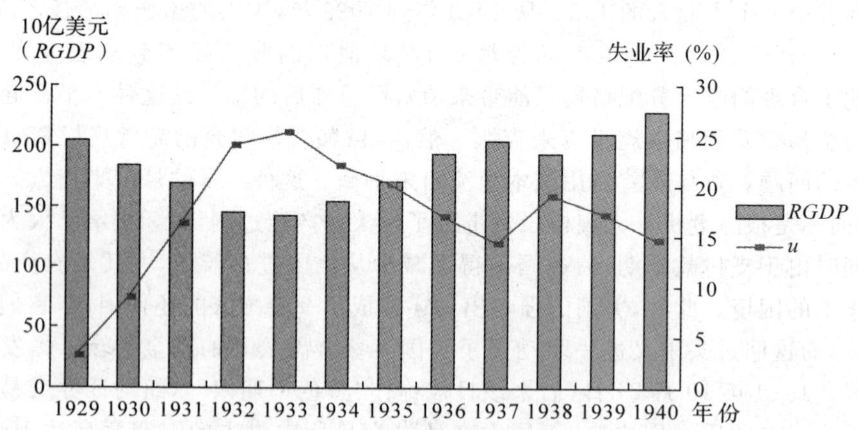

图 5-5 美国 1929—1940 年间的实际 GDP 和失业率情况

资料来源：格里高利・曼昆：《宏观经济学》(第七版)，中国人民大学出版社 2011 年版。

美国的经济萧条随后引发了连锁反应，1931 年法国银行家收回了给奥地利银行的贷款，又导致了德国银行家为自保而延期偿还外债，进而危及到了在德国有很大投资的英国银行家。全球主要工业化国家都出现了资本短缺，导致出口和国内消费锐减，工厂关闭，货物运输大幅度减少，又危害到交通运输业等，最后造成了大规模失业。1932 年的数据显示的失业人口为:美国 1370 万(失业率为 25%),德国 560 万(失业率为 43%),英国 280 万(失业率为 25%)。西欧资本主义国家工业生产出现一片巨大的滑坡。

表 5-1 大萧条的时间与程度

国家	萧条始于	复苏始于	工业生产下降幅度(%)
美国	1929(3)	1933(2)	46.8
英国	1930(1)	1931(4)	16.2
德国	1928(1)	1932(3)	41.8
法国	1930(2)	1932(3)	31.3
意大利	1929(3)	1933(1)	33.0
比利时	1929(3)	1932(4)	30.6
荷兰	1929(4)	1933(2)	37.4
丹麦	1930(4)	1933(2)	16.5
瑞典	1930(2)	1932(3)	10.3
捷克斯洛伐克	1929(4)	1932(3)	40.4
波兰	1929(1)	1933(2)	46.6
加拿大	1929(2)	1933(2)	42.4
阿根廷	1929(2)	1932(1)	17.0
巴西	1928(3)	1931(4)	7.0
日本	1930(1)	1932(2)	8.5

注:括号内表示季度。

资料来源:布莱恩·斯诺登、霍华德·文:《现代宏观经济学:起源、发展和现状》,江苏人民出版社 2009 年版。

整个资本主义世界经历了一场充满贫困、饥饿和对经济普遍感到绝望的危机。民众的生活质量骤然下降,原本经济发达的德国和英国的婴儿死亡率分别高达 66‰和 55‰。面对突如其来的经济灾难,人们不禁要问:是什么使商品的生产出现骤然下降呢?自然资源仍如以前一样丰富,国家仍拥有那么多的工厂、工具和机器,人民仍有同等的技术并希望能参加工作,为什么成千上万的工人和他们的家人却不得不去乞讨、借债和偷窃?不得不在慈善机构门前排起了长队?为什么尽管许多工厂闲置着,却还要以远低于实际生产能力的水平生产?其实,这可以在资本主义市场体系的制度中找到解释:工人原本可以开工,而且也能有工作,但是生产不能为投资者赚取利润,因而生产也就无法实现。在资本主义经济中,生产目的出现了本质上的异化,决定了生产的主要因素不再是人们的需求,而是企业的利润。

对此,一些西方资本主义国家的政府采取了国家直接干预经济的措施,企图以此来摆脱危机。1933 年年初,德国和美国的政府相继更换。在德国,希特勒上台后,推行法西斯主义,由政府对经济实施直接的干预管制,走上了以扩军备战为中心的国民经济军事化的道路。在美国,罗斯福接任总统后,也采取了政府直接干预经济的“新政”,以使美国摆脱危机。事实也表明,最早采取政府干预经济的国家率先摆脱了经济危机。

罗斯福新政

1933年年初，罗斯福当选为美国第32届总统。他实施了一系列旨在克服危机的政策措施，历史上被称为"罗斯福新政"。

新政从整顿金融市场入手。3月9日，美国国会通过《紧急银行法》，对银行采取个别审查颁发许可证制度，对有偿付能力的银行，允许尽快复业。1933年3月10日宣布停止黄金出口；4月5日，禁止私人储存黄金，美钞停止兑换黄金；4月19日，放弃金本位；1934年1月10日，发行以国家有价证券为担保的30亿美元纸币，并使美元贬值40.94%。

罗斯福还竭力促使议会先后通过了《农业调整法》和《全国工业复兴法》，限制了垄断，减少和缓和了紧张的阶级矛盾。

新政的另一项重要内容是救济工作。1933年5月，国会通过《联邦紧急救济法》，强调"以工代赈"，维护失业者的自力更生精神和自尊心。比如，民间资源保护队计划专门吸收身强力壮而失业率偏高的青年人，植树护林、防治水患、水土保持、道路建筑、开辟森林防火线并设置瞭望塔工作。到美国参与二战前，先后有200多万青年在这个机构中工作过，开辟了740多万英亩国有林区和大量国有公园。

民用工程署在全国范围内兴建了18万个小型工程项目，包括校舍、桥梁、堤坎、下水道系统及邮局和行政机关等公共建筑物，先后吸纳了400万人工作，其中主要为非熟练失业工人。后来又建立了国会拨款50亿美元的工程兴办署和专门针对青年人的全国青年总署，两者总计雇佣人员达2300万，占全国劳动力的一半以上。到二战前夕，联邦政府支出的工程费用及直接救济费用达180亿美元，美国政府借此修筑了近1000座飞机场、12000多个运动场、800多座校舍与医院。

1935年开始第二期"新政"，通过了《社会保障法案》、《全国劳工关系法》、《公用事业法》等，以立法的形式巩固了新政成果。罗斯福认为，一个政府"如果对老者和病人不能照顾，不能为壮者提供工作，不能使年轻人注入工业体系之中，听任无保障的阴影笼罩每个家庭，那就不是一个能够存在下去或是应该存在下去的政府"，社会保险应该负责"从摇篮到坟墓"的整个人的一生。

1938年6月14日通过了《公平劳动标准法》，其主要条款包括每周40小时工时，每小时40美分最低工资；禁止使用16岁以下童工，在危险性工业中禁止使用18岁以下工人。关于最低工资的规定，随着经济的发展，后来陆续有所调整。

到1939年，罗斯福总统实施的新政取得了巨大的成功。新政几乎涉及美国社会经济生活的各个方面，还有一些则是从资本主义长远发展目标出发的远景规划，并在很大程度上决定了二战以后美国社会经济的发展方向。

5.4 凯恩斯《通论》的诞生

据前一章所述，从长期来看，经济增长确实很重要，但是围绕着经济增长趋势的经济波动却也关系着数以千计民众的生计。因此，我们了解经济周期的运动也是很有必要的。经济学家和政府都希望通过研究经济周期找到缓解经济周期对社会冲击的方法，降低失业给社会带来的痛苦。然而，在 1936 年凯恩斯的《就业、利息和货币通论》（简称《通论》）出版以前，经济周期理论大多是在简单统计归纳基础上发展起来的。这些理论对经济周期的属性和起源并没有统一的认识，与当时的主流经济学，即古典经济学[①]也没有多少瓜葛。由于这些“粗制滥造”的“周期”（即前面提到的那些“有固定时间”的周期，如基钦周期、朱格拉周期等）很难获得广泛的经济统计数据拟合，对预测和治理经济周期也没有多少指导意义，经济学家已经逐渐摈弃了这些经济周期理论。尽管古典经济学家很清楚，资本主义的市场经济有可能偏离产出与就业的均衡水平，但是他们始终信奉“萨伊定律”和“货币数量论”，相信这种扰动只是暂时的和短暂的。他们的共同观点是：面对各种经济波动，市场机制会作出迅速有效的反应，以使经济恢复到充分就业的均衡状态。如果古典经济学的分析是正确的，那么以积极的稳定政策形式出现的政府干预就既没有必要，也不能令人满意。萨伊定律通俗地说就是“供给会创造自己的需求”，即不会出现较长时间的高失业和社会性生产过剩经济危机。而且，如果萨伊定律成立，货币数量论就意味着根本不会产生所谓的“货币幻觉”现象，名义货币余额的增加不会改变实际（潜在）产出，只会增加同等比例的价格。下面我们用一张示意图来说明这种关系。

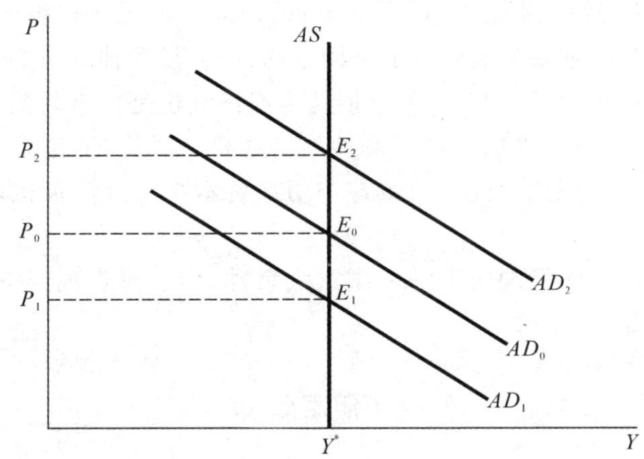

图 5-5　古典经济学模型

在古典经济学模型中，商品市场和劳动市场是满足完全竞争条件的，而且劳动市场在唯一的均衡实际工资水平上实现充分就业均衡。在这种情况下，充分就业水平的产量 Y^* 将不随价格变化而变化，因此我们就得到一条如图 5-5 所示的垂直的总供给曲线 AS。此时，设该经济最初处于充分就业的均衡，即在 AD_0 和 AS 的交点 E_0。当总需求从 AD_0 下降到 AD_1，将使价格和货币工资同比例下降，从而使实际工资、就业和产量保持不变，该经济从 E_0 点移动到 E_1 点。反过来，若总需求从 AD_0 增加至 AD_2，则该经济将从 E_0 点移动到 E_2 点。价格和货币工资同比例增加。在古典经济学模型中，该经济始终是供给约束的而不会是需求约束的；因此，并不需要积极的需求刺激政策，市场力量自身就能迅速而有效地实现均衡。

然而，1819 年以后西方资本主义国家出现的多次生产过剩性经济危机，特别是“大萧条”给古典经济学带来了致命的打击。在“大萧条”中，一方面产品大量积压，机器和厂房闲

① 尽管马歇尔和庇古在微观经济学中建立了开创性的分析工具，不过在凯恩斯看来，他们与斯密、李嘉图、穆勒在保持经济向充分就业位置自我调整这一信念上是一致的。因此，两人都应被纳入古典经济学家的行列。

置，另一方面大批工人排队领取失业救济金。社会危机达到了极点，古典经济学却不能给社会提出有建设性的政策建议。大萧条的后果使古典经济学理论面临严峻的挑战，并彻底动摇了古典经济学的基本信念，从而导致新经济学理论的演进。

凯恩斯早就发现古典（包括新古典）经济学中比较静态分析方法和过度关注长期均衡的缺陷，在1923年出版的《货币改革论》中写道："……但是，这种长期趋势对当前是一种误导。在长期内我们都已经死了。如果经济学家们在暴风雨的季节只能告诉我们风暴过去大海就会恢复平静，那么他们的任务就太简单了。"

为了理解经济大萧条，凯恩斯考察了包括以马尔萨斯和马克思等为代表的几乎所有站在社会主义立场上的经济学家的著作。在认真分析美国和西欧各国政府在大萧条中干预经济成功的案例与马尔萨斯和西斯蒙第等人的消费不足理论的基础上，凯恩斯明确地承认经济危机和失业是资本主义经济中普遍存在的事实，从而否定了传统的"萨伊定律"。关于经济周期，凯恩斯在《通论》中提出了两个新的观点。首先，凯恩斯认为经济周期主要是由总需求变动造成的。与消费相比，投资的变动又是需求变动的主要原因。投资，特别是自发投资的变动是宏观经济波动的根源。自发投资取决于企业家的预期——"动物精神"（animal spirit）。在凯恩斯看来，这种预期的变动是重要的，但是人们无法根据当前一些经济变量的变动来解释。由于这种预期缺乏实际上的坚固基础，极容易受他人行为的影响。因而，经济运行是极不稳定且难以预测的。其次，凯恩斯认为经济危机是由有效需求不足造成的，政府采取赤字财政，增加支出可以克服生产过剩性经济危机。尽管《通论》不是一部专门分析大萧条成因的著作，然而，其理论构建的背景却与历次资本主义经济危机，特别是大萧条有着密不可分的关系。

《通论》的出版是经济学发展史上的一次重大事件，标志着宏观经济学的诞生和资本主义政府干预经济的开始。

萨伊定律

1803年，萨伊在《政治经济学概论》一书中系统地提出"不可能产生总体生产过剩"理论，即"产品生产本身能创造自己的需求"这一所谓的"萨伊定律"。不过，该定律早在斯密，甚至斯密的老师哈奇森（他被认为是苏格兰道德哲学之父）的著作中已有所表述和暗示。1808年，小穆勒进一步将此定律表述为"一个国家的购买力完全可以用其产出来衡量"，言下之意就是总供给等于总需求。然而，由于凯恩斯在1936年的《就业、利息和货币通论》一书中将此定律概括为"供给自动创造自己的需求"这一名言，演绎出"不存在着充分就业的障碍"的结论，并将此定律归功于萨伊，故此定律被后人称为萨伊定律。萨伊定律还可以有"用商品购买商品"和"总体过多生产的不可能性"等其他表述。除了马尔萨斯和西斯蒙第等少数人外，绝大多数古典经济学家都将此定律视为市场法则。

货币幻觉

"货币幻觉"一词是美国经济学家费雪于1928年发表的《货币幻觉》一书中创造出来的（另一说是在1922年重版的《货币购买力》一书中提出的），通常指的是各种未能把货币量值同真实量值区别开来的现象。在费雪看来，货币幻觉是经济周期波动中的一个重要因素。在高涨时期，价格的提高将刺激投资需求并导致工商企业增加借款，以此造成名义利率上升。贷款者则因名义利率的上升而增加储蓄，以此适应上述增加的借款需求。但是，他们并未注意到由于通货膨胀率上升而造成实际利率并未上升，甚至还会下降的情况。

5.5 先行指标

为了减缓经济周期对经济活动的影响，许多经济学家不得不接受预测经济周期的任务，尽管这种任务犹如地质学家想要准确预报地震一样困难。预测经济周期工作一般从理论分析和指标测算两方面着手，理论分析部分将在以后章节中学习，这里侧重于探讨指标测算部分。

经济学家们特别希望从一些影响实际 GDP 走势的宏观经济变量中预测经济周期。而经济变量联动的一个重要组成部分就是存在先行和滞后关系。那些能够影响实际 GDP 未来走势的宏观经济变量被称为先行变量(leading variable)，相关的指标就是先行指标(leading indicators)。相反地，倘若实际 GDP 有助于预测某一特定宏观经济变量的未来走向，该变量就被称为滞后变量(lagging variable)。不少经济学家企图利用先行指标预测经济波动趋势。只是，在哪些指标更能准确经济波动的问题上，经济学家们并没有完全达成一致。下面我们就向大家介绍美国经济咨商局的先行指标。

制造业生产工人的平均每周工作时间。由于企业在雇用新工人或解雇工人之前常常调整现有工人的工作小时数，平均每周工作小时数就成了就业变动的领先指标。较长的工作周表明企业要求其雇员工作较长的时间，因为它们正经历着产品需求旺盛的情形；因此，它表示企业在未来可能要多雇工人和增加生产。较短的工作周显示较弱的需求，表明企业更可能解雇工人和削减产量。

平均每周初次申请失业保障的人数。向失业保障系统提出新申请的人数是能够最快得到的劳动市场状况指标之一。在计算领先指标时这一序列要用倒数，以便在该序列增加时使指数下降。初次申请失业保障人数的上升表明企业在解雇工人和削减产量，这将很快在失业和生产数据中显示出来。

经过通货膨胀调整后，对消费品和原材料的新订单。这是对企业正面临的需求的一个非常直接的衡量指标。由于订单的增加消耗了企业的存货，这一统计量通常预示着随后生产和就业的增加。

非国防资本品的新订单。这是上一个数据序列的对应指标，不过针对的是投资品而不是消费品。

货商交货指数。这一变量有时也被称为供货商业绩，它衡量从供货商处收到较慢交货的公司的数量。供货商业绩是一个先行指标，这是因为当公司产品需求增加时交货就会减慢。因此，较慢的交货预示着未来经济活动的增加。

股票价格指数。股票市场反映了对未来经济状况的预期，这是由于股市投资者在预期公司盈利时会抬高价格。股价上升预示着投资者预期经济会快速增加，进而预示着整体经济活动的上升。

经过通货膨胀调整后的货币供给(M2)。由于货币供给与总支出相关，故更多的货币预示着增加的支出,这又意味着更高的生产和就业。

利率差,即10年期国债与3个月期国债的收益差。这一收益差,有时被称为收益曲线的斜率,反映了市场对未来利率的预期,同时反映了经济状况。大的利率差意味着预期利率会上升,这种情况通常在经济活动增加时发生。

消费者预期指数。这是预期的一个直接衡量指标,它基于密歇根大学调查研究中心所做的一项调查:消费者对未来经济情况乐观态度的增加预示着消费者对产品和服务需求的增加,这又将鼓励企业扩大生产和就业以满足更大的需求。

目前,国际上比较流行的先行指标是采购经理指标(purchase management index, PMI),它最早起源于美国20世纪30年代。经过几十年的发展,该指标体系现已涵盖生产和流通领域,包括新订单、产量、雇员和产品供应等诸多方面。目前它已衍生出制造业PMI、服务业PMI和建筑业PMI等不同的PMI。50为它们的荣枯线,大于50预示经济将会景气,小于50预示经济将会衰退。

先行指数通常每月公布一次,各国公布时间不尽一致。假如先行指数连续3个月下降,则预示经济即将进入衰退期;若连续3个月上升,则表示经济即将步入繁荣或持续扩张期。通常,先行指标比GDP有6～9个月的领先时间。在美国,一般认为先行指标可以在经济衰退前11个月预测经济下滑,而在经济扩张前3个月可预测经济复苏。二战后,先行指数已经被广泛地用来预测西方发达国家经济的荣枯拐点。

选择题

1. 关于经济波动,错误的说法是(　　)。

A. 中国的实际GDP持续增长,但是围绕平均增长率波动

B. 经济学家有时将产出和就业中的波动称为商业周期

C. 产出和就业的波动是正常的,是可以预测的

D. 在经济衰退的时候,实际GDP下降,失业率上升

2. 经济学家通常认为(　　)。

A. 工资和价格在长期中具有弹性　　B. 工资和价格在短期中是黏性的

C. 产出在长期中向完全就业的水平移动　　D. 以上全部正确

3. 对西方资本主义经济冲击最大的事件是(　　)。

A. 黑死病　　B. 大萧条

C. 第一次世界大战　　D. 第二次世界大战

4. 大萧条发源于(　　)。

A. 美国　　B. 前苏联国家　　C. 德国　　D. 英国

5. 根据古典经济学理论,当经济受到逆向需求冲击时,经济会通过(　　)来调节经济。

A. 降低价格　　B. 提高价格　　C. 降低产量　　D. 提高产量

6. 根据古典经济学理论,总供给曲线是(　　)。

A. 垂直的　　B. 水平的　　C. 向右上倾斜　　D. 向右下倾斜

7. 根据古典经济学理论,当经济遇到逆向总需求冲击时,产出会(　　)。

A. 下降　　B. 上升　　C. 不变　　D. 不确定

8. 萨伊定律表明(　　)。

A. 供给自行创造需求　　B. 需求自行创造供给

C. 消费自行创造投资　　D. 投资自行创造消费

9. 凯恩斯认为引起经济波动的主要原因是(　　)。

A. 有效供给不足　　B. 有效需求不足　　C. 有效增长不足　　D. 有效信息不足

10. 凯恩斯认为政府应该(　　)。

A. 干预经济　　B. 计划经济　　C. 放任自由　　D. 以上都对

练习题

1. 当在衰退中实际GDP下降时,消费、投资和失业率通常会怎样变动?
2. 举出一个在短期中具有黏性和长期中具有弹性的价格的例子。
3. 为什么古典经济学认为总供给曲线是垂直的?
4. 为什么凯恩斯认为古典经济学存在缺陷?
5. 凯恩斯的“有效需求理论”是在什么样的背景下产生的?

第六章

产品和服务市场均衡与 *IS* 曲线

凯恩斯在他的《通论》中有一个观点是，在短期内，一个国家的产出和就业水平取决于“有效需求”(effective demand)。所谓的有效需求是指预期可给雇主(企业)带来最大利润量的社会总需求，也即与社会总供给相等、处于均衡状态的社会总需求。这个概念最早出现在经济学家马尔萨斯于1820年出版的《政治经济学原理》中。马尔萨斯认为，由于社会有效需求不足，资本主义经济存在产生经济危机的可能。凯恩斯在《通论》中扩展和完善了马尔萨斯的观点。

按照凯恩斯的有效需求决定论，在封闭经济中，$Y=C(Y-T)+I+G$，C 会面临边际消费倾向递减，I 会面临边际报酬递减，两者都可能导致总需求不足，因此政府应当进行干预。政府可以通过增加 G 或减少 T 来解决有效需求问题。然而，《通论》本身存在着不少前后逻辑不一致的问题。美国经济学家萨缪尔森认为，《通论》是“结构松散”和“文字粗糙”的。为此，英国经济学家希克斯和美国经济学家汉森等人对《通论》作了进一步解读、诠释和修正，将其中部分思想概括为 *IS-LM* 模型。因而，*IS-LM* 模型也称凯恩斯—希克斯—汉森模型，或希克斯—汉森模型。本章将对 *IS* 曲线进行介绍。这里的 I、S 分别代表投资和储蓄，*IS* 曲线描述了产品与服务市场上的均衡情况。

6.1 凯恩斯交叉

IS 曲线描绘了产品与服务市场上产生的利率与收入水平之间的关系。为了讨论 *IS* 曲线，我们从介绍凯恩斯交叉(Keynesian cross)模型，即45°线模型开始，这个模型是对凯恩斯的国民收入决定理论的最简单解释。它也是构成更复杂的、更现实的 *IS-LM* 模型的基石。

为了建立凯恩斯交叉模型，凯恩斯在《通论》中引入了实际支出(actual expenditure)和计划支出(planned expenditure)这两个概念。所谓实际支出，是指家庭、企业和政府实际花在产品和服务上的数额。根据定义，它等于整个经济的产出，即 $AE=Y$。故在(AE,Y)平面上，AE 曲线是一条向右上方倾斜45°的直线。这一实际支出函数是凯恩斯交叉模型的第一个部分。

所谓计划支出是指家庭、企业和政府打算花在产品和服务上的数额。在封闭经济中，计划支出 PE 是由计划消费 C、投资 I 和政府购买 G 组成的，即：

$$PE=C+I+G$$

凯恩斯通过计划支出小于(或大于)实际支出来说明有效需求不足(或过度)。计划支出与实际支出不同的原因在于企业因实际销售与预期销售不一致而进行非计划的存货投资。当企业销售的产品比计划少时，它们的存货存量会自动上升；相反地，当销售的产品比计划多时，它们的存货存量会自动下降。由于这些非计划存货的变化被企业当做投资支出，实际支出可能会比计划支出更高或者更低。

根据第三章的讨论，我们知道凯恩斯消费函数为：

$$C=C(Y_d)=C(Y-T),$$

其中，$0<C'(Y_d)<1$，即计划消费 C 是可支配收入的递增函数。

因而，计划消费 C 也是收入的递增函数，而计划投资 I、政府购买 G 和税收 T 等又被假定是固定的或外生的。故在(PE,Y)平面在或(AE,Y)平面上，PE 曲线是一条向右上方倾斜的曲线，曲线的斜率等于边际消费倾向 MPC，小于 1，如图 6-1 所示。这一计划支出函数是凯恩斯交叉模型的第二个部分。

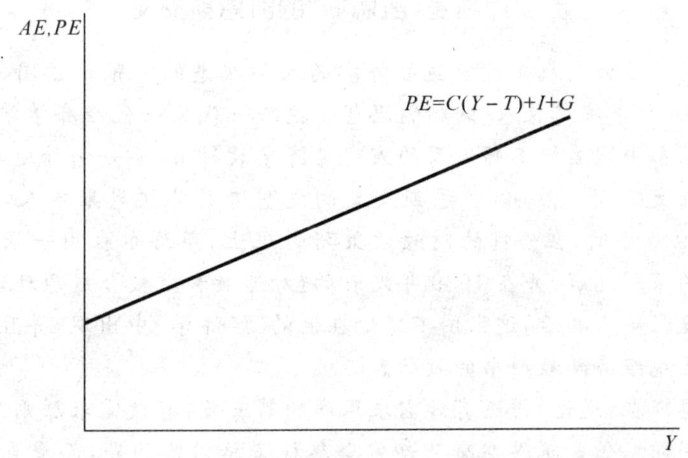

图 6-1　计划支出曲线

凯恩斯认为，当实际支出等于计划支出时，产品和服务市场将会处于均衡状态。我们可以把这个均衡条件写成：

$$AE=PE$$

这个均衡可以用凯恩斯交叉来表示。

在图 6-2 中，$AE=Y$ 和 $PE=C(Y-T)+I+G$ 分别表示实际支出曲线和计划支出曲线。这两条曲线的交叉就构成了所谓的凯恩斯交叉，交点 E 就是这个经济产品和服务市场的均衡点，它表示实际支出(或收入，或产出)等于计划支出。Y_e 就是这个经济的均衡收入或均衡产出。

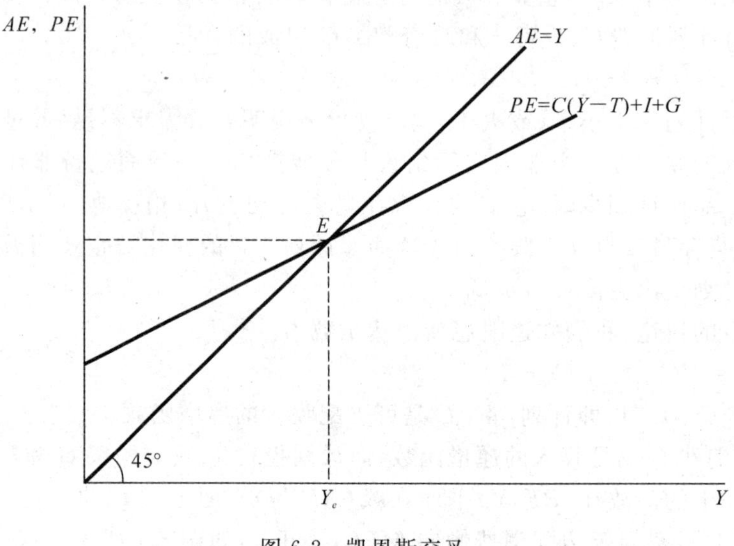

图 6-2 凯恩斯交叉

比凯恩斯更"凯恩斯"的凯恩斯交叉

凯恩斯交叉是大多数学过宏观经济学的人所熟悉的一张示意图，这张图曾经把《通论》"有效需求决定收入"的精髓思想传授给一代又一代经济学学子。我曾经随机翻阅过 7 本中国名校名师编写的宏观经济学教科书，无一例外地，所有书中都有这张凯恩斯交叉图。然而，凯恩斯交叉的发明者并非凯恩斯本人，而是萨缪尔森。1937—1940 年间，在哈佛的财政政策研讨班上，萨缪尔森用一张示意图来说明老师汉森的深刻见解，并在 1939 年发表的《加速数和乘数合成原理》一文中首次公开使用了这张图。其后，这张图不断地在他的《经济学》中出现，并且得到许多其他经济学和宏观经济学教科书的效仿。

虽然凯恩斯在《通论》讲述有效需求原理的第三章《有效需求原则》中并非没有提及总供给问题。但是凯恩斯交叉却完全忽视了总供给问题，而重点突出了凯恩斯分析中的革命性元素。

6.2 均衡的实现

在凯恩斯交叉模型中，存货在调整过程中起着重要的作用。只要经济不处于均衡状态，企业就会出现存货的非计划变动。企业会根据存货状况，决定未来生产计划。当实际存货大于计划存货，即非计划存货大于零时，企业就会减少生产；当实际存货小于计划存货，即非计划存货小于零时，企业就会增加生产。这种生产的变动会使经济趋向均衡。

在图 6-3 中，当 Y_1 大于 Y_e 时，实际支出 AE_1 大于计划支出 PE_1，出现正的非计划存货 AE_1-PE_1，企业会降低其产出，GDP 下降，直到非计划存货消失、收入下降到均衡水平为止。反之，当 Y_2 小于 Y_e 时，实际支出 AE_2 小于计划支出 PE_2，出现负的非计划存货 AE_2-PE_2，企业会提高其产出，GDP 上升，直到负的非计划存货消失、收入上升到均衡水平为止。

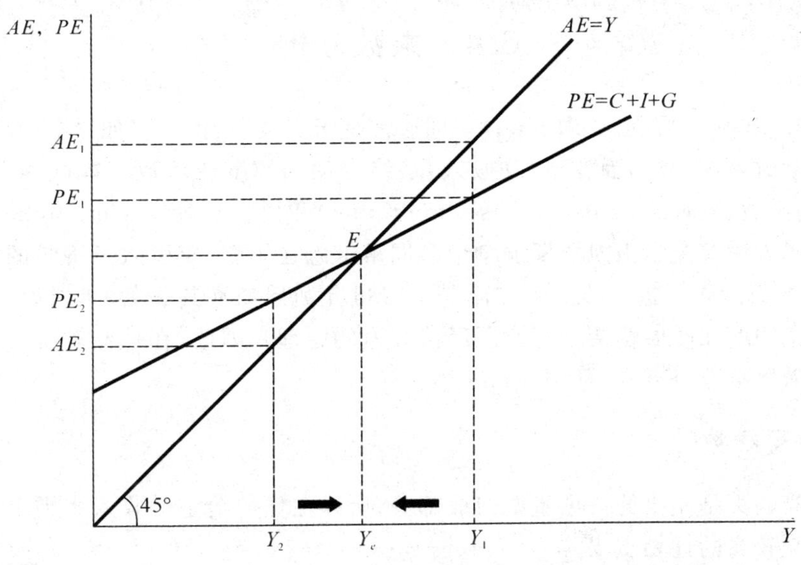

图 6-3 凯恩斯交叉中向均衡的调整

在上述两种情况中，企业的决策都会使经济趋向于均衡。

6.3 计划支出曲线的移动

在以下两种情况中，计划支出曲线可以移动。一是财政政策的改变，如扩大(或缩小)政府购买，增加(或减少)税收等；二是货币政策的改变，如货币当局调控利率或货币供给，进而引致投资规模的改变等。

当增加政府购买(ΔG)，或减少税收(ΔT)，或提高投资(ΔI)时，PE 曲线就会向上(或向左)移动，如在图 6-4 中，从 PE_1 移至 PE_2；相反地，当减少政府购买，或增加税收，或降低投资时，PE 曲线就会向下(或向右)移动，如在图 6-4 中，从 PE_2 移至 PE_1。

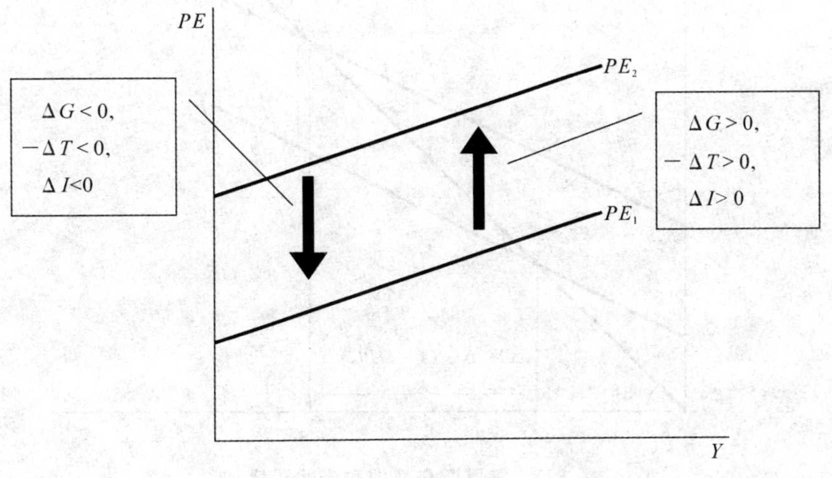

图 6-4 计划支出曲线的移动

6.4 乘数分析

在宏观经济学中，乘数(multiplier)一词通常是指当某一自变量(如投资、政府购买等)发生1单位变动时，所引致的因变量(如收入)最终变动的幅度或倍数。本章主要介绍两种乘数：政府购买乘数(government-purchases multiplier)和税收乘数(tax multiplier)。

乘数分析方法首先是由凯恩斯的学生和同事卡恩在1931年引入经济学的，威克塞尔在1935年对乘数概念作了进一步完善和诠释。1936年凯恩斯在其著名的《通论》中，借用乘数分析方法来说明增加政府购买如何克服经济衰退的原理。因此，在一些教科书中，乘数也称为凯恩斯—卡恩乘数(Keynes-Kahn multiplier)。

政府购买乘数

由于政府购买是支出的一项重要组成部分，所以在任何给定的收入水平上，较高的政府购买都会引起较高的计划支出。

在图6-5中，如果政府购买增加了ΔG，那么计划支出曲线将向上移动ΔG，从PE_1向上移至PE_2经济的均衡将从E_1点移动到E_2点，收入也将从Y_1移到Y_2，这点可以从图6-5中很直观地得出。

又根据$\frac{\Delta Y-\Delta G}{\Delta Y}=MPC$(计划支出曲线$PE$的斜率)，我们可以得到$\frac{\Delta Y}{\Delta G}=\frac{1}{1-MPC}$。

可见，收入的增加ΔY要大于政府购买的增加ΔG，即财政政策对收入存在所谓的乘数效应。

图6-5表明，政府购买的增加可以引起收入更大幅度的增加。也就是说，ΔY大于ΔG。$\Delta Y/\Delta G$这一比率被称为政府购买乘数；它告诉我们，政府购买增加1单位会使得收入增加多少。凯恩斯交叉的一个启示是政府购买乘数大于1。

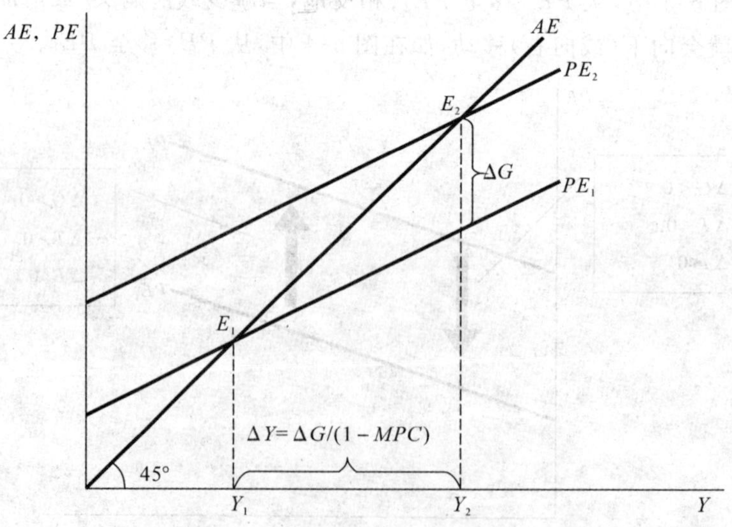

图6-5 凯恩斯交叉中政府购买增加

财政政策对收入能产生乘数效应的原因在于较高的收入会产生更高的消费。当政府购买的增加提高了收入时，它也提高了消费，进一步增加了收入，收入的增加又进一步提高了消费，如此等等。因此，在这个模型中，我们可以看到，政府购买的增加引起了收入更大幅度的增加。

当政府增加 ΔG 的政府购买时，就意味着收入也增加了 ΔG。这一收入的增加又使消费提高了 $MPC\times\Delta G$，这一消费的增加又一次提高了支出和收入。这第二轮增加的收入，即 $MPC\times\Delta G$，又提高了消费，这次消费的增加量是 $MPC\times(MPC\times\Delta G)$，它又提高了支出和收入。如此这般不断循环下去。这种从消费到收入又到消费的反馈会无限期地继续下去。因此，对收入的总效应该是：

政府购买的最初增加 $= \Delta G$

消费的第一轮变动 $= MPC \times \Delta G$

消费的第二轮变动 $= MPC^2 \times \Delta G$

消费的第三轮变动 $= MPC^3 \times \Delta G$

……

加总可得，$\Delta Y = (1 + MPC + MPC^2 + MPC^3 + \cdots)\Delta G$

我们同样可以得到政府购买乘数：

$$\Delta Y/\Delta G = 1 + MPC + MPC^2 + MPC^3 + \cdots = 1/(1 - MPC)$$

乘数原理向人们讲述了这样一个道理，政府为投资某个公共项目支出了一笔费用，让人们赚到了钱，然后这些人再把钱花出去，让其他人赚钱，然后再由他们花出去。这个过程不会终止，会一轮接一轮地持续下去，最终给社会带来的收入将远大于政府最初为该项目所支出的费用。比如，假设边际消费倾向为 0.8，政府花了 1 元钱为某个穷人办了一张公园卡，最终给社会带来的收入增长为 1×乘数，即等于：

$$1\times\Delta Y/\Delta G = 1/(1-0.8) = 5\text{ 元。}$$

税收乘数

税收减少 ΔT 会立即使可支配收入$(Y-T)$增加 ΔT，从而使消费增加 $MPC\times\Delta T$。因此，在任何一个给定的收入水平 Y，如减税 ΔT，计划支出就会随之提高 $MPC\times\Delta T$。如图 6-6 所示，若计划支出曲线向上移动了 $MPC\times\Delta T$，经济的均衡将从 E_1 点移动到 E_2 点，收入也将从 Y_1 增加到 Y_2。

正如政府购买的增加对收入具有乘数效应一样，税收的减少也具有乘数效应。与以前一样，支出最初的变动现在是 $MPC\times\Delta T$ 再乘以 $1/(1-MPC)$。税收变动对收入的总效应是：

$$\Delta Y/\Delta T = -MPC/(1-MPC)$$

这个表达式是税收乘数，即 1 单位税收变动引起的收入变动量（负号表示收入与税收的变动方向相反）。

比如，边际消费倾向为 0.8，乘数就等于：

$$\Delta Y/\Delta T = 0.8/(1-0.8) = 4$$

也即，如果政府让民众少交 1 元钱的税，那么会给社会带来 4 元的收入增长。

不过要注意，单纯利用政府购买乘数和税收乘数预测收入增加的前提是投资变量是外

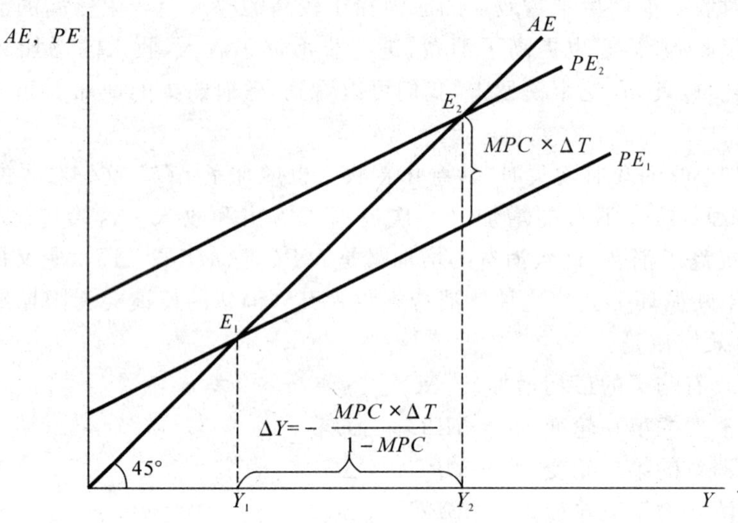

图 6-6　凯恩斯交叉中税收减少

生的，即增加政府购买和减少税收不会影响原来的投资规模。在现实中，这种情况并不常见。因而，我们需要其他更复杂的模型。

6.5　*IS* 曲线

IS 曲线的推导

凯恩斯交叉只是我们通往解释经济总需求曲线的 *IS-LM* 模型的一个阶梯。凯恩斯交叉之所以有用，是因为它说明了家庭、企业和政府的支出计划是如何决定国民收入的。但它作了一个简化假设，即计划投资水平 I 固定不变。正如我们在第 3 章中所讨论的，一个重要的关系是计划投资取决于利率 r。从第三章的学习中可知，计划投资 I 是实际利率 r 的递减函数，即 $I=I(r)$，其中，$\mathrm{d}I/\mathrm{d}r<0$。下面，我们利用凯恩斯交叉和投资函数推导 *IS* 曲线。

IS 曲线反映了产品和服务市场的均衡，即计划支出等于实际支出。在封闭经济下，这意味着投资等于储蓄。这里为了确定当利率变动时收入将如何变动，我们可以把投资函数与凯恩斯交叉图结合起来分析。由于投资是利率的递减函数，所以当利率从 r_1 下降到 r_2 时，投资量就会从 $I(r_1)$ 上升到 $I(r_2)$。计划投资的提高，又使计划支出函数向上移动，从 PE_1 移到 PE_2，如图 6-7(a)所示。计划支出曲线的移动又使均衡收入从 Y_1 增加到 Y_2。相反地，利率的上升会减少均衡收入。

在图 6-7(b)中，我们分别用(r_1, Y_1)和(r_2, Y_2)在(r, Y)平面上标出 D_1 和 D_2 两点。联结 D_1 和 D_2 两点，我们就能得到一条 *IS* 曲线。根据上文所述，我们可以知道，*IS* 曲线结合了投资函数所表示的 r 和 I 之间的相互作用以及凯恩斯交叉所表示的 I 和 Y 之间的相互作用。*IS* 曲线上的每一点都代表产品市场上的均衡，该曲线显示了均衡收入水平对利率的依赖。也就是说，*IS* 曲线是一组反映计划支出等于实际支出或投资等于储蓄状况的利率与收入组合。在 *IS* 曲线上方，S 大于 I；在 *IS* 曲线下方，S 小于 I。由于利率上升引起计划投资

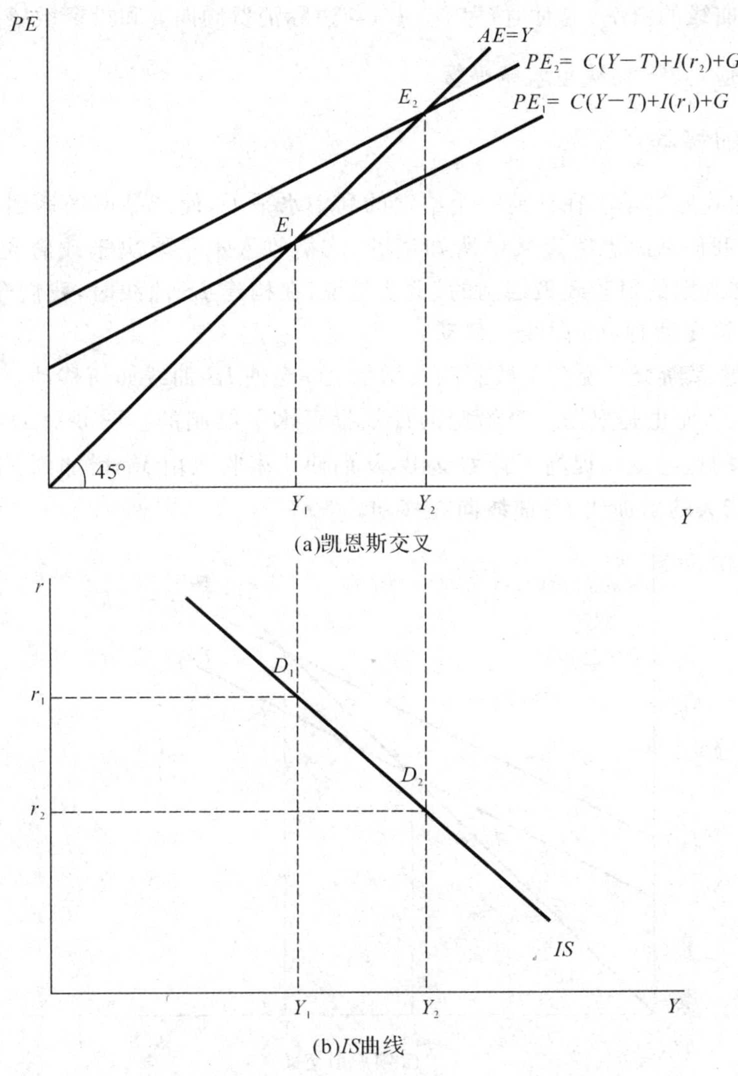

图 6-7　IS 曲线

下降，计划投资的下降又引起均衡收入的下降，所以 IS 曲线向右下方倾斜。

根据上文所述，IS 曲线的一般形式可以用下式来概括：

$$Y=C(Y_d)+I(r)+G=C(Y-T)+I(r)+G$$

其中，$0<C'(Y_d)<1$，$I'(r)<0$。

如果按第三章的方法，将消费函数和投资函数进行线性化处理，我们就得到了线性的 IS 曲线：

$$Y=C(Y-T)+I(r)+G=\alpha+\beta(Y-T)+I_0-dr+G$$

$$=\frac{\alpha-\beta T+I_0+G}{1-\beta}-\frac{d}{1-\beta}r$$ ，或者：

$$r=\frac{\alpha-\beta T+I_0+G}{d}-\frac{1-\beta}{d}Y$$

可见，IS 曲线的斜率(绝对值)为 $\frac{1-\beta}{d}$，与边际消费倾向 β 和投资敏感系数 d 都成递减关系。β 和 d 越大，IS 曲线也就越平缓。

IS 曲线的移动

IS 曲线向我们显示了在任何一个给定的利率水平上，使产品市场达到均衡所对应的收入水平。正如我们从凯恩斯交叉中所知道的，均衡收入水平取决于政府支出 G 和税收 T。IS 曲线是根据既定的财政政策绘制的；也就是说，在构建 IS 曲线时，我们令 G 和 T 固定不变。当财政政策变动时，IS 曲线也移动。

图 6-8 用凯恩斯交叉说明了政府购买增加 ΔG 会使 IS 曲线如何移动。该图是根据一个给定的利率 r_0 从而也是根据一个给定的计划投资水平绘制的。图 6-8(a)中的凯恩斯交叉表示财政政策的这种变动提高了计划支出，从而使均衡收入由 Y_1 增加到 Y_2。因此，在图 6-8(b)中，政府购买的增加使 IS 曲线向右移动。

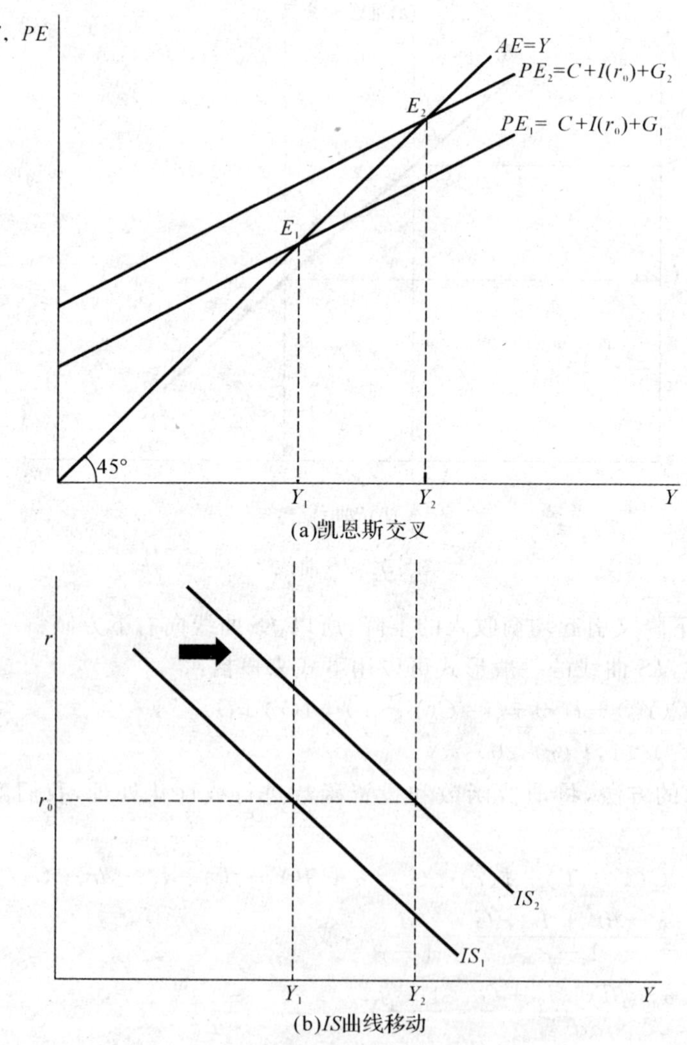

图 6-8　政府购买增加与 IS 曲线移动

我们还可以用凯恩斯交叉来分析财政政策的其他变动如何使 IS 曲线移动。由于税收的减少同时也扩大了支出和收入，所以它也使 IS 曲线向右移动，政府购买的减少或税收的增加降低了收入；因此，财政政策的这种变动使 IS 曲线向左移动。

可见，IS 曲线表示与产品和服务市场均衡相一致的利率与收入水平的结合。IS 曲线是根据给定的财政政策绘制的。增加产品与服务需求的财政政策变动使 IS 曲线向右移动，减少产品与服务需求的财政政策变动使 IS 曲线向左移动。

增加政府购买的经济刺激计划

2008 年，美国爆发次贷危机后，西方主要经济强国的经济增长相继受挫，全球经济进入衰退。为了应对这次国际金融危机，我国政府实施了稳定经济的一揽子经济刺激计划。2008 年 11 月 9 日我国政府宣布对财政政策和货币政策进行重大调整，并出台扩大内需的 10 项举措，从 2009 年至 2010 年共投资 4 万亿元人民币左右。计划投资主要指向基础设施建设、教育卫生、产业振兴和节能减排等领域。2009 年，在 4 万亿元政府刺激的计划作用下，我国宏观经济政策在避免经济衰退方面取得了一定的成效。结果在全球经济萎缩的 2009 年(自二战以来全球经济首次经历负增长的一年)，我国的 GDP 增长率仍保持了 9.1%的强劲势头，2010 年 GDP 增长率上升至 10.4%。

附 录　用导数求乘数

宏观经济学中的乘数也可以用偏导数方法来求解。

从产品和服务市场均衡恒等式开始，有：

$$Y=C(Y-T)+I+G$$

在方程两边对 G 求偏导，有：

$$\frac{\partial Y}{\partial G}=C'\frac{\partial Y}{\partial G}+1$$

整理后，我们可以得到政府购买乘数：

$$\frac{\partial Y}{\partial G}=\frac{1}{1-C'}=\frac{1}{1-MPC}$$

同样地，在方程两边对 T 求偏导，就有：

$$\frac{\partial Y}{\partial T}=C'\frac{\partial Y}{\partial T}-C'$$

整理后，我们可以得到税收乘数：

$$\frac{\partial Y}{\partial T}=-\frac{C'}{1-C'}=-\frac{MPC}{1-MPC}$$

选择题

1. 如果投资、税收和政府购买不变，则计划支出曲线(　　)。

A. 向右上方倾斜，斜率等于 MPC　　　　B. 向右下方倾斜，斜率等于 MPC

C. 是一条45°的斜线　　D. 是一条垂线

2. 实际支出曲线(　　)。

A. 是一条45°的斜线　　B. 垂直　　C. 水平　　D. 不确定

3. 收入的均衡水平表示(　　)。

A. 非意愿性的存货积累等于零　　B. 计划支出等于实际支出

C. GDP没有发生变化的倾向　　D. 以上全部都对

4. 如果收入超出计划支出，则企业将会降低生产，因为计划外的存货积累将会(　　)。

A. 为正　　B. 为负　　C. 为零　　D. 不确定

5. 如果消费函数是$C=100+0.8(Y-T)$，则政府购买乘数是(　　)。

A. 0.8　　B. 1.25　　C. 4　　D. 5

6. 如果消费函数是$C=100+0.8(Y-T)$，那么当税收减少1元时，收入的均衡水平将(　　)。

A. 减少5元　　B. 减少4元　　C. 增加5元　　D. 增加4元

7. 如果消费函数是$C=100+0.8(Y-T)$，那么当税收和政府购买都增加1元时，收入的均衡水平将(　　)。

A. 保持不变　　B. 增加3元　　C. 增加1元　　D. 减少4元

8. 下列说法错误的是(　　)。

A. 利率降低增加计划投资

B. 利率降低使计划支出曲线向上移动

C. 利率降低使IS曲线向右移动

D. 利率下降时，计划支出在一个更高的收入水平与实际支出相等

9. 政府购买增加1元将会(　　)。

A. 使计划支出曲线向上移动1元　　B. 使IS曲线向右移动$1/(1-MPC)$元

C. 不移动实际支出曲线　　D. 以上都对

10. IS曲线的斜率由(　　)决定。

A. 基本边际消费倾向　　B. 投资对利率的敏感程度

C. 以上两者都是　　D. 以上两者都不是

11. 下列说法正确的是(　　)。

A. 偏离IS曲线的点并不一定代表商品市场没有达到均衡

B. 处于IS曲线右边的点，表示投资规模小于储蓄规模

C. 处于IS曲线右边的点，表示投资规模大于储蓄规模

D. 处于IS曲线左边的点，表示现行的利率水平过高

12. 在IS曲线上存在储蓄和投资均衡的收入和利率的组合点有(　　)。

A. 一个　　B. 无数个　　C. 一个或无数个　　D. 零个

13. 决定投资的因素不包括(　　)。

A. 利息率　　B. 资本边际效率　　C. 投资的利润率　　D. 国民收入

14. 自发投资支出增加10亿元，会使IS曲线(　　)。

A. 右移10亿元　　B. 左移10亿元

C. 右移支出乘数乘以10亿元　　D. 左移支出乘数乘以10亿元

15. 投资决定的条件是(　　)。

A. $MEC>r$　　B. $MEC<r$　　C. $MEC=r$　　D. 以上都对

练习题

1. 简述 IS 曲线的宏观经济学含义。

2. IS 曲线向右下方倾斜的假定条件是什么?

3. 如果一个经济的 $C=170+0.6(Y-T)$,$I=250$,$G=300$,$T=200$,试求:边际消费倾向、均衡收入和政府购买乘数。

4. 假定消费函数为 $C=50+0.8Y$,投资函数为 $I=100-5r$,求出 IS 曲线。如果边际消费倾向下降到 0.75,则 IS 曲线会发生什么变化?

5. 用 45°线模型推导出 IS 曲线。

第七章 货币市场均衡与 *LM* 曲线

上一章 *IS* 曲线描述的是产品和服务市场的均衡。由于一般商品的需求与供给是微观经济学的内容,因此无须再作详细介绍。但是,微观经济学其实并未专门讨论货币现象;货币作为一种特殊的商品,人们对它的需求是一种派生于对商品需求的需求,因此它是一种流动性极强的资产,故而宏观经济学需要研究货币的职能、需求、供给与均衡等问题。本章将介绍货币的职能和货币市场的均衡问题。

7.1 什么是货币?

在我们的日常生活中,货币给人们的印象就是钱,包括纸币和硬币,它们代表着财富。然而,这种印象并不全面,在经济学中,货币一词并不是指所有的财富,而仅仅是财富的一种类型。货币是一种很容易用来进行交易的资产存量,或者说是在交易支付中普遍被接受的东西。作为一种特殊的资产,货币有三大职能:交易媒介、价值储藏和计量单位。

交易媒介

货币的第一大职能是交易媒介。交易媒介是指通常被接受为以作一种支付手段的某种物品。货币被作为交易媒介是因为它是人们愿意接受作为自己所出售的商品换回的报酬,因为它们马上就可以被用来购买他们想要的其他东西。例如,在古代,人们卖出谷物等农产品得到硬币,然后就可以用这些硬币再去购买布料等。

硬币相对于以物换物交换(商品只能与其他商品进行交换)而言是一次很大的技术改进。在以物换物交换制度下,没有一种统一的交换媒介。如果你拥有大饼但却想买衣服,那么你必须找到既需要大饼又想出卖衣服的人。以物换物交换的缺点是它要求一种比较罕见的需求匹配关系——需求的双向一致性。在这种情况下,想消费你想卖的东西(比如大饼)的人,恰恰要卖你想消费的东西(比如衣服)。货币出现后,交易情况就变得简单了,你只要用大饼与别人(可能他并没有衣服)换钱,再用钱去找其他人(可能他并不要大饼)换衣服,只要他愿意接受你的钱来交换他的衣服就行。货币这种特殊商品的发明大大增加了资产的流动性(liquidity)。

所谓资产流动性，是指一种资产可以转变为交换媒介或用于交换其他商品的容易程度。

价值储藏

货币的第二大职能是价值储藏。价值储藏是指让购买力得以从一个时期延续到另一个时期的功能，货币也有从此时到彼时的贮藏作用。例如，在古代，人们能够在秋季出卖他们的产品得到货币，然后在冬季用这些货币去购买商品。换句话说，人们能够把货币的购买力从一个季节贮藏到另一个季节。

在古代，货币不是唯一具有价值储藏的东西。比如，大米和玉米也能贮藏一个季节，所以它们也有价值储藏职能。但是，与大米和玉米相比，贮藏货币要方便得多。例如，一个人甚至可以在他年轻的时候出售多余的产品换取金钱，以备养老时用。

计量单位

货币还有第三大职能，即提供计量单位。商品的价格通常会以单位货币来计量。中国古代的酒和牛等商品的价格都是以一定数量的铜钱或银子为单位的，而不是用酒来标价牛，如 1 头牛的标价是几两银子，而不是几壶酒，因为使用这些硬币的人熟悉这个单位。最初，货币的单位是由金属的重量决定的。比如，英镑最初是一磅银。尽管后来英镑已经和银子脱钩，磅这一计量单位却一直延续了下来。

为了更好地理解计量单位和交易媒介的区别，我们可以举一个计量单位与交易媒介不一致的例子。在我国抗日战争时期，通货膨胀率非常高，很多商品是用大米（或小麦）而不是法币、铜钱或银圆来标价的，如一亩耕地的价格为几担大米，但人们在进行交易时仍然用法币、铜钱或银圆。在这个例子中，大米（或小麦）是计量单位，银圆、铜钱和法币仍然是交易媒介。不过，这种例子只是一个例外，通常情况下，计量单位和交易媒介是同一种货币。

货币的类型

在我们的印象中，人民币、银元、金条、金砖、铜钱和碎银等都属于货币。但是，它们之间似乎又有些不同。为了介绍它们的差异，我们需要把货币分为两类：商品货币（commodity money）和法定货币（fiat money，legal tender）。

商品货币是指有某种内在价值的货币。历史上使用最普遍的商品货币是黄金。黄金是一种商品货币的形式，因为黄金可以用于多种目的，如制作首饰。当人们把黄金当作货币时（或者使用可兑换成黄金的纸币时），这种经济被认为在实行金本位制。19 世纪末，金本位制是全世界普遍盛行的货币制度。

法定货币就是没有任何内在价值的货币，如美元和人民币等，人们能够信任它们完全是因为它们是由政府的法令强制性确定的货币。

货币层次的划分

一个经济中可以得到的货币量被称为货币供给（money supply）。货币根据流动性来划分有以下几个层次：

M0 也称基础货币（base currency），它等于中央银行负债总额，就是现金或通货（currency），即硬币与纸币之和。M1 就是人们习惯上讲的狭义货币（narrow money），它是现金加上银行活期存款。活期存款可随时提取，并可当做货币在市面上流通，因而我们将其视为货币的一个组成部分。M2 就是广义货币(broad money)，它是 M1 再加上定期存款。M3 就是货币近似物(monetary analogs)，它是 M2 再加上个人和企业所持有的政府债券等流动资产。本教材涉及的货币主要是指前三类。

7.2 货币数量论与货币需求函数

货币需求理论是大多数宏观经济学理论的基本内容和货币政策陈述的逻辑内核。有关货币需求的研究最早可以追溯到 16 世纪的重商主义经济学年代。货币需求的系统研究历史大致可以分为货币数量论、凯恩斯货币需求理论和后凯恩斯货币需求理论三个阶段。

货币数量论

货币数量论一词在当今宏观经济学中有多重含义，它们之间甚至有些混乱。其最为广义的含义是指一套关于货币与价格之间关系的思想体系。其基本观点是：价格和货币价值取决于货币数量。如果其他条件不变，价格与货币数量成正比，货币价值与货币数量成反比。按此定义来界定，当今绝大多数货币需求理论都属于货币数量论。其最为狭义的含义仅指现金交易理论和现金余额理论。本书取其最为狭义的含义。有关货币数量论的研究可追溯到 18 世纪的哲学家和经济学家休谟，甚至更早时期洛克(17 世纪哲学家和经济学家)的著作。其本身也经历了交易说、收入说和需求说(或称现金余额说)三个阶段。

交易说

最著名的货币数量论无疑是交易说，它是由休谟于 1885 年在其《政治经济学原理》一书中用公式表示出来的。费雪在 1911 年的《货币购买力》一书中对此公式进行了大力推广。这个公式的基本思想是：人们持有货币是为了购买产品与服务。他们为进行交易所需要的货币越多，所持有的货币就越多。因此，经济中的货币量与交易中交换的货币量相关，交易量与货币之间的关系可表示为如下方程：

$$MV = PT$$

上式中，M 代表货币量(当时人们仅仅将现金视为货币)，V 代表货币流通速度(transactions velocity of money)，假定它是一个常数，P 代表价格，T 代表单位时间(通常为 1 年)内的社会交易量。此方程被称为数量方程(quantity equation)。方程右边是一年内交换商品的货币总计，左边是一年内用于交易货币的总量。

例如，假定在某一年中以每张 0.5 元的价格出售了 100 张大饼。则 T 等于该年的 100 张大饼，P 等于每张大饼 0.5 元。交换的货币总量为：

$$PT = 0.5 \times 100 = 50(\text{元/年})$$

数量方程的右边等于每年 50 元，它是所有交易的货币价值。

进一步假定经济中的货币量是 10 元。重新整理数量方程，我们可以计算出货币的流通速度是：

$$V = PT/M = 50/10 = 5(\text{次/年})$$

也就是说，在只有 10 元钱的条件下，要发生每年 50 元的交易，要求每元钱必须每年转手 5 次。

收入说

由于上述方程中的社会交易量 T 较难衡量，费雪在 1911 年的《货币购买力》一书中将其改为产出 Y，于是就有：

$$MV=PY$$

其中，P 为价格指数，这里取 GDP 平减指数，Y 为实际 GDP，方程左边就是单位时间（通常为 1 年）的名义收入，即名义 GDP。V 的含义也发生了相应的变化，为货币的收入流通速度（income velocity of money），即一年内单位货币进入某个人收入的次数。此方程被称为费雪方程（Fisher equation）。

货币需求说（现金余额说）

剑桥学派的创始人马歇尔认为，货币的单位价值取决于货币数量与以货币形态保持的实物价值的比例。他强调人们持有货币的时间和数量对货币流通速度的影响，进而对币值的影响，这样便把货币量与价格、货币价值关系的研究引导到货币需求上来。1917 年他的学生庇古将此思想归纳为剑桥方程（cambridge equation）：

$$M=kPY$$

上式中，M 为人们持有的货币量（当时人们仅仅将现金视为货币），k 为人们持有货币量（现金）与名义 GDP 之比，即每单位收入持有货币的数量，P 为价格指数，Y 为实际 GDP。由于此公式强调的是人们持有的现金余额对货币价值和价格的影响，相关理论被称为现金余额说（cash balance theory）。

k 是由交易方式决定的一个系数，因为在一定时期内交易方式（支付方式）是不变的，所以庇古假定 k 是一个常量。因而，当经济达到充分就业时，P 的高低取决于 M。这样就回到了货币数量论的本质上来了。费雪方程与剑桥方程的结论基本相同，即都认为货币量决定价格，价格与货币量按相同比例变动。不过，费雪方程与剑桥方程的含义还是有一定差异的：费雪方程中的 M 是用于交易所需的货币量，而剑桥方程中的 M 是货币持有量，包括了交易和贮藏两方面的货币需求量。因此，我们不能简单地将 V 理解为 $1/k$。

凯恩斯的货币需求函数

严格地说，今天我们书本上学到的凯恩斯货币需求函数并非凯恩斯一人完成，而是由凯恩斯、希克斯和汉森等凯恩斯主义经济学家们共同完成的。

凯恩斯认为，人们需要货币的原因在于货币是最具有方便性、灵活性、流动性的资产。他把人们这种对货币的偏好命名为流动性偏好（liquidity preference），并将流动性偏好的动机分为三种：交易动机（transaction motive）、预防动机（precautionary motive）和投机动机（speculative motive）。与此相对应的货币需求也有三种，社会货币需求就是这三种货币需求之和。凯恩斯主义经济学家对影响三种需求的因素作了进一步阐释。

交易动机

交易动机是指人们需要货币是为了进行正常的交易活动。由交易动机引起的货币需求量与人们的收入水平成递增关系。当收入增加时，社会的交易量也会增大，从而满足交易所需的货币量也将增加。

预防动机

预防动机是指人们为了预防意外(如支付医疗费用、应付失业和其他意外事件)的支付而持有一部分货币的动机。人们对意外事件的看法不同,持有预防动机需要的货币数量也会不同。从整个社会来说,预防性货币的需求也是收入的递增函数。

投机动机

人们之所以宁愿持有不能生息的货币,还因为持有货币可以供投机性债券买卖之用。投机动机是人们为了抓住有利的购买生息资产(如债券等有价证券)的机会而持有一部分货币的动机。投机性的货币需求是利率的递减函数。

由于货币交易动机和预防动机都与收入成递增关系,因此可以将它们合并成一项关于收入的递增函数。若以 L 表示货币总需求量,L_1 表示取决于收入水平的货币需求函数,Y 表示国民收入,L_2 表示取决于利率水平的货币需求函数,i 表示名义利率,则货币需求函数为:

$$L=L_1(Y)+L_2(i)$$

其中,$\frac{\partial L_1}{\partial Y}>0$,$\frac{\partial L_2}{\partial i}<0$。

在价格不变,即 $\pi=0$ 的情况下,有:

$$L=L(Y,r)$$

其中,$\frac{\partial L}{\partial Y}>0$,$\frac{\partial L}{\partial r}<0$。

为什么投机性动机与利率成递减关系?

首先,利率可以看作无风险的收益率,而购买有价证券是有风险的,当有风险的预期收益率相对固定时,显然无风险的收益率越高,投机动机也就越弱。其次,利率决定债券当前价值与预期价值之差,相关理论称为“资本化”。

假设投资者购买债券、股票、房屋等投资品,相应地每年可以获得利息、分红、房租等收入,则可由公式:资产预期价值(债券、股票、房产预期售价)$=\frac{\text{预期年收益(利息、分红、房租)}}{\text{无风险利率}(i)}$,进一步通过比较实际价值与当前价值(如果是刚发行即为票面价值)来作出是否投资的决策。理由是该资产可类比于一笔完全无风险的定期存款,该定期存款在利率 i 下每年能带给投资者多少利息收入,比如利率为每年 5%,因而 10000 元可带来 500 元收益,则对一个风险中性的投资者而言,该资产若每年能带来 500 元收益,它就等同于 10000 元存款。是否投资,取决于计算出的预期价值是否大于当前价值。

由此推论,一旦利率升高,债券预期价格将下降,当前就应该卖出债券持有货币,反之一旦利率下降,债券预期价格将上升,当前就应该购买债券。股票、房屋均适用此推论。显然,投机动机与利率成反比。

关于货币需求动机,魏因特劳布于 1982 年提出了七个动机,如商业动机、投机动机和公共权力动机等,其中货币—工资动机和公共权力动机是较新的思路,引起了较大的研究关注。

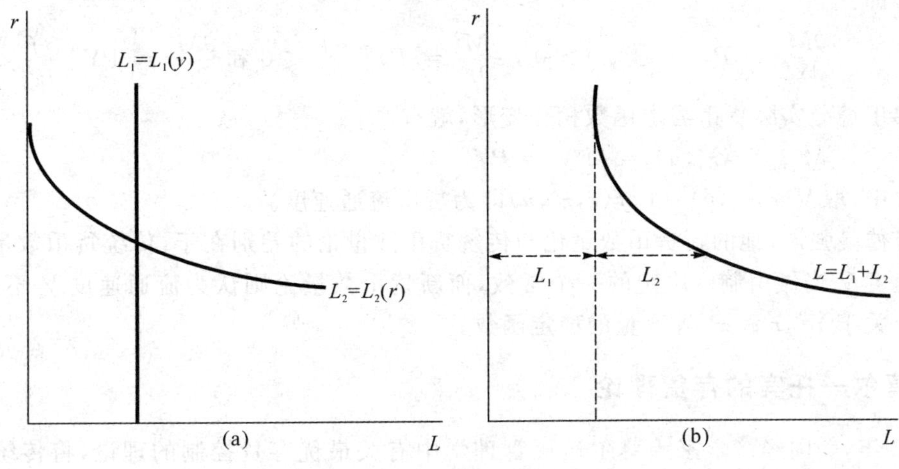

图 7-1　货币需求

货币需求曲线如图 7-1 所示。图 7-1(a)中的垂线 L_1 表示满足交易动机和预防动机的货币需求曲线,它与利率无关,因而垂直于横轴;L_2 表示满足投机动机的货币需求曲线,货币需求随着利率升高而下降,因而向右下方倾斜。图 7-1(b)中 L 表示 L_1 与 L_2 之和,也向右下方倾斜。

如果对 L_1 和 L_2 进行线性化处理,则有:

$$L_1=L_{10}+kY \text{ 和 } L_2=L_{20}-hr。$$

其中,L_{10}、L_{20}、k 和 h 均为常数,$k>0$,表示货币需求对收入的敏感系数,$h>0$,表示货币需求对利率的敏感系数。

去掉无关紧要的常数项(宏观经济学中经常用到的简化手段),就有:

$L_1=kY$ 和 $L_2=-hr$,因此,货币需求函数就为

$$L=kY-hr。$$

现代货币数量论

1963 年,弗里德曼在与施瓦茨合著的《美国货币史》一书中,对货币需求作了革命性的诠释。他认为,不能简单地从货币职能本身来研究货币需求,而应该从财富组合的视角来分析货币需求。他假设货币需求依赖三个主要因素:首先是财富的约束,它决定了可以持有的最大货币量;其次是货币相对于其他可持有的金融资产和不动产的回报或者收益;第三是资产持有者的趣味或者偏好。总财富在不同形式资产之间的分配方式依赖于它们各自的相对回报率。这些财产不仅包括货币和债券,还包括股票和实物商品。在均衡状态下,财富将在各种资产之间进行分配,直至边际回报率相同时为止。

弗里德曼实际货币需求函数的简单形式可以用以下形式表达:

$$M^d/P=Y^P f(r,\pi^e,u)$$

上式中,Y^P 为永久收入,r 为金融资产(如债券、股票等)收益率,π^e 为预期通货膨胀率,u 为个人趣味或偏好。

这一分析预示:在其他条件不变的情况下,(1)财富(造价于永久收入)水平越高,货币需求越大;(2)其他资产收益越低,货币需求越大;(3)预期通货膨胀率越低,货币需求越大。反

之则反。即：

$$\frac{\partial M^d}{\partial Y^P} = Pf(r,\pi^e,u) > 0\ ,\ \frac{\partial M^d}{\partial r} = PY^P \frac{\partial f}{\partial r} < 0 \text{ 和 } \frac{\partial M^d}{\partial \pi^e} = PY^P \frac{\partial f}{\partial \pi^e} < 0$$

对弗里德曼实际货币需求函数稍作变形，就有：

$$M^d / f(r,\pi^e,u) = M^d V = PY^P$$

上式中，取 $V(r,\pi^e,u)=1/f(r,\pi^e,u)$ 即为货币流通速度。

弗里德曼强调，他的新货币数量论与传统货币数量论的差别在于，传统货币数量论把货币流通速度 V 当做由制度决定的一个常数，而新货币数量论则认为流通速度 V 不是常数，而是一个关于 Y^P、r 和 π^e 等变量的稳定函数。

鲍莫尔—托宾的存货理论

1952 年，美国经济学家鲍莫尔运用管理学中有关最优存货控制的理论，将传统货币需求研究中的"市场支出"转向"个人支出"，提出了与利率和收入相关的交易性货币需求模型，即平方根定律(square-root rule)。由于托宾在 1956 年对鲍莫尔研究作了进一步的完善，故此模型也称鲍莫尔—托宾模型(Baumol-Tobin model)。

鲍莫尔和托宾认为，人们为满足交易需求而持有的货币数量，正像企业存货一样，都是需要成本的。最佳存货量是在保证生产和交易活动正常进行的前提下，存货成本最低时的存货量。同样地，持有货币的数量也有一个最优的问题。在货币收入尚未用于支出的时期里，没有必要让所有准备用于交易的货币都以现金形式存在，而是可以将其暂时转换为生息资产，以减少持币成本。利率越高，生息资产的收益越多，持币成本也就会越大，人们便会减少持币的数量。

鲍莫尔和托宾假设，某人 1 个月内可预见的交易支出总额为 Y，交易活动平均分布，每次提取现金量为 C，而把其余项 $(Y-C)$ 用于购买债券。等所持货币 C 用完后，再用债券换回现金 C，供交易之需。由于每次由债券兑换成的货币均为 C，则一个月内共需兑换次数为 Y/C。设每兑换一次的手续费为 b，则月内的手续费共为 bY/C，平均的货币持有额为 $C/2$。再设持有单位货币的机会成本为利率 i，故可得机会成本总量为 $Ci/2$。若以 x 表示持有货币的总成本，则有：

$$x = \frac{bY}{C} + \frac{Ci}{2}$$

上式最小值的一阶条件为：

$\frac{\mathrm{d}x}{\mathrm{d}C} = -\frac{bY}{C^2} + \frac{i}{2} = 0$，解得 $C = \sqrt{\frac{2bY}{i}}$。

所以，货币平均持有量 $M = \frac{C}{2} = \frac{1}{2}\sqrt{\frac{2bY}{i}} = \sqrt{\frac{bY}{2i}}$。若令 $\alpha = \sqrt{\frac{b}{2}}$，则有：

$$M = \alpha Y^{0.5} i^{-0.5}$$

上式表明，用于交易的货币持有额或交易性货币需求规模的确定与收入 Y 和利率 i 都有关，与收入成正相关，与利率成负相关。该模型的平方根公式意味着，货币需求的收入弹性是 1/2：收入增加 10%将使货币需求增加 5%。它还说明，货币需求的利率弹性是 1/2：利率上升 10%(如从 10%上升到 11%)，将使货币需求减少 5%。

鲍莫尔—托宾模型发表后，许多经济学家对其展开了大量实证研究。多数有关货币需求的经验研究并没有完全证实这种预测。研究发现，货币需求的收入弹性大于1/2，货币需求的利率弹性小于1/2。因此，尽管鲍莫尔—托宾模型可能抓住了货币需求函数背后的部分原因，但它并非是完全正确的。

托宾的投机理论

1958年，托宾在他的论文中用投资者规避风险的行为动机对凯恩斯货币需求理论作了重要拓展，提出了对投资活动和金融管理具有深远影响的资产组合理论。托宾认为，人们在选择资产组合时，不仅要考虑各种资产组合的预期收益率，而且要考虑其风险。预期收益率是资产组合中所有资产的估计收益率的加权平均值，权数是每种估计收益率的概率，与预期收益率相关的风险用资产组合的收益率的标准差表示，它反映各种估计收益率与其均值预期收益率之间的偏离程度。标准差越小，接近预期收益率的可能性越大，或者说与实现预期收益相关的风险越小。对于众多的风险规避者来说，在投资风险加大时，其预期收益率必须相应提高，以弥补投资风险。投资者要在预期收益率和风险之间进行权衡而做出对资产组合的选择。在托宾的投机理论中，利率变动对货币需求会产生收入和替代两种效应。利率与货币需求之间并不总是负相关或正相关的。至于是正相关还是负相关，则取决于收入和替代这两种效应的强弱对比。

7.3　中央银行、商业银行与货币供给

在了解货币需求情况之后，我们再来看货币供给。货币供给是指某一国或货币区的银行系统向经济体中投入、创造、扩张(或收缩)货币的金融过程。它包括中央银行供给基础货币，商业银行创造存款记账货币。因此，要了解货币供给，就必须熟悉由中央银行和商业银行为主体构成的整个银行体系。

中央银行与基础货币

中央银行是一个国家的最高金融权力机构，其主要职能是借助各种工具执行国家的货币金融政策而不是经营获利。我国的中央银行是中国人民银行，而目前世界其他主要央行有欧洲央行、美国联邦储备银行、英格兰银行和日本银行等。

中央银行被称为发行的银行、银行的银行、政府的银行等，这是因为：第一，其垄断发行一国的法定货币(只有我国香港特区由汇丰银行、渣打银行、中国银行(香港)等三家银行共同发行港币)；第二，其保管各商业银行缴存的存款准备金，必要时(如发生挤兑时)向各银行提供贷款，并为各商业银行相互间的资金往来提供结算服务；第三，其代理政府发行公债、代理经营国库、管理国家的外汇、制定和推行国家的货币金融政策等。

基础货币 MB，也称货币基数(monetary base)、高能货币，是中央银行发行的债务凭证，表现为商业银行的存款准备金(R)和公众持有的现金通货(C)。它是中央银行的货币性负债，准备金就是中央银行对商业银行的负债，现金就是中央银行对社会大众的负债。即 $MB=C+R$。

中央银行投放基础货币的渠道主要有如下三条：一是直接发行通货，二是变动黄金、外汇等储备，三是实施相应的货币政策。

基础货币是中央银行不可兑现的负债

一国转向不兑现货币,一般是由中央政府赋予单个机构具有垄断发行货币的特权开始的。中央银行的负债如同黄金、白银一样被广泛接受,并且成为其他银行的储备。然后,政府持久性地取消了中央银行负债的可赎回性,中央银行发行的基础货币也就成为不可兑现的货币。中央银行资产负债表虽然也将此列入负债,但却是一种长期无需清偿的债务。不可兑现货币能够持续流通的首要原因在于国家法律的强制规定。当人们已经熟悉它、接受它后,它也就有了自我强化的性质。在纸币购买力不变的情况下,人们完全可以不考虑它对外部货币的要求权,因为它本身可直接实现人们换得所需物品的最终目标。但关键是纸币随着通货膨胀而贬值,而纸币购买力的不稳定很大程度上应归因于不可兑现的货币制度,使央行能按照政府意志随意操纵基础货币量,这是以损失大多数人的福利为代价的。

在可兑现货币制度下,基础货币必须以该国的黄金储备量为基础发行,如以美元为中心的布雷顿森林体系,即美元与黄金挂钩,其他国家货币与美元挂钩。若美元的发行超过了美国拥有的与其等价的黄金储备量,则超过的美元也就不能换取黄金,这种制度势必会崩溃。事实上,20 世纪 70 年代布雷顿森林体系的崩溃,很大程度上就是由美国越战时因财政赤字迅速增加而大量发行美元造成的。

商业银行与货币供给

商业银行是以经营工商业存款、放款为主要业务,并以获取利润为目的的货币经营企业。商业银行与一般工商企业一样,是以盈利为目的的企业。但商业银行的经营对象又具有特殊性,是金融资产和金融负债,并提供各种与货币有关的金融服务。商业银行通过负债业务吸收存款,把社会上的各种闲散货币集中到银行里来,再通过资产业务贷款给经济各部门。存贷款利息之间的差额,就是商业银行的主要利润来源。

活期存款与定期存款的利率为何不同?

活期存款:可由存款户随时存取和转让的存款,它没有确切的期限规定,银行也无权要求客户取款时做事先的书面通知。活期存款存取频繁,流动性大、风险较大,而且还要提供多种服务,因此成本较高,所以银行对此较少或不支付利息。

定期存款:客户与银行预先约定存款期限的存款。存款期限通常有 3 个月、6 个月、1 年、3 年,长的可达 5 年或 10 年。其一,由于期限较长,一般不能提前支取,因而定期存款是银行稳定的资金来源,银行可放心用于贷款。其二,定期存款有期限的约束和较高的稳定性,所以央行要求的准备金率可以低于活期存款。其三,手续简单,存取是一次性办理,期间不必有其他服务,除利息以外没有其他费用,因而操作成本低。所以银行对其愿意支付较高利息。

定期存款的存单可以作为抵押品取得银行贷款。由于定期存款利率高,并且风险较低,因而是一种风险极小的投资方式。

贷款利率为何大于存款利率?

贷款利率为何大于存款利率的理由大致有以下一些:一是把钱存银行通常是完全无风险的,银行把钱贷给企业则是有风险的,承担风险的力度不同,利率当然不同。二是存款的资金量可大可小,贷款资金量通常较大,资金量越大,就越难获得,相应支付的使用报酬当然也就越大。三是存款通常是闲散资金,贷款往往是急需的资金,对资金需要的迫切程度不同,利率当然也不同。

另外,商业银行提供支付中介、货币保管、出纳和支付代理、工资发放、转账结算等服务,以及利用信息优势提供咨询服务等,还有包括贷款承诺、担保、金融衍生工具、投资银行业务等中间业务,都可获得相关收入。商业银行往往还是国债的主要承销人。

中国的商业银行分布

我国现有 3 家政策性银行(国家开发银行、中国进出口银行、中国农业发展银行),5 家大型商业银行(中、农、工、建、交),12 家股份制商业银行(中信、华夏、招商、深发、光大、民生、浦发、渤海、广发、兴业、恒丰、浙商),1 家中国邮政储蓄银行,147 家城市商业银行,85 家农村商业银行,349 家村镇银行(根据银监会 2010 年报告)。

商业银行的贷款行为是货币创造的前提。这里需要先了解两个概念:法定存款准备金率和货币乘数。

法定存款准备金(deposit reserve),是指金融机构为保证客户提取存款和资金清算需要而准备在中央银行的存款。中央银行要求的存款准备金占其存款总额的比例就是法定存款准备金率。

货币乘数是指货币供给量对基础货币的倍数关系。在货币供给过程中,中央银行的初始货币提供量与社会货币最终形成量之间客观上存在着数倍扩张(或收缩)的效应,这即所谓的货币乘数效应。

以 r_d 代表法定准备金率,假设 $r_d=10\%$,想象一个过程:中央银行发行了 10000 元货币,该笔现金被居民获得后存入工商银行,工商银行将其中的 90%贷给企业或个人,又被对方存入建设银行,依次又传递到农业银行、交通银行,等等。由于贷款出去的货币可执行的功能完全没有差异,于是社会实际可流通的货币量就大于最初的 10000 元,如表 7-1 所示。

表 7-1 银行存款创造过程 单位:元

银行	新存款	新贷款	新准备金
工商银行	10000	9000	1000
建设银行	9000	8100	900
农业银行	8100	7290	810
交通银行	7290	6561	729
……	……	……	……
整个银行体系合计	100000	90000	10000

由等比数列求和公式可得：

$$银行体系存款 = \frac{1}{1-(1-r_d)} \times 初始存款 = \frac{1}{r_d} \times 初始存款$$

其中，$1/r_d$ 即存款创造乘数或称货币乘数。在上例中，货币乘数为 10。

前面假设客户将一切款项均存入银行，如果发生客户提取现金的漏出，并假设现金漏损率为 r_c＝现金通货/活期存款总额，而银行可能为了应付各种意料之外的情况而持有少量的超额准备金，超额准备金/活期存款总额＝超额准备金率 r_e，则货币乘数 m 为：

$$m = \frac{1+r_c}{r_d+r_c+r_e}。$$

推导过程为：

$$\frac{货币供给}{基础货币} = \frac{流通中现金+活期存款}{法定准备金+超额准备金+通货}$$

分子分母同时除以活期存款总额后得：

$$\frac{货币供给}{基础货币} = \frac{\frac{通货}{活期存款总额}+1}{\frac{法定准备金}{活期存款总额}+\frac{超额准备金}{活期存款总额}+\frac{通货}{活期存款总额}}$$

代入字母表示，即 $m = \frac{1+r_c}{r_d+r_c+r_e}$。显然，存在现金漏出时的货币乘数小于没有漏出时的货币乘数，而现金漏损率主要取决于社会公众的资产偏好。公众对通货膨胀的预期、社会支付习惯、银行业信用工具的发达程度、社会及政治的稳定性和利率水平等都会影响到现金漏损率的变化。

总体而言，货币乘数的大小由四个因素决定：首先是法定准备金率，两者成反比；其次是超额准备金率，两者成反比；再者是现金漏损率，两者成反比，因为现金比率越高，说明现金退出存款货币的扩张过程而流入日常流通的量越多；最后是定期存款与活期存款之间的比率，两者之间成正比，这在公式中没有涉及。通常，定期存款的法定准备金率要比活期存款低。定期存款与活期存款之间比率的改变会引起实际平均法定存款准备金率的改变，最终影响货币乘数的大小。

综上所述，根据货币总供给＝基础货币×货币乘数，有下列货币供给函数：

$$M^S = m \times MB = \frac{1+r_c}{r_d+r_c+r_e} \times MB$$

其中，M^S 表示货币总供给。

7.4 *LM* 曲线与货币政策

在介绍完货币的需求和供给后，我们再来探讨货币市场的均衡问题。

LM 曲线的推导

利用流动性偏好理论，我们可以推导出货币市场的均衡——*LM* 曲线，在图 7-2(a)中，当收入从 Y_1 增加到 Y_2，货币需求曲线向右移动，从 $L(r,Y_1)$ 移至 $L(r,Y_2)$。由于实际货币余额不变，均衡点从 E_1 上升至 E_2，均衡利率从 r_1 提高到 r_2。将点 $D_1(r_1,Y_1)$ 和点 $D_2(r_2,$

Y_2）标在图 7-2(b)上，并联结 D_1 点和 D_2 点，我们就得到一条向右上方倾斜的 LM 曲线。

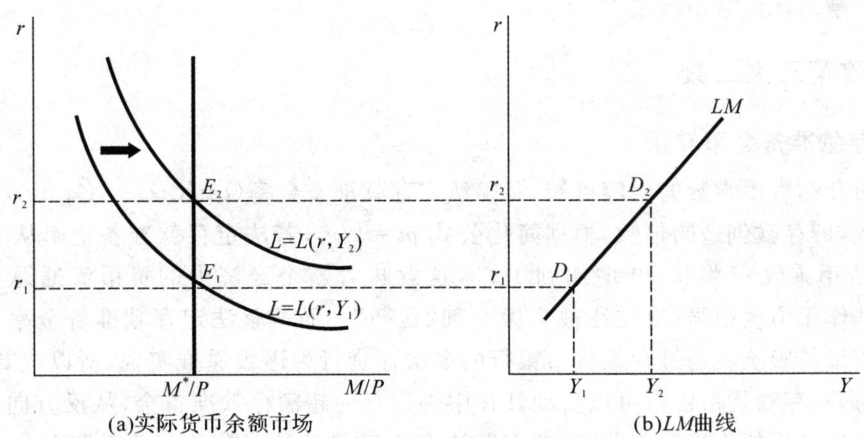

图 7-2　LM 曲线的推导

据上所述，IS 曲线的一般形式可以用下式来概括：

$\frac{M}{P}=L(Y,r)$，其中，$\frac{\partial L}{\partial Y}>0$，$\frac{\partial L}{\partial r}<0$。

因此，LM 曲线是货币需求与供给相等，即货币市场保持均衡条件下的利率和收入组合。在 LM 曲线上方，M 大于 L；在 LM 曲线下方，M 小于 L。对货币需求函数进行线性化，我们就可以得到线性的 $\frac{M}{P}=kY-hr$。其中，$k>0$，$h>0$。LM 曲线的斜率是 k/h，即与收入敏感系数成正相关，与利率敏感系数成负相关。

货币政策与 LM 曲线的移动

在图 7-3 中，我们用流动性偏好理论来解释货币政策使 LM 曲线移动的原因。假定推行扩张性货币政策，货币供给从 M_1 增加到 M_2，实际货币余额就会从 M_1/P 增加到 M_2/P，LM 曲线也从 $LM(M_1)$ 向右移到 $LM(M_2)$。相反地，若推行紧缩性货币政策，则 LM 曲线便会向左移动。

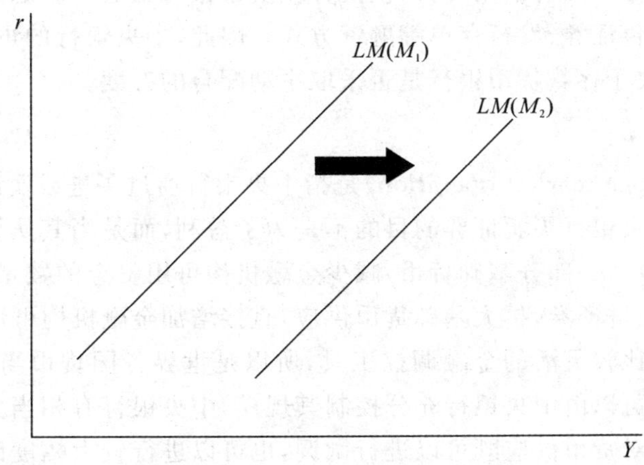

图 7-3　货币政策与 LM 曲线的移动

由 $M=m\times MB$ 可知，货币政策调节的要么是货币乘数 m，要么是基础货币 MB。下面我们就来了解具体的货币政策。

货币政策三大工具

法定存款准备金率政策

由前面介绍货币乘数的内容可知，调整法定存款准备金率(cash reserve ratio)将直接改变货币乘数，即存款创造的倍数，根据简化公式 $m=1/r_d$，若法定存款准备金率从10%下降到8%，则货币乘数 m 将从10增加到12.5，这意味着整个经济中的货币流通总量将增加1/4。可见其作用力度很强，故往往被当做一剂“猛药”。而调整法定存款准备金率对货币供应量和信贷量的影响要通过存款货币银行的多次存贷行为逐级递推实现，所以成效较慢，时滞较长。另外，存款货币银行可以变动其在中央银行的超额存款准备金，从反方向抵消法定存款准备金率政策的作用。因此，法定存款准备金政策往往是作为货币政策的一种自动稳定机制，而不被当做适时调整的经常性政策工具来使用。

再贴现率政策

再贴现率(rediscount rate)是相对于贴现政策而言的，商业银行在票据未到期以前将票据卖给中央银行，得到中央银行的贷款，称为再贴现。中央银行在对商业银行办理贴现贷款中所收取的利息率，称为再贴现率。作为一国基准利率，再贴现率制约和影响着全国的利率水平，其变动决定或影响着其他利率的变动，是其他利率赖以调整或变动的基础。中央银行的再贴现率是利率体系中贷款利率最低的一种。中央银行规定的再贴现率极大地影响着商业银行的筹资方向，也就成了衡量商业银行资金成本高低的标准之一。

再贴现意味着商业银行向中央银行贷款，因而增加了市场货币投放，也即直接增加了货币供应量。再贴现率的高低通过直接决定再贴现成本来影响再贴现额的高低，且再贴现率的变动在一定程度上反映了中央银行的政策意向，因而具有一种告示作用：提高再贴现率，体现紧缩意向，反之则体现扩张意向。因此，它还间接影响整体再贴现规模。

与法定存款准备金率工具相比，再贴现工具的弹性相对要大一些，作用力度相对要缓和一些。但是，再贴现率的调节空间有限，且贴现行为的主动权掌握在商业银行手中，因为向中央银行请求贴现票据以取得信用支持，仅是存款货币银行融通资金的途径之一，存款货币银行还有其他诸如出售证券、发行存单等融资方式。因此，中央银行的再贴现政策是否能够获得预期效果，还取决于存款货币银行是否采取主动配合的态度。

公开市场业务

公开市场业务(open market operation)是指中央银行通过买进或卖出有价证券，来调节基础货币的活动。中央银行买卖证券的目的不是为了盈利，而是当其认为需要收缩银根时，便卖出证券，相应地收回一部分基础货币，减少金融机构可用资金的数量；相反地，当其认为需要放松银根时，便买进证券，扩大基础货币供应，直接增加金融机构可用资金的数量。

公开市场业务是比较灵活的金融调控工具，所以是世界各国货币当局选择的主要政策工具。公开市场业务可以由中央银行充分控制其规模，中央银行有相当大的主动权，多买少卖、多卖少买都可以，对货币供应既可以进行微调，也可以进行较大幅度的调整，具有较大的弹性；其操作的时效性较强，当中央银行发出购买或出售的意向时，交易可以立即执行；可以经常、连续地操作，必要时还可以逆向操作，不会使整个金融市场产生较大波动。但是，其局限性也比较明显：一是金融市场必须具有相当的独立性，操作的证券种类必须齐全并达到必需的规模；二是必须要有其他货币政策工具的配合。

从上述三大工具的内容可知，扩张性货币政策手段主要有：下调存款准备金率、下调再贴现率、公开市场业务中中央银行向商业银行购回有价证券，相应操作将导致 *LM* 曲线向右平移；紧缩性货币政策手段主要有：上调存款准备金率、上调再贴现率、公开市场业务中中央银行向商业银行卖出有价证券，相应操作将导致 *LM* 曲线向左平移。

近年中国的存款准备金率调整非常频繁

在 20 世纪 90 年代，我国只调整过两次存款准备金率；在 2006 年 7 月 5 日之前，也只调整过两次，当时存款准备金率水平为 7.5%。随后，2006 年上调 3 次，达到 8.5%；2007 年上调 10 次，达到 14.5%；2008 年先上调 5 次，后因为次贷危机下调 4 次，最后达到 15.5%；2009 年没有调整；2010 年至 2011 年 5 月 18 日，又连续上调 11 次，达到创纪录的 21%。

流动性陷阱与货币政策

所谓的流动性陷阱(liquidity trap)是凯恩斯在《通论》中所设想的一种极端情况，指当利率下降到很低，甚至接近 0 的水平时，人们会认为持币带来的利息损失要小于债券资本损失，而当前利率已远低于正常水平，预期未来利率会有上升空间，因此人们宁愿持有货币，而非持有债券。货币需求相对于利率变得具有完全弹性。这意味着，在此利率水平(如图 7-4 中的 r^*)下，货币需求将趋于无穷大，即货币需求曲线为一条水平线，如图 7-4 所示。相应地 *LM* 曲线也是一条水平线。尽管凯恩斯提出了流动性陷阱，人们还是认为他从来没有意识到流动性陷阱实际出现的可能性(流动性陷阱一词并非由凯恩斯本人提出，而是由英国经济学家罗宾逊提出的)。流动性陷阱对传统的凯恩斯理论模型中的失业均衡分析非常重要，因为在存在流动性陷阱的情况下，货币政策作为刺激总需求、提高产出和就业的方法将会无效。

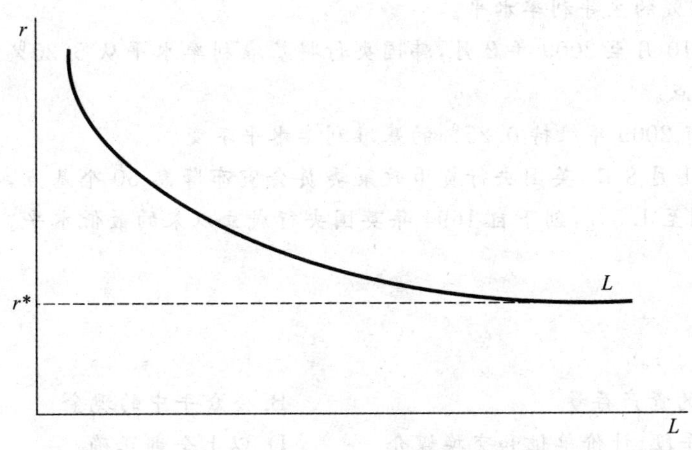

图 7-4 流动性陷阱

不过,也有不少经济学家对流动性陷阱的现实存在性持怀疑态度。他们认为,甚至在利率目标到达0之后,中央银行仍然拥有扩张经济的工具。第一个可能性是,中央银行可以通过承诺在未来进行货币扩张来提高通货膨胀预期。即使名义利率不能进一步下降,更高的通货膨胀预期仍可以通过使实际利率为负来降低实际利率。这将刺激投资支出。第二个可能性是,货币扩张可能会使通货在外汇市场贬值。这一贬值将使本国的产品在国外变得更便宜,刺激出口需求(该机制将在第九章、第十章再作介绍)。第三个可能性是,中央银行可以用比正常情况下更多种类的金融工具进行扩张性的公开市场操作。例如,它可以购买抵押贷款和公司债券,从而降低这些种类贷款的利率。

日本的"流动性陷阱"

20世纪90年代末,日本经济在泡沫破灭后,股票价格不到大约10年前(顶峰期)的一半。土地和房产价格也同样出现了崩溃。国民财富骤然下跌,消费规模大幅下降。股市和房市崩溃同样给银行带来了巨大麻烦。这是因为20世纪80年代日本银行发放了许多以股票或土地为担保的贷款。当这些抵押品的价值下降时,债务人便开始拖欠自己的贷款。这种旧贷款的拖欠减少了银行发放新贷款的能力,所造成的"信用危机"使企业投资项目融资更加困难,从而压低了投资支出。面临消费和投资双重萎缩,为了刺激经济,日本政府不断下调利率,目前日本的利率水平已接近零的底线。但这么低的利率对刺激日本的消费和投资几乎没有影响,日本经济进入了所谓的"流动性陷阱"。

次贷危机以来部分主要国家的低利率

2009年2月16日,美国联邦储备委员将联邦基金利率从1%大幅下调至0~0.25%,为有史以来的最低点。

2008年,日本银行两次调低银行同业隔夜拆借利率,将其降至0.1的水平,自此日本又重返久违了的零利率政策时代。

欧洲央行自2008年7月以来一直降息,在2009年5月利息被降至历史最低点并维持在1%的主导利率水平。

2008年10月至2009年2月,韩国央行将基准利率水平从5.25%逐渐下调至2%的历史低点。

瑞士央行2009年维持0.25%的基准利率水平不变。

2009年1月8日,英国央行货币政策委员会宣布降息50个基点,将基准利率由2.0%下调至1.5%,创下自1694年英国央行成立以来的最低水平。

选择题

1. 货币是(　　)。

A. 交易所用的资产存量　　B. 公众手中的现金

C. 价值储藏手段、计价单位和交换媒介　　D. 以上全部正确

2. 以物换物交换的经济体要求(　　)。

A. 使用法定货币　　B. 使用商品货币

C. 需求的双向一致性　　D. 货币作为价值储藏手段而非交换媒介

3. 法定货币(　　)。

A. 以黄金为后盾　　B. 是由法国达索公司确定的货币

C. 包括通货和银行金库里储存的黄金　　D. 是一种没有内在价值的货币

4. 根据费雪方程式，名义利率(　　)。

A. 等于实际利率加上通胀率　　B. 等于实际利率减去通胀率

C. 总是比实际利率高　　D. 不变

5. 如果货币需求方程式是 $M/P=0.4Y$，那么(　　)。

A. 货币的收入流通速度不变　　B. 货币需求和利率无关

C. 货币的收人流通速度等于 2.5　　D. 以上全部正确

6. 凯恩斯认为人们持有货币不是因为(　　)。

A. 交易的需求　　B. 投机的需求

C. 预防的需求　　D. 信仰的需求

7. 流动性偏好曲线表明(　　)。

A. 利率越高，债券价格越低，人们预期债券价格越是会下降，因而不愿购买更多债券

B. 利率越高，债券价格越低，人们预期债券价格上涨可能越大，因而愿意购买更多债券

C. 利率越低债券价格越高，人们为购买债券时需要支出的货币就越多

D. 利率越低债券价格越高，人们预期债券价格可能还要上升，因而希望购买更多债券

8. 如果流动性偏好曲线接近水平状态，这意味着(　　)。

A. 利率稍有变动，货币需求就会大幅变动

B. 利率变动很大时，货币需求也不会有很多变化

C. 货币需求丝毫不受利率影响

D. 以上三种情况都有可能

9. 公开市场业务是指(　　)。

A. 商业银行在公开市场上买进或卖出政府债券的活动

B. 商业银行的信贷活动

C. 中央银行在公开市场上买进或卖出政府债券的活动

D. 中央银行增加或减少对商业银行贷款的方式

10. 下列有关 LM 曲线的表述，正确的是(　　)。

A. LM 曲线向上倾斜，并且它根据已知的收入水平绘制而成

B. LM 曲线向下倾斜，价格上升将使其向上移动

C. LM 曲线向上倾斜，并且它根据已知的实际货币余额供给绘制而成

D. 沿着 LM 曲线，实际支出等于计划支出

11. 货币供给的增加将使(　　)。

A. LM 曲线向上(向左)移动　　B. LM 曲线向下(向右)移动

C. IS 曲线向上(向右)移动　　D. IS 曲线向下(向左)移动

12. 根据数量方程式 $MV=PY$，如果流通速度不变，那么(　　)。

A. LM 曲线向上倾斜　　B. LM 曲线向下倾斜

C. LM 曲线是一条水平线　　D. LM 曲线是一条垂线

13. 下列情况(　　)满足时可以由数量方程式得出正常 LM 曲线。

A. 利率上升降低货币需求，提高流通速度

B. 利率上升降低货币需求和流通速度

C. 流通速度固定

D. 价格水平固定

14. 百分之百银行准备金制度之下，如果银行得到 500 元的新存款，那么(　　)。

A. 银行资产将增加 500 元　　B. 银行负债将增加 500 元

C. 银行贷款仍等于 0　　D 以上全部正确

15. 如果基础货币为 600 亿元，货币乘数为 3，那么货币供给等于(　　)。

A. 600 亿元　　B. 200 亿元

C. 1800 亿元　　D. 800 亿元

练习题

1. 如果一个经济某年的名义 GDP 为 90 亿元，该年货币供给 M2 为 50亿元，问该年 M2 的流通速度为多少？

2. 假定练习题 1 中的货币需求函数为 $M/P=kY$，式中 k 为一个常数；货币供给每年增加 10%，实际收入每年增长 6%。

(1)平均通货膨胀率是多少？

(2)如果实际收入增长得更快，通货膨胀将会有什么不同？解释其原因。

3. 假定货币需求函数是：$M/P=1000-100r$，式中 r 为用百分比表示的利率。货币供给 M 是 1000，价格水平 P 是 2。

(1)均衡利率是多少？

(2)假设价格水平是固定的，如果货币供给从 1000 增加到 1200，均衡利率会发生什么变动？

4. 为什么 LM 曲线向右上方倾斜？

5. 用流动偏好理论解释为什么货币供给增加会降低利率。这种解释对价格做出了什么假设？

8

第八章

IS-LM 模型与宏观经济政策

货币非中性是凯恩斯主义经济学标新立异的观点，有效需求不足又是凯恩斯主义经济学不同于正统古典经济学之处。*IS-LM* 模型就是对上述两种观点最好的概述，它成功地将产品和服务与货币市场统一起来讨论经济均衡问题，成为短期经济政策理论核心。下面我们就来向同学们介绍怎样应用 *IS-LM* 模型分析"熨平"经济周期的稳定经济政策，以及如何从 *IS-LM* 模型推导出封闭经济的总需求曲线 *AD*。

8.1 *IS-LM* 模型

凯恩斯经济理论的主要观点是有效需求不足原理和流动性偏好。然而，在《通论》中，凯恩斯的阐述十分晦涩，甚至显得颇为混乱和零散，不易被人理解。为此，希克斯、汉森、米德(蒙代尔的老师)和莫迪利安尼等人对凯恩斯的思想进行了数学模型化处理和阐释，构建了 *IS-LM* 模型。至于这个模型是否得到凯恩斯本人认可，却一直众说纷纭。不过，凯恩斯在1937 年著文评说该模型疏忽了他的市场不确定性思想。下面我们就来分析 *IS-LM* 模型。

两个市场的同时均衡

根据第六章和第七章的讨论，我们知道，只有在 *IS* 曲线上的利率与收入组合才能使产品和服务市场达到均衡，同样也只有在 *LM* 曲线上的利率和收入组合才能使货币市场达到均衡。因而，能够使产品市场和货币市场同时达到均衡的利率和收入组合只能产生于 *IS* 曲线与 *LM* 曲线的交点上，如图 8-1 的 *E* 点，其相应的坐标(Y^*, r^*)就是均衡收入和均衡利率。

根据上面两章所述，*IS-LM* 模型的代数表达式为：

$IS: Y=C(Y-T)+I(r)+G$　　　　产品和服务市场的均衡

$LM: \dfrac{M}{P}=L(Y,r)$　　　　货币市场的均衡

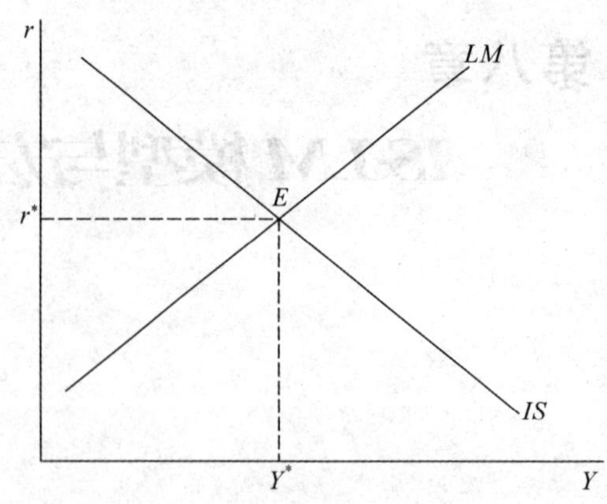

图 8-1 IS-LM 模型的均衡

经线性化以后，就有：

$$IS: Y = \frac{\alpha - \beta T + I_0 + G}{1-\beta} - \frac{d}{1-\beta}r$$

$$LM: \frac{M}{P} = kY - hr$$

其中，α、I_0、d、k 和 h 均为大于或等于 0 的常数，$0<\beta<1$。

如前面两章所述，IS 曲线下方表示投资大于储蓄，IS 曲线上方表示投资小于储蓄。LM 曲线上方表示货币需求小于货币供给，LM 曲线下方表示货币需求大于货币供给。因此，如图 8-2 所示，IS 曲线和 LM 曲线把坐标平面分成四个区域：Ⅰ、Ⅱ、Ⅲ、Ⅳ，在这四个区域中都存在产品和服务市场与货币市场的非均衡状态。例如，对于区域Ⅰ中任何一点：一方面在 IS 曲线右上方，因此存在投资小于储蓄($I<S$)的非均衡；另一方面又在 LM 曲线上方，因此存在货币需求小于供给($L<M$)的非均衡。其余三个区域的非均衡关系同样也可以按类似的方法推知。即有：

Ⅰ：$I<S$ 和 $L<M$；Ⅱ：$I<S$ 和 $L>M$；Ⅲ：$I>S$ 和 $L>M$；Ⅳ：$I>S$ 和 $L<M$。

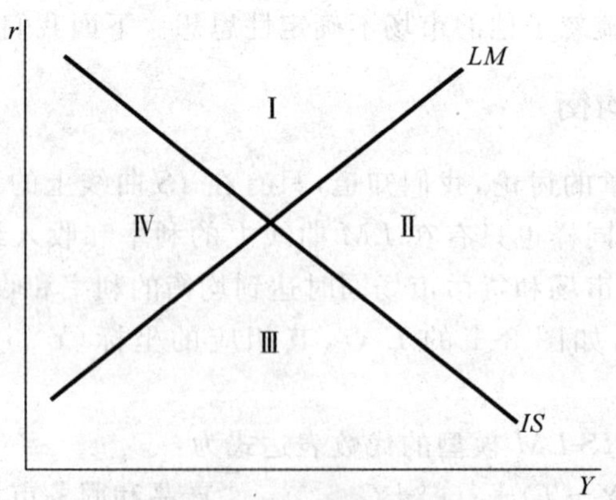

图 8-2 IS-LM 模型的四个区域

随着经济的不断运行，各个不同区域的非均衡状态都会得到相应调整。投资大于储蓄会导致收入上升，相反地，投资小于储蓄会引起收入下降。货币需求大于货币供给会导致利率上升，相反地，货币需求小于货币供给会引起利率下降。最终，经济都会趋向于均衡收入和均衡利率。例如，在图 8-3 中，假设社会经济初始的收入 Y 和利率 r 组合处于 A 点的非均衡状态。在 A 点，一方面有 $I>S$，存在超额的产品需求，导致 Y 有增加的趋势，使 A 点受到一个向右移动的水平力的作用；另一方面，有 $L>M$，存在超额的货币需求，导致 r 有上升的趋势，使 A 点受到一个向上移动的垂直力的作用。两种力量的结合将导致 Y 与 r 同时变动，向两种力量的对角线方向移动，到达 IS 曲线上，实现产品和服务市场的均衡，Y 不再变动；但 $L>M$ 仍然存在，r 仍有上升的趋势，于是继续向上移动到 B 点。在 B 点，有 $I<S$，存在超额的产品和服务供给，导致 Y 有减少的趋势，使 B 点受到一个向左移动的水平力的作用；同时 $L>M$ 仍然存在，r 仍有上升的趋势，B 点受到一个向上移动的垂直力的作用。两种力量的结合，使 Y 变少，r 上升，向两种力量的对角线方向移动，到达 LM 曲线上，实现了货币市场的均衡，r 不再变动；但仍有 $I<S$，Y 仍将继续下降，于是又移动到 C 点。这种变化过程会持续下去，逐渐按螺旋形轨迹接近均衡点 E，直到最后，Y 和 r 均移动到 IS 曲线与 LM 曲线的交点 E，即同时达到产品和服务市场与货币市场的均衡状态为止。

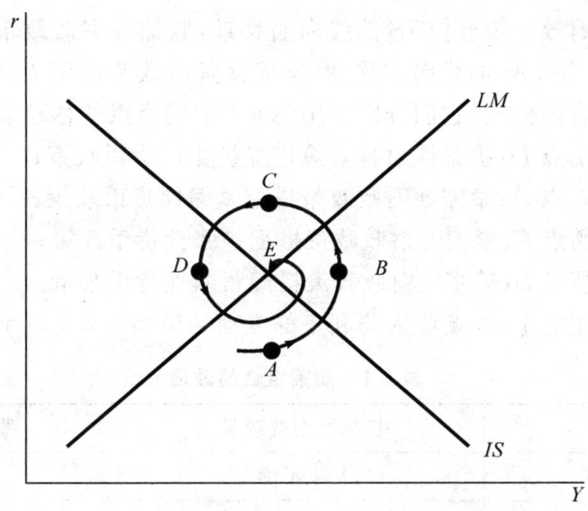

图 8-3　非均衡点向均衡点的调整过程

同样地，均衡收入和均衡利率也会随着 IS 曲线与 LM 曲线的移动而变动。由前面章节可知，当消费、投资或政府收支等因素发生变化时，IS 曲线会移动，当货币供给量等发生变动时，LM 曲线也会发生移动。无论是 IS 曲线移动还是 LM 曲线移动，都会使均衡收入和均衡利率发生变动。这种移动有三种模式：一是仅有 IS 曲线移动，二是只有 LM 曲线移动，三是两者同时移动。这些移动对均衡收入和均衡利率变动的影响如图 8-4 所示。

假设 IS 和 LM 曲线原来相交于 A 点，不妨设 A 的坐标为(Y^A,r^A)。在第一种情况下，只有 IS 曲线移动，比如移动至 IS' 的位置，则 IS' 与 LM 相交于 B 点，设 B 的坐标为(Y^B,r^B)，显然有 $Y^A<Y^B$，$r^A<r^B$。在第二种情况下，只有 LM 曲线移动，比如移动至 LM' 的位置，则 IS 与 LM' 相交于 C 点，设 C 的坐标为(Y^C,r^C)，显然有 $Y^A<Y^C$，$r^A>r^C$。在第三种情况下，IS' 与 LM' 相交于 D 点，设 D 的坐标为(Y^D,r^D)，此时依然可以明显判断出 $Y^A<Y^D$，但是 r^A，r^D 之间的关系则并不明确，这是因为 IS 曲线右移造成的均衡利率上升与 LM 曲线右移造成的均衡利率下降相互抵消，最后的结果取决于两者移动幅度的对比。

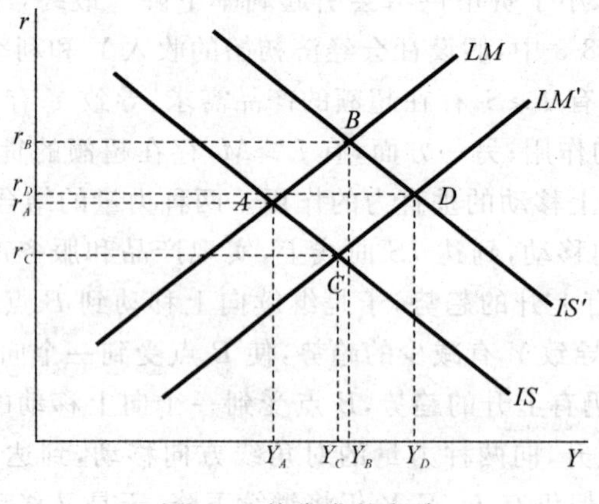

图 8-4 均衡点的变动

宏观经济政策组合

我们已知扩张性财政政策会使 IS 曲线向右移动，紧缩性财政政策会使 IS 曲线向左移动；扩张性货币政策会使 LM 曲线向右移动，紧缩性货币政策会使 LM 曲线向左移动，因此可以得到四种政策组合的模式，它们分别可用图 8-4 中均衡点的移动来说明。

初始点 A→新均衡点 D：扩张性财政政策搭配扩张性货币政策；

初始点 D→新均衡点 A：紧缩性财政政策搭配紧缩性货币政策；

初始点 B→新均衡点 C：紧缩性财政政策搭配扩张性货币政策；

初始点 C→新均衡点 B：扩张性财政政策搭配紧缩性货币政策。

在上述四种政策组合下，均衡收入与利率的变动结果如表 8-1 所示。

表 8-1 政策组合的效应

	扩张性财政政策	紧缩性财政政策
扩张性货币政策	Y↑，r 不确定	r↓，Y 不确定
紧缩性货币政策	r↑，Y 不确定	Y↓，r 不确定

上述分析只是指出了在 IS-LM 模型下，不同的宏观政策组合能通过均衡收入与利率的变动获得不同的预期效应，具体到现实中，在什么样的情况下应该采取什么样的组合呢？扩张性财政政策，不论是通过购买性支出的增加还是税收的减少，都可能导致财政赤字增加；反过来，紧缩性财政政策，不论是增税还是减少财政支出，都有利于降低财政赤字。扩张性货币政策通常可能导致通货膨胀，紧缩性货币政策则可以消除通货膨胀。应采取什么样的政策组合，取决于经济所面临的短期问题。首先，当一国经济处于严重萧条，失业率很高，通货紧缩，同时政府财政赤字并不严重时，应当采取扩张性财政政策搭配扩张性货币政策，双管齐下刺激经济。其次，当一国经济过热，财政赤字严重，通货膨胀率较高，则应当采取紧缩性财政政策搭配紧缩性货币政策，抑制过热的经济，同时削减赤字。再者，当一国财政赤字严重，通货膨胀率却不高，则可以采取紧缩性财政政策搭配扩张性货币政策，既削减赤字，又可避免经济陷入衰退或导致失业率上升。第四，当一国通货膨胀严重，而财政赤字不高，则可以采取扩张性财政政策搭配紧缩性货币政策，既可抑制通货膨胀，又可避免经济陷入衰退

或导致失业率上升。下面介绍我国改革开放以来宏观政策组合的执行情况。

表 8-2 改革开放以来我国财政与货币政策组合轨迹表

时间	所属阶段	财政政策	货币政策	搭配方式	实施年限
1979—1980	第一阶段	松	松	双松	2 年
1981	第一阶段	紧	松	紧松	1 年
1982—1984	第一阶段	松	松	双松	3 年
1985	第二阶段	紧	紧	双紧	1 年
1986—1988	第二阶段	松	松	双松	3 年
1989—1991	第二阶段	紧	紧	双紧	3 年
1992—1993 年中	第二阶段	松	松	双松	1 年
1993 年中—1997	第二阶段	紧	紧	双紧	5 年
1998—2002	第三阶段	松(积极)	松(稳健)	双松	5 年
2003—2004	第四阶段?	积极淡出	稳健趋紧	偏松和趋紧	2 年
2004—2010	?	中性偏紧?	中性偏紧?	?	?

美国的宏观政策组合选择

1992 年克林顿当选美国总统时,由于之前里根政府执行的“星球大战”计划以及受供给学派影响采取了减税政策,加上老布什政府时期的海湾战争,导致政府财政赤字严重。克林顿采取了紧缩性财政政策,时任美联储主席格林斯潘配合采取了扩张性货币政策,降低利率,刺激投资。到 2000 年克林顿满 8 年任期时,克林顿政府成了近年来唯一实现财政盈余的一届美国政府。同时,恰逢由电脑与互联网技术发展及硅谷兴起等导致的新经济增长,美国实现了年均超过 5%的 GDP 增长率,堪称越战以来美国经济发展的黄金时期。不过长期的低利率政策也导致了互联网泡沫,随着 2000 年格林斯潘上调利率,泡沫破灭,外加“9・11”事件的打击,美国经济又开始出现衰退。

在乔治・布什的 8 年任期内,阿富汗战争和伊拉克战争使得美国财政赤字与债务不断攀升,而为了应对“9・11 事件”对经济的影响,格林斯潘又恢复了扩张性货币政策。双松政策虽然使美国经济避免了陷入衰退,但却又为房地产市场泡沫打下基础。2008 年,当乔治・布什任满,格林斯潘卸任后,次贷危机终于爆发。奥巴马政府面对的是一个债台高筑、失业率严重的烂摊子。

很多学者认为,美国应该“长痛不如短痛”,采取双紧的政策组合,一方面赤字和债务问题已经太严重,必须削减政府支出,另一方面过低的利率已经导致“流动性陷阱”。但奥巴马政府最终却选择了继续双松的政策,试图利用滥发美元让全球为美国经济埋单的方式刺激经济。但目前看来,美国的失业率依然居高不下。债务问题使美国国债首次面临信用评级被下调的局面,滥发美元本身也广受各国谴责。

8.2 财政政策与货币政策的效应

上述政策组合的效应，只是简单的分析结论。在封闭经济中，什么情况下财政政策更有效，什么情况下货币政策更有效，宏观经济政策是否一定能达到相应的效应呢？这些都取决于 *IS-LM* 模型的具体形状。

IS、*LM* 曲线的斜率与政策效应

挤出效应与财政政策效应

挤出效应(crowding-out effect)是指政府支出增加所引起的私人投资降低的效应。在货币供给不变的情况下，由于政府通过在公开市场上出售政府债券来为其增加支出筹资，货币市场上的货币余额将会减少。货币减少将导致利率升高和私人投资下降。挤出效应的大小取决于投资的利率敏感系数，投资的利率敏感系数越大，则挤出效应也越大。财政政策效应是指政府支出增加所引起的实际收入提高的效应。

图 8-5 表明，当政府购买增加 ΔG 时，IS 会向右移至 IS'。如果不考虑利率的影响，增加的 Y 为政府购买支出效应 ΔY_2。但是，由于受到利率上升的影响，实际产出 Y 的增量仅为财政政策效应 ΔY_1，于是($\Delta Y_2-\Delta Y_1$)部分就被看做是挤出效应(＝政府购买效应—政府购买的财政政策效应)。所以，政府购买财政政策乘数($\Delta Y_1/\Delta G$)要小于或等于政府购买乘数($\Delta Y_2/\Delta G=1/(1-\beta)$或 $1/MPS$)。显然，在政府购买效应给定时，挤出效应越大，财政政策效应就越小；挤出效应越小，财政政策效应就越大。

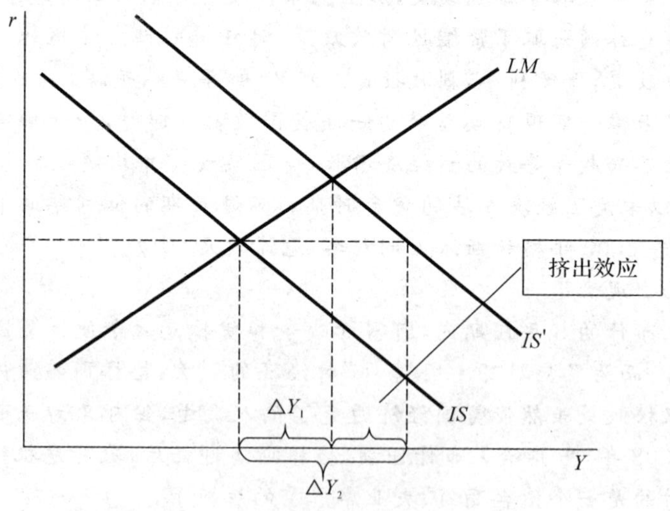

图 8-5 挤出效应

那么，决定挤出效应大小的因素究竟有哪些呢？我们可以从以下一系列图形中寻找答案，除了增加政府购买 ΔG、减税额度 ΔT 等政策因素外，影响挤出效应的因素主要是 IS 曲线和 LM 曲线的斜率。

如图 8-6 所示，假如 IS 曲线的斜率固定，LM_1 曲线比 LM_2 曲线陡峭，则政府实施同样

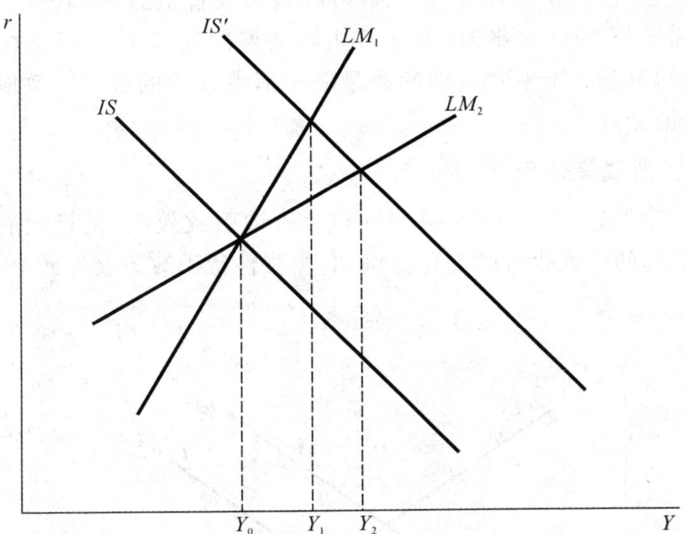

图 8-6 财政政策效应与 LM 曲线斜率的关系

力度的扩张性财政政策(即政府购买效应相等)将使得 IS 移动到 IS' 的位置。我们可以发现,对于 LM_1 经济产生的财政政策效应 Y_1-Y_0 要小于对于 LM_2 经济产生的财政政策效应 Y_2-Y_0,即 $Y_1-Y_0<Y_2-Y_0$。此例说明 LM 曲线越陡峭,挤出效应越大,财政政策效应也就越小。特别是,当 LM 曲线垂直时,挤出效应等于政府购买效应,财政政策无效;当 LM 曲线水平(即所谓的“流动性陷阱”,或称“凯恩斯极端”)时,挤出效应等于 0,财政政策将发挥极致,财政政策效应等于政府购买(或减税)效应。

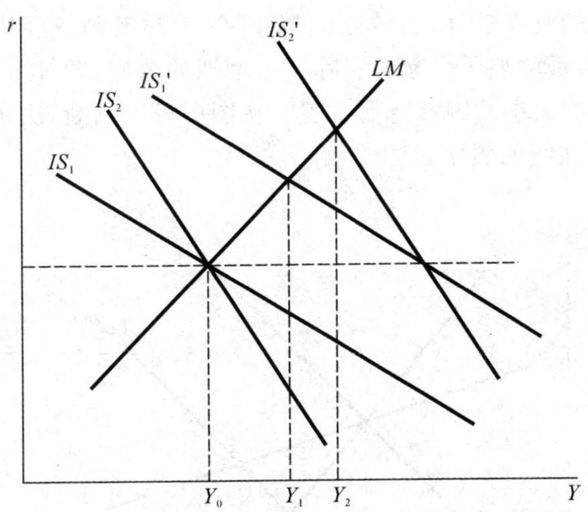

图 8-7 财政政策效应与 IS 曲线斜率的关系

如图 8-7 所示,假定 LM 曲线的斜率固定,IS_1 曲线比 IS_2 曲线平缓。政府实施同样力度的扩张性财政政策(即政府购买效应相等)将使 IS_1 与 IS_2 的分别移到 IS_1'与 IS_2'。我们发现,对于 IS_1 经济产生的财政政策效应 Y_1-Y_0 要小于对于 IS_2 经济产生的财政政策效应 Y_2-Y_0,即 $Y_1-Y_0<Y_2-Y_0$。此例说明 IS 曲线越陡峭,挤出效应越小,财政政策效应越大。

特别是，当 IS 曲线垂直时，挤出效应等于 0，财政政策发挥极致，财政政策效应等于政府购买(或税收)效应；当 IS 曲线水平时，意味着边际消费倾向等于 1，可支配收入完全用于消费，政府购买增加的数量等于税收增加的数量等于消费减少的数量。政府购买变化不影响收入变化，财政政策无效。

引致效应与货币政策效应

货币政策会产生引致效应(induced effect)。所谓引致效应，是指政府的货币政策通过改变利率所间接引起的私人投资的变化。例如，扩张性货币政策会导致利率下降，从而诱发私人投资增加。

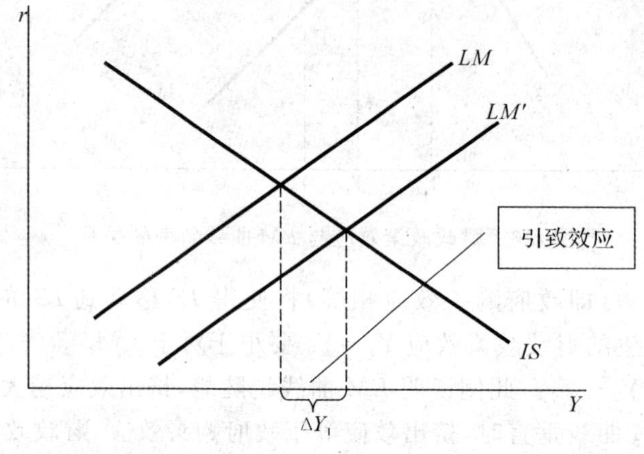

图 8-8　引致效应

图 8-8 中，当 M 增加时，LM 会向右移至 LM'，ΔY_1 就是引致效应。显然，引致效应越大，货币政策刺激经济的效应越好；引致效应越小，货币政策刺激经济的效应越差。货币政策效应是指实际货币余额增加所引起的实际收入增加的效应，即等于引致效应。

那么，决定挤出效应大小的因素有哪些呢？从图中可以判断，决定引致效应大小的因素主要是 IS 曲线和 LM 曲线的斜率。

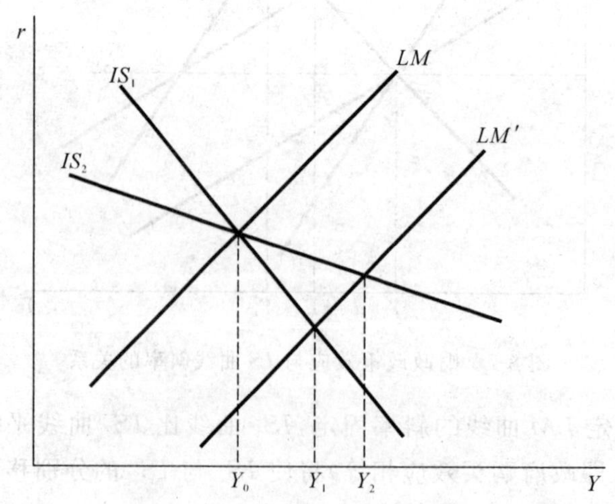

图 8-9　货币政策效应与 IS 曲线斜率的关系

如图 8-9 所示，若 LM 曲线的斜率固定，IS_1 比 IS_2 陡峭，政府实施同样力度的扩张性货币政策使得 LM 移动到 LM' 的位置。在图 8-9 中，我们发现，对于 IS_1 的产出刺激作用 Y_1-Y_0 要小于对于 IS_2 的产出刺激作用 Y_2-Y_0，即 $Y_1-Y_0<Y_2-Y_0$。这说明 IS 曲线越陡峭，引致效应，即货币政策效应也就越小。特别是，当 IS 曲线垂直时，引致效应等于 0，货币政策无效；当 IS 曲线水平时，货币政策发挥极致，最为有效。

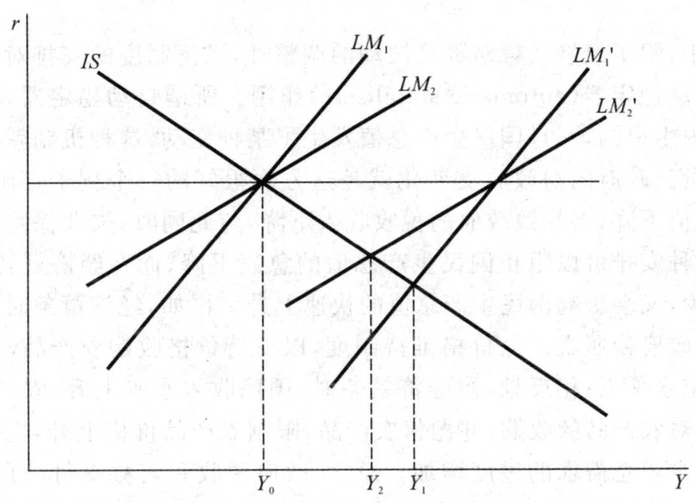

图 8-10　货币政策效应与 LM 曲线斜率的关系

如图 8-10，若 IS 曲线的斜率固定，LM_1 比 LM_2 陡峭，政府实施同样力度的扩张性货币政策使 LM_1 与 LM_2 分别移到 LM_1' 与 LM_2'。我们发现，对于 LM_1 的产出刺激作用 Y_1-Y_0 要大于对于 LM_2 的产出刺激作用 Y_2-Y_0，即 $Y_1-Y_0>Y_2-Y_0$。这说明 LM 曲线越陡峭，引致效应即货币政策效应就越大。特别是，当 LM 曲线垂直时，货币政策发挥极致，最为有效；当 LM 曲线水平（即处于"流动性陷阱"）时，引致效应等于 0，货币政策无效。

≠凯恩斯的正统凯恩斯主义

在《通论》中，凯恩斯反对古典经济学的观点颇为繁杂，内在逻辑也并不统一。因而，经济学界对《通论》的诠释也就众说纷纭。其中，最为流行的当属以希克斯、汉森、莫迪利安尼、米德、萨缪尔森、索洛和拉宾等人为代表的所谓正统凯恩斯主义。实际上，说其正统完全是因为它的流行。而其流行原因一是它成功地程式化了部分《通论》的观点，如 45°线模型、IS-LM 模型以及 AS-AD 模型等，十分有利于课堂传授，便于知识的大众化；二是它的理论很容易在计量经济学模型中得到明确体现。

由于 45°线模型、IS-LM 模型，以及 AS-AD 模型等有一个共同的特点，即都是通过纵坐标变量，如投资、税收、政府购买等发生变化导致横坐标变量收入发生变化。所以，有人用水箱水压变化的原理（垂直方向受力变化导致水箱水平方向水压的变化）来形容它，将正统凯恩斯主义称为"水压式的凯恩斯主义"（Hydraulic Keynesianism）。

然而，也有不少经济学家，如罗宾逊、沙克尔等人则认为，正统凯恩斯主义并没有完全诠释，甚至歪曲了《通论》的思想，尤其是没有涵盖凯恩斯在《通论》中再三强调的企业家的“动物精神”对投资波动乃至经济周期影响的内容。他们称正统凯恩斯主义是《通论》的“私生子”。

8.3 自动稳定器

在现代市场中，除了经济政策对经济波动的调整外，经济制度的安排对经济波动也有自动抑制作用，即自动稳定器(automatic stabilizers)作用。所谓自动稳定器，是指在一个经济体中存在着一种内生机制，一旦国民生产总值发生了某种变动，这种机制就能自动产生一种抵消该变动的力量。政府的财政收支变化就是这方面很好的一个例子。比如，在经济萧条时期，国民生产总值下降，将导致政府的税收收入下降，与此同时，失业保险费用会因为失业率上升而增加，这种安排可以阻止国民生产总值的急速下降；而在经济好转时，由于政府在这方面的支出减少，又会影响国民生产总值的快速上升。再如，经济萧条时，国民收入下降，农产品价格下降，政府依照农产品价格维持制度，以支持价格收购农产品，可以使农民收入和消费维持在一定水平上；相反地，当经济繁荣时，国民收入水平上升，农产品价格上升，这时，政府能够减少对农产品的收购，并抛售农产品，限制农产品价格上升，也就抑制了农民收入的增长，从而减少了总需求的过度增加。总之，政府税收和转移支付的自动变化、农产品价格维持制度等对宏观经济活动都能起到稳定作用。结果，这些安排就能减少经济周期性波动的剧烈程度。

8.4 总需求曲线

总需求是指对应于既定的价格总水平的社会总支出水平或总需求量，表示经济中的需求总量与价格水平之间关系的曲线就是总需求曲线(aggregate demand curve)，根据英文缩写，简称 AD 曲线。总需求曲线表明了在产品和服务市场与货币市场同时实现均衡时国民收入与价格水平之间的关系，描述了与每一物价总水平相适应的均衡支出或国民收入的关系。

总需求曲线的推导

在 IS-LM 模型中，一般价格水平被设定为一个常数。在假定价格水平不变，货币供给固定的条件下，IS 曲线和 LM 曲线的交点决定了均衡收入水平。下面我们用图 8-11 说明如何应用 IS-LM 模型推导出总需求曲线。

在图 8-11(a)中，当价格 P 为 P_1 时，LM 曲线 $LM(P_1)$ 与 IS 曲线交于点 E_1，点 E_1 对应的利率和收入分别为 r_1 和 Y_1。将 P_1 和 Y_1 标在图 8-11(b)上，我们就可以得到一个 D_1 点。如果价格从 P_1 下降到 P_2，实际货币余额将从 M/P_1 上升到 M/P_2，LM 曲线也将向右移动，达到 $LM(P_2)$。LM 曲线与 IS 曲线的交点也从 E_1 移至 E_2，利率从 r_1 下降至 r_2，收入从 Y_1 增加到 Y_2。这样，我们再将 P_2 和 Y_2 标在图 8-11(b)上，得到一个 D_2 点。联结 D_1 点和 D_2 点，我们就得到一条向右下方倾斜的总需求曲线 AD。

从代数角度来看，总需求曲线可以通过求解 IS、LM 曲线的均衡点来获得的，具体请见附录。其含义表示当一个经济的产品市场与金融市场都实现均衡时，总产出水平与总物价水平成反比关系。

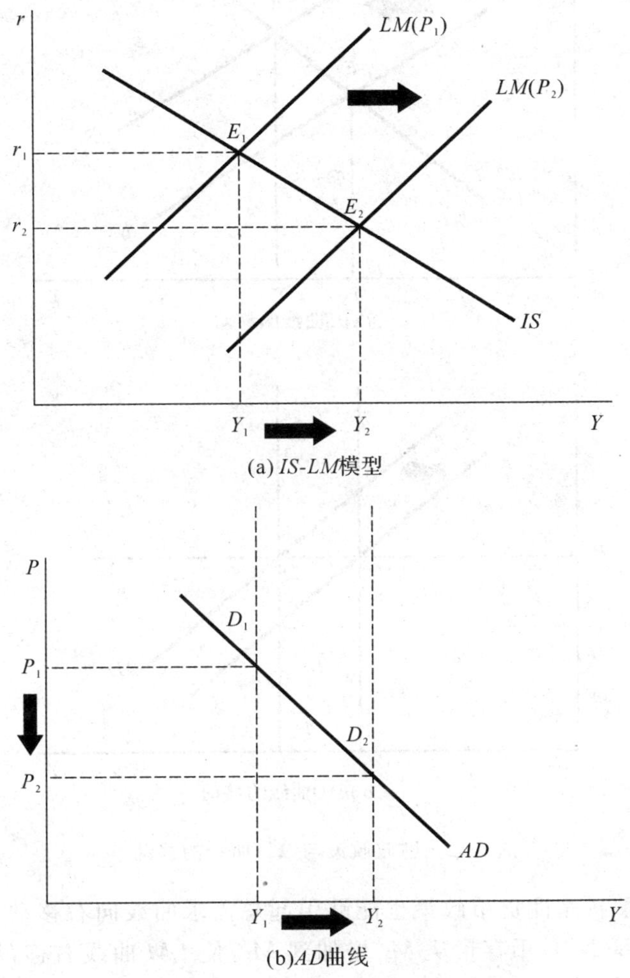

图 8-11　从 IS、LM 曲线推导 AD 曲线

总需求曲线的移动

前面我们已经解释了封闭经济中总需求曲线向右下方倾斜的原因，现在我们来讨论总需求曲线的移动问题。

从上一节总需求曲线的推导过程中我们可以知道，总需求曲线是对 IS-LM 模型的概括。因此，那些使 IS 曲线和 LM 曲线移动的经济事件都能引起总需求曲线的移动，而且作用方向也一样。

当政府采取扩张性财政政策，如增加政府支出、减少税收等时，总需求曲线会向右移动。在图 8-12(a)中，价格维持在 P_0 的水平上，如果政府支出从 G_1 增加到 G_2，那么 IS 曲线将会向右移动，从 IS_1 移到 IS_2，这时，收入就会从 Y_1 上升到 Y_2。因此，在图 8-12(b)中，在 $P=P_0$ 位置上，AD 曲线也将从 Y_1 向右移到 Y_2。反之，紧缩性财政政策会使总需求曲线向左移动。

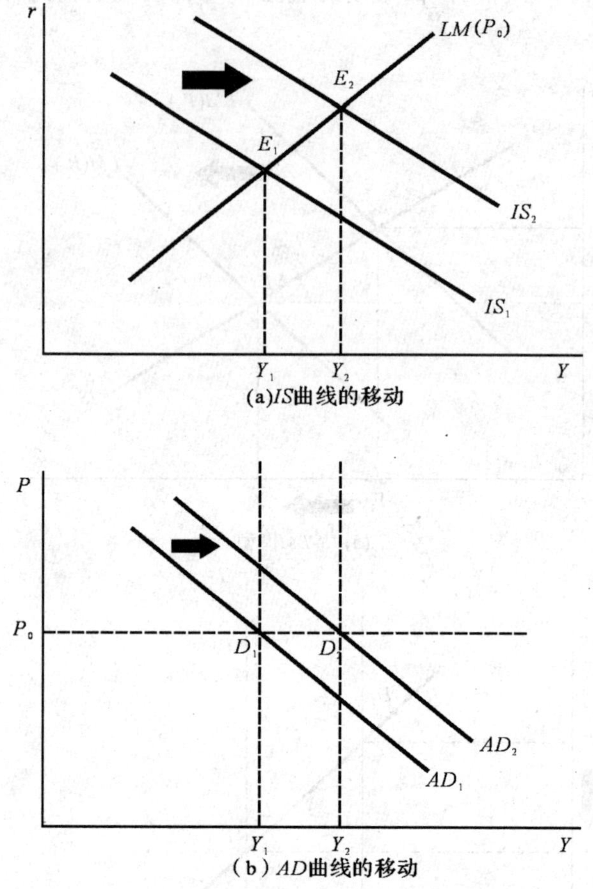

图 8-12 财政政策与 AD 曲线的移动

同样地，政府采取扩张性货币政策也能够引起总需求曲线向右移动。在图 8-13(a)中，价格维持在 P_0 的水平上，货币存量从 M_1 增加到 M_2，使 LM 曲线右移，从 LM_1 移到 LM_2，收入从 Y_1 上升到 Y_2。因此，在图 8-13(b)中，在 $P=P_0$ 位置上，AD 曲线也将从 Y_1 向右移到 Y_2。反之，紧缩性货币政策会使总需求曲线向左移动。

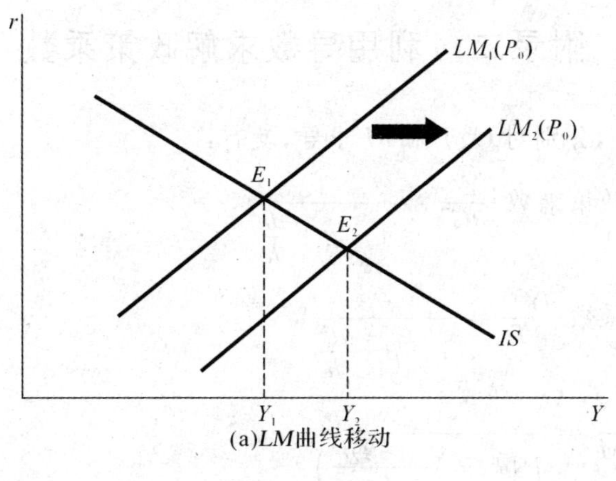

(a)LM曲线移动

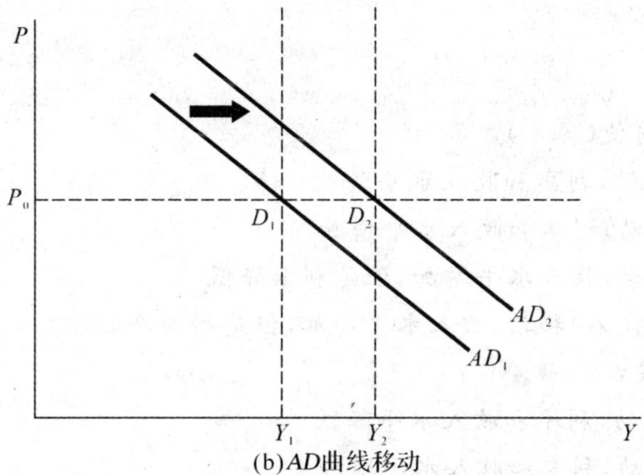

(b)AD曲线移动

图 8-13　货币政策与 AD 曲线的移动

附录一　线性 IS-LM 模型的均衡

我们可以利用前面介绍的线性 IS-LM 模型，即：

$$Y=\frac{\alpha-\beta T+I_0+G}{1-\beta}-\frac{d}{1-\beta}r\text{，}$$

$$\frac{M}{P}=kY-hr\text{，}$$

求出均衡点(Y^*, r^*)。其中，

$$Y^*=\frac{\dfrac{\alpha-\beta T+I_0+G}{d}+\dfrac{M}{hP}}{\dfrac{k}{h}+\dfrac{1-\beta}{d}}\text{，}$$

$$r^*=\frac{\dfrac{\alpha-\beta T+I_0+G}{1-\beta}-\dfrac{M}{kP}}{\dfrac{h}{k}+\dfrac{d}{1-\beta}}\text{。}$$

附录二　利用导数求解政策乘数

根据均衡收入 Y^*，分别对 G、T 和 M 求导，就有：

政府购买的财政政策乘数 $\dfrac{\partial Y^*}{\partial G}=\dfrac{1}{1-\beta+\dfrac{dk}{h}}$，

税收财政的政策乘数 $\dfrac{\partial Y^*}{\partial T}=\dfrac{-\beta}{1-\beta+\dfrac{dk}{h}}$，

货币政策乘数 $\dfrac{\partial Y^*}{\partial M}=\dfrac{1}{P\left(k+\dfrac{(1-\beta)h}{d}\right)}$。

选择题

1. 政府购买增加将使(　　)。

A. IS 曲线向左移动，利率和收入水平降低

B. IS 曲线向右移动，利率和收入水平增加

C. IS 曲线向右移动，收入水平增加，但是利率降低

D. LM 曲线向下(向右)移动，收入水平增加，但是利率降低

2. 税收增加将会使(　　)。

A. IS 曲线向左移动，利率和收入水平降低

B. IS 曲线向右移动，利率和收入水平增加

C. IS 曲线向右移动，收入水平增加，但是利率降低

D. LM 曲线向下(向右)移动，收入水平增加，但是利率降低

3. 货币供给增加将会使(　　)。

A. IS 曲线向左移动，利率和收入水平降低

B. IS 曲线向右移动，利率和收入水平增加

C. IS 曲线向右移动，收入水平增加，但是利率降低

D. LM 曲线向下(向右)移动，收入水平增加，但是利率降低

4. 如果实际收入增加，利率随着政府购买的增加而下降，那么(　　)。

A. IS 曲线一定是垂线　　B. LM 曲线一定是垂线

C. 中央银行一定同时增加了货币供给　　D. 中央银行一定同时减少了货币供给

5. 如果政府在增加税收的同时又减少货币供给，那么(　　)。

A. 利率一定上升　　B. 利率一定下降

C. 收入的均衡水平一定上升　　D. 收入的均衡水平一定下降

6. 下列(　　)情况出现时，IS 曲线向右移动。

A. 经济体中的消费者信心增加

B. 企业对经济更加乐观，在每个利率水平上都决定增加投资

C. 政府增加转移支付

D. 以上全部正确

7. 下列说法错误的是(　　)。

A. 产出达到自然率的古典假设最适用于描述长期的情况

B. 在短期中,产出可能偏离自然率

C. 在 IS-LM 模型中,价格在短期中被认为是黏性的

D. 在 IS-LM 模型中,总需求即使是在长期中,也不等于自然产出率

8. 如果某经济处于流动性陷阱中,那么(　　)。

A. 利率太低,以致货币政策无法刺激经济

B. 利率太低,以致财政政策无法刺激经济

C. 预算赤字太高,以致财政政策无法刺激经济

D. 以上全部正确

9. 如果投资变得对利率非常敏感,那么(　　)。

A. IS 曲线变得更陡峭　　B. IS 曲线变得更平坦

C. LM 曲线变得更陡峭　　D. LM 曲线变得更平坦

10. 如果货币需求对收入水平不太敏感,那么(　　)。

A. 收入增加时,货币需求曲线向右移动的幅度不太大

B. 只要小幅变动利率就可以抵消收入变化引起的货币需求增加

C. LM 曲线相对平坦

D. 以上全部正确

11. 如果货币需求量对利率非常敏感,那么(　　)。

A. 货币需求曲线将会相对平坦

B. 收入变化引起的货币需求曲线的移动将带来均衡利率的微小变动

C. LM 曲线相对平坦

D. 以上全部正确

12. 下列哪种情况下,总需求曲线会相对平坦(　　)。

A. MPC 较大　　B. 乘数较小

C. 投资对利率变化不太敏感　　D. 以上全部正确

13. 如果货币需求对利率变化相对敏感,那么(　　)。

A. IS 曲线将会相对平坦,货币政策的变化对实际收入影响较大

B. IS 曲线将会相对陡峭,货币政策的变化对实际收入影响较小

C. LM 曲线将会相对陡峭,财政政策的变化对实际收入影响较小

D. LM 曲线将会相对平坦,货币政策的变化对实际收入影响较大

14. IS 曲线和 LM 曲线的交点表示(　　)。

A. 实际支出等于计划支出

B. 实际货币供给等于实际货币需求

C. 收入和实际利率的水平可以同时满足商品市场的均衡条件和货币市场的均衡条件

D. 以上全部正确

15. 当我们沿着固定的总需求曲线移动时,一个保持不变的因素是(　　)。

A. 实际收入　　B. 价格总水平

C.（名义）货币供给　　　　　　　　　　D. 实际货币余额

练习题

1. 考虑这样一个经济：消费函数为 $C=200+0.75(Y-T)$，投资函数为 $I=200-25r$，货币需求函数为 $M/P=Y-100r$，政府购买和税收都是 100，货币供给为 1000，价格水平为 2。求：

(1) IS 和 LM 曲线；

(2) 均衡利率和收入。

2. 假定消费函数、投资函数和货币需求函数均为线性，即 $C=a+b(Y-T)$，$I=c-dr$，$M/P=eY-fr$。其中，$a>0$，$0<b<1$，$c,d,e,f>0$。如果政府购买为 G，税收为 T，货币供给为 M，价格水平为 P，则

(1) 求 IS 和 LM 曲线；

(2) 求均衡利率和收入；

(3) 讨论参数 d 与 IS 曲线斜率的关系，并给出直观的解释；

(4) 讨论参数 f 与 LM 曲线斜率的关系，并给出直观的解释。

3. 利用上题给出的参数，讨论参数 f 与 AD 曲线斜率的关系，并给出直观的解释。

4. 假定实际货币余额需求取决于可支配收入，即货币需求函数是 $M/P=L(r,Y-T)$，运用 IS-LM 模型，讨论货币需求函数的变化是否改变以下两项：

(1) 对政府购买变动的分析；

(2) 对税收变动的分析。

5. 假定政府想增加投资但保持产出不变，试问：在 IS-LM 模型中，货币政策与财政政策如何配合才能实现这一目标？

9 第九章

开放宏观经济

到此为止，我们只对单个封闭经济进行了分析，所以还不需要考虑国际市场上各个经济体之间的相互作用情况。用一个封闭经济进行分析只是便于我们对宏观经济学知识的理解，但这种简化却是远离现实世界的。因为，当跨入21世纪后，各国经济联系愈发密切，经济全球化的浪潮继续深入。我们在不经意间就成了经济全球化的参与者。当买一台电脑时，我们会发现电脑的操作系统是在美国生产的，硬盘可能是在泰国生产的，内存也许是在韩国制造的，最后则是在中国组装的……这就表明，现在世界各国经济在一定程度上都需要依赖其他国家。从图9-1我们可以看到，在当今世界8个主要经济大国中，对外经济相对活跃的德国和中国的外贸依存度分别高达69.8%和60.7%，外贸依存度最低的美国也有24.1%。对外贸易对中国经济的发展尤为重要，改革开放以来，外贸对中国国民经济的影响在不断加强，在这期间外贸依存度虽有波动，但整体呈上升趋势（见图9-2）。

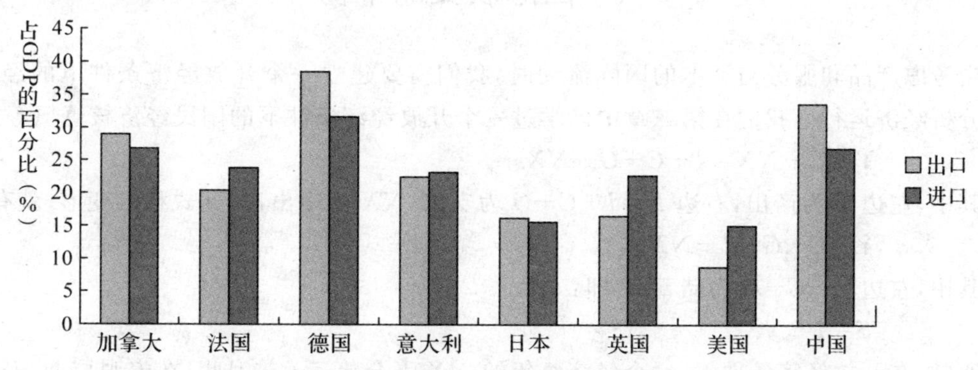

图9-1　2008年世界主要经济大国的进口和出口占产出的百分比

资料来源：《世界经济年鉴》(2010/2011年)。外贸依存度＝(对外贸易出口额＋对外贸易进口额)×汇率×100%÷GDP＝进口占产出的百分比＋出口占产出的百分比，是一个反映对外贸易对国民经济影响的重要指标。

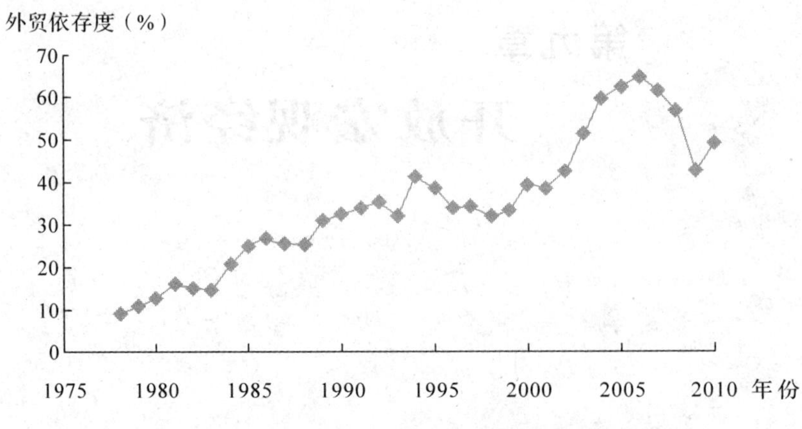

图 9-2　1978—2010 年间中国外贸依存度变动情况

资料来源：《新中国五十年统计资料汇编》，2000—2011 年历年《中国统计年鉴》。

除了产品和服务贸易外，国际间还存在资本的交易，即所谓的资本流动。资本流动近十年也在不断加大。资本流动有两种形式：一是直接到国外开办工厂的实物投资，如美国企业麦当劳、肯德基到中国开店，中国企业海尔去美国办厂。当一个国家的资本市场对外开放程度不高时，一般以直接实物投资为主。2010 年，中国的外商直接投资（foreign direct investment，FDI）高达 1057.4 亿美元，是世界上吸引海外投资最多的发展中国家。二是买卖国外证券和股票等金融资产，如中国购买美国国债。美国在拥有巨额净出口赤字的情况下，只能靠吸引大量海外投资来维持国际收支平衡，2010 年年末，美国对外金融净负债高达 24709.89 亿美元。为了讨论开放经济，我们需要扩展宏观经济学分析工具。本章我们将开始介绍开放经济的相关模型。

9.1　国际收支的平衡

当考虑产品和服务与资本的国际流动时，我们需要建立一个开放经济条件下的经济模型来分析经济运行。我们在第二章中已学过一个开放经济条件下的国民经济核算恒等式：

$$Y=E+NX=I+C+G+NX$$

其中，左边 Y 为产出，右边 $E=I+C+G$ 为支出，NX 为净出口，此式稍加变形，就有：

$$Y-C-G=I+NX$$

其中，左边 $Y-C-G$ 为储蓄 S，即：

$$S=I+NX$$

通常，在开放经济条件下，一个经济每年的 NX 不会等于 0。因此，在宏观层面，开放经济和封闭经济的最关键差别在于，在开放经济中，每年的支出不必像封闭经济那样等于产出，储蓄也无需等于投资。NX 的另一个名称是贸易余额(trade balance)。当一个国家的贸易余额为正时，它有贸易盈余（trade surplus）；贸易余额为负时，它有贸易赤字（trade deficit）；贸易余额为 0 时，实现贸易平衡(balanced trade)。

上式再稍加变形，就有：

$$S-I=NX$$

其中，左边的 $S-I$ 称为资本净流出 CF，也称国外净投资(net foreign investment)。所谓资本净流出就是流向外国的本国资本减去流入本国的外国资本。这样就有：

$$CF=NX$$

根据定义，资本净流出等于国内居民借给国外资金减去国外居民借给国内资金的差额。如果 CF 为正，那么经济的储蓄大于投资，余额借给外国人；如果 CF 为负，那么经济的储蓄小于投资，差额向外国人借贷。资本净流出反映了国际间资本的流动情况。上述恒等式表明资本净流出始终等于净出口。

为什么净出口一定等于资本净流出

$CF=NX$ 只是一个定义恒等式，其背后的关系往往容易被人忽视，理解这种关系可以考虑下面的例子。

凉鞋厂老板老林向美国出口了一批凉鞋，挣回 50 万美元。因为老林是中国人，他的凉鞋厂是中国企业，这批凉鞋出口自然代表了中国的一笔出口。在其他条件不变的情况下，中国的出口将上升 50 万美元。无论老林如何处理这 50 万美元，上面的恒等式始终都成立。

如果老林将这 50 万美元用来进口美国制鞋设备，这时中国的进口也就会增加 50 万美元，凉鞋出口与设备进口正好抵消，净出口变化为 0，新增的资本净流出同样也为 0。如果老林将这 50 万美元存入一家中国银行，假设这家银行最终将这 50 万美元用于购买美国国债，那么这就意味着中国向美国投资了 50 万美元，中国的资本净流出增加了 50 万美元。如果老林将这 50 万美元让朋友帮他在美国购买某家企业的股票，那么同样地，这也代表中国向海外投资增加了 50 万美元。如果老林将这 50 万美元放在家里，那就意味着老林将他这部分储蓄配置到美国，而非中国，这时中国的储蓄超过了中国的投资，这个差额却无偿地流向美国，中国的净出口增加也与资本净流出正好抵消。当然，老林处理这 50 万美元的方法还有很多，不过最终我们还是会发现净出口一定会等于资本净流出。

9.2 名义汇率

在讨论了开放经济以后，我们再来进一步分析不同国家产品和服务与资本交易的价格问题。大多数国家都有自己的货币，这些国家之间的贸易涉及不同货币之间的兑换。例如，小张同学要去美国读书，他就要将人民币兑换成美元。小王要去法国旅游，他也要将人民币兑换成欧元。这样就形成了一个外汇市场。在外汇市场上，人们从事着不同国家货币的买卖。货币买卖涉及货币之间的价格。名义汇率(nominal exchange rate)就是指两个国家(或地区)货币之间的相对价格，换句话说，就是以一种货币表示另一种货币的价格。本书用 e 表示名义汇率，除非加以特殊说明，我们通常讲的汇率就是指名义汇率。

汇率主要有两种标价方法。一种被称为直接标价法(direct quotation)，它是以 1 单位的外国货币作为标准，折算为一定数额的本国货币来表示的汇率。例如，1 美元兑换 6.365 元人民币。用直接标价法，汇率下降表示外国货币贬值或本国货币升值，汇率上升表示外国货币升值或本国货币贬值。另一种被称为间接标价法(indirect quotation),它是以1单位的本国货币作为标准,折算为一定数额的外国货币来表示的汇率。例如,1元人民币兑换0.157美元。用间接标价法,汇率下降或上升反映的情况正好与直接标价法相反。当今世界绝大多数国家使用直接标价法,只有美国和英国等少数国家使用间接标价法。本书选用直接标价法。

9.3 实际汇率与购买力平价理论

如果对国际贸易感兴趣,那么仅仅知道名义汇率是不够的。老黄要去美国做生意,光知道他所带人民币能够兑换多少美元还不行,还必须知道能在美国买多少东西。这就涉及实际汇率(real exchange rate)问题。实际汇率就是两国产品和服务的相对价格,具体地说,就是1单位他国(在间接标价法中是本国)产品和服务交换本国(在间接标价法中是他国)产品和服务的数量。例如,我们设 e^* 是实际汇率,P_f 是国外(如美国)市场上一般产品和服务价格,e 是名义汇率,P 是国内(如中国)市场一般产品和服务价格。1标准篮子美国产品和服务在美国市场上值 P_f 美元,P_f 美元可以在外汇市场上换成 eP_f 元人民币,在中国市场可以购买 eP_f/P 个标准篮子中国产品和服务。因此,我们有:

$$e^* = eP_f/P$$

下面用一个数值例子说明实际汇率的含义,假设中国的一标准篮子产品和服务值700元人民币,美国的一标准篮子产品和服务值100美元,名义汇率为7。则实际汇率为:

$$e^* = \frac{eP_f}{P} = \frac{7(\text{元}\cdot\text{美元}^{-1})\times 100(\text{美元}\cdot 1\text{标准篮子美国产品和服务}^{-1})}{700(\text{元}\cdot 1\text{标准篮子中国产品和服务}^{-1})}$$

$$=1(1\text{标准篮子中国产品和服务}\cdot 1\text{标准篮子美国产品和服务}^{-1})$$

购买力平价(purchasing power parity)是一价定律(law of one price)的一个特例。严格地说,一价定律只是经济学上的一个著名假说,它表明同样的产品和服务在不考虑交易费用的情况下,同一时间在不同市场上应该保持一致的价格。即使暂时价格不同,也必定能够通过市场得到纠正。例如,吉林的大米比浙江便宜,精明的粮商就会买进吉林大米到浙江来卖,这就使吉林大米需求增加,价格上扬,浙江大米供给扩大,价格下降,最终两地大米价格趋于相同。一价定律应用于国际贸易就是购买力平价。

购买力平价汇率(purchasing power parity exchange rate)理论是一种关于汇率决定的理论,简称为PPP理论。该理论认为,如果不考虑交易成本和贸易限制等情况,实际汇率应该反映1单位本国(或外国)货币在国内外市场上具有相同的购买力,或者1单位一般产品和服务(即一标准篮子产品和服务)在不同市场有相同的价格,即 $e^*=1$,等价于 $e=P/P_f$。如果 $e^*<1$,说明国外市场产品和服务比国内市场便宜,精明的商人便会更多地进口国外产品和服务,国外市场需求增加,价格上升,国内市场供给扩大,价格下降,最终使进出口价格趋于相同,达到均衡,即 $e^*=1$。同样地,如果 $e^*>1$,则说明国内市场产品和服务比国外市场便宜,精明的商人便会更多地出口国内产品和服务,国内市场需求增加,价格上升,国外市场供给扩大,价格下降,最终使进出口价格也趋于相同,达到均衡,即 $e^*=1$。

从上面的分析可以看出,实际汇率是一个决定净出口变化方向的指标,所以实际汇率有时也称为贸易条件。当 $e^*=1$ 时,表示满足购买力平价条件。

在现实经济中，由于交易成本和经济冲击的存在，一价定律和购买力平价理论对个案和短期的分析往往会有很大偏差，但是从整体和长期来看，它们在统计学意义上还是成立的。

《经济学家》杂志的巨无霸汉堡指数

如果购买力平价理论对每种产品和服务都成立，那么某种产品和服务的售价按汇率调整之后在世界各地都应该相同。无论在什么地方，麦当劳基本上都出售同质的巨无霸汉堡。为了验证购买力平价这一古老的经济学理论，英国《经济学家》(*The Economist*)杂志从 1986 年开始根据世界一些国家或地区麦当劳巨无霸汉堡的出售价格和汇率，计算并公布这些国家或地区巨无霸汉堡的美元出售价格，即所谓的巨无霸汉堡指数(Big Mac Index)。图 9-3 是利用 2006 年 5 月的巨无霸汉堡指数计算得到的巨无霸汉堡实际汇率 e^*(以下简称为实际汇率)所作的统计图表。

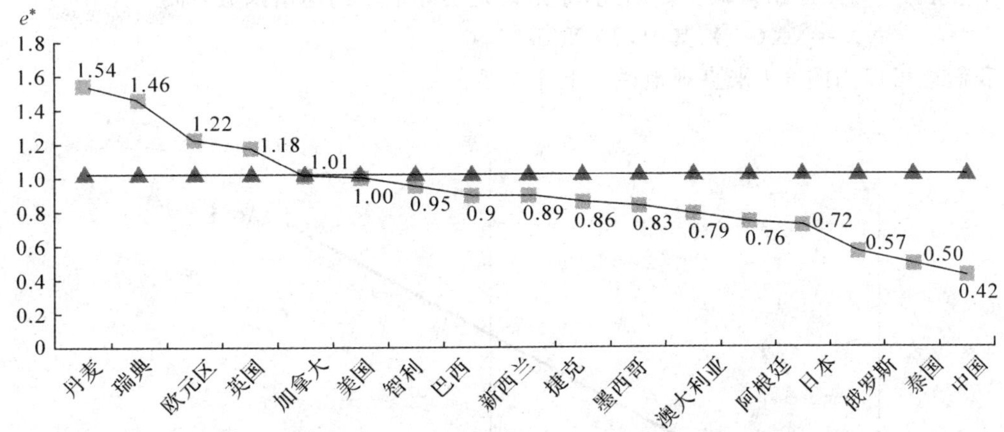

图 9-3　2006 年的巨无霸汉堡指数

资料来源：斯蒂芬·威廉森：《宏观经济学》(第三版)，中国人民大学出版社 2010 年版。

图 9-3 表明，实际汇率有时会大大偏离购买力平价。虽然购买力平价汇率理论预测实际汇率为 1，但是在图中的 17 个国家或地区中，美国左边的丹麦、瑞典、欧元区、英国和加拿大的实际汇率大于 1，而右边的智利、巴西、新西兰、捷克、墨西哥、澳大利亚、阿根廷、日本、俄罗斯、泰国和中国小于 1。这 17 个国家或地区实际汇率的均值为 0.92。不过，从统计学角度来看，实际汇率为 1 的假设还是可以接受的(在置信度 95%下，进行单样本 t 检验，得到的尾概率 *Sig* 为 0.277，显著大于 0.05)。应该注意到，多数富国的巨无霸实际汇率接近于 1，明显低于 1 的有俄罗斯、泰国和中国。其主要原因是，这些国家的非贸易产品和服务(如劳动、不动产)的价格普遍较低。这种普遍性模型就是所谓的巴拉萨—萨缪尔森假说。

购买力平价汇率理论发展史

有关购买力平价的提法最早可追溯到 16 世纪的西班牙经济学家。18 世纪末

19 世纪初，瑞典、法国和英国的重商主义经济学家进一步发展了这一学说。比较系统的相关理论是由英国经济学家桑顿在 1802 年提出的。其后，该理论为英国古典经济学家李嘉图、穆勒，新古典经济学家戈森、马歇尔等人所吸纳，逐渐成为古典经济学和新古典经济学中国际贸易理论的一个组成部分。最后，瑞典经济学家卡塞尔加对购买力平价理论进行了充实和完善，并在他于 1922 年出版的《1914 年以后的货币与外汇》一书中作了详细论述。著名经济学家凯恩斯也同意这一理论。1964 年，巴拉萨和萨缪尔森等人又提出了修正模型。

9.4 实际汇率与净出口

当实际汇率提高时，国内的产品和服务变得相对便宜，国内外居民就会更多地购买本国产品和服务，更少地购买他国产品和服务，导致净出口增加；相反地，当实际汇率降低时，国外的产品和服务变得相对便宜，国内外居民都会更多地购买他国产品和服务，更少地购买本国产品和服务，导致净出口减少。因此，净出口是实际汇率的递增函数，即：

$NX=NX(e^*)$，其中，$dNX/de^*>0$。

我们也可以用图 9-4 来直观地说明上述关系。

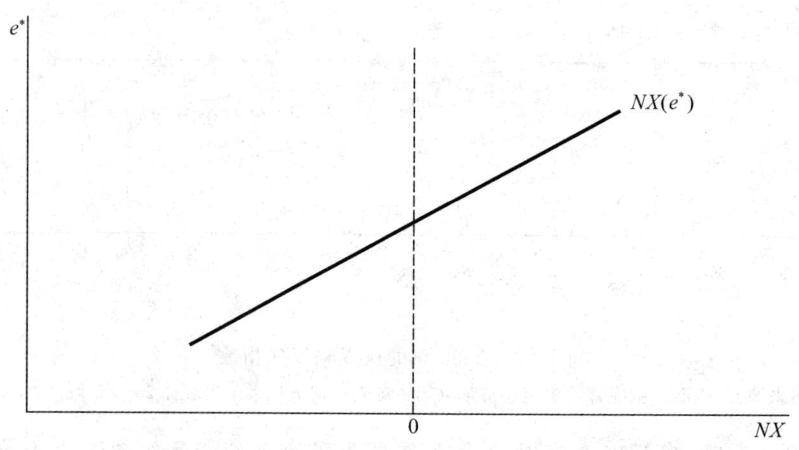

图 9-4 净出口与实际汇率

除了汇率以外，贸易余额还取决于国内外的居民实际收入情况。当本国居民收入提高时，本国消费者会进口更多的国外产品和服务，导致净出口减少。同样地，国外收入增加也会刺激本国的出口，导致净出口增加。综合上述，我们有：

$$NX = NX(e^*, Y, Y_f),\ \frac{\partial NX}{\partial e^*} > 0,\ \frac{\partial NX}{\partial Y} < 0,\ \frac{\partial NX}{\partial Y_f} < 0。$$

但是，考虑到这两种影响都较小，为了讨论问题的方便起见，这里我们可以将这后两部分影响忽略不计。即：

$$NX = NX(e^*),\ \frac{dNX}{de^*} > 0。$$

9.5 名义汇率与通货膨胀的比较

根据前面我们已经学过的实际汇率和名义汇率的关系：

$$e^* = eP_f/P,$$

作移项转换，再取对数，就可以将其改写成：

$$\ln e = \ln e^* + \ln P - \ln P_f$$

方程两边用时间求导数，就有

$$\frac{\frac{\mathrm{d}e}{\mathrm{d}t}}{e} = \frac{\frac{\mathrm{d}e^*}{\mathrm{d}t}}{e^*} + \frac{\frac{\mathrm{d}P}{\mathrm{d}t}}{P} - \frac{\frac{\mathrm{d}P_f}{\mathrm{d}t}}{P_f}$$

我们取 e 的增长率 $\frac{\frac{\mathrm{d}e}{\mathrm{d}t}}{e}$ 为 δ，e^* 的增长率 $\frac{\frac{\mathrm{d}e^*}{\mathrm{d}t}}{e^*}$ 为 δ^*，国内通货膨胀率 $\frac{\frac{\mathrm{d}P}{\mathrm{d}t}}{P}$ 为 π，国外通货膨胀率 $\frac{\frac{\mathrm{d}P_f}{\mathrm{d}t}}{P_f}$ 为 π^*。就有：

$$\delta = \delta^* + (\pi - \pi^*)$$

上述方程式表明，一个经济的名义汇率的相对变化率等于实际汇率的增长率加上国内外通货膨胀率之差。当满足购买力平价条件时，实际汇率恒等于 1，e^* 的增长率等于 0，我们就有：

$$\delta = \pi - \pi^*$$

此时，如果一个经济相对于国外通货膨胀较高，则随着时间推移，名义汇率将上升，本币将贬值；相反地，如果一个经济相对于国外通货膨胀较低，则随着时间推移，名义汇率将下降，本币将升值。

9.6 汇率制度

汇率制度(exchange rate regime)又称汇率安排(exchange rate arrangement)，是指一国中央银行对本国汇率水平变动方式所制定的一系列规定或安排。基本汇率制度可以分为两大类型：浮动汇率制(floating exchange rate regime)和固定汇率制(fixed exchange rate regime)。

浮动汇率制是指中央银行不规定本币汇率上下波动的界限，也不再承担维持汇率波动界限的义务，汇率随外汇市场供求关系变化而上下自由浮动的一种汇率制度。当今世界上的绝大多数国家采取了介于固定汇率和浮动汇率之间的汇率制度。这里为了方便起见，仅对固定汇率制和浮动汇率制进行分析。

固定汇率制是指中央银行把本币汇率基本固定在一定的水平上的一种汇率制度。当外汇市场上出现供求不平衡时，中央银行就进行反向操作。在本币供大于求、汇率上升时，中央银行使用外汇和黄金买入本币，抑制汇率上升；在本币供小于求、汇率下降时，中央银行卖出本币，阻止汇率下降。严格意义上的固定汇率制只发生在盛行于 1880—1914 年间的金本位制和二战结束后至 20 世纪 70 年代初的布雷顿森林体系(Bretton Woods system)期间。布雷顿森林体系崩溃后,虽然大多数国家仍然选择钉住美元汇率制度,但已经不是传统意义上的固定汇率制,浮动汇率制应运而生。钉住美元制有别于布雷顿森林体系期间的固定汇率制。A 国采用钉住美元制,仅意味着 A 国货币与美元之间保持固定比价,但与其他货币之间的汇率是否固定,则取决于美元与相关国家货币之间是否固定。比如,日元与美元之间浮动,则意味着 A 国货币与日元也浮动了。

金本位制

金本位制(gold standard)就是以黄金为本位币的货币制度。在历史上,曾有过三种形式的金本位制:金币本位制(gold specie standard)、金块本位制(gold bullion standard)和金汇兑本位制(gold exchange standard)。其中金本位制最典型的形式是金币本位制,金币本位制就是狭义的金本位制。

在金币本位制下,每单位的货币价值等同于若干重量的黄金(即货币含金量)。当不同国家使用金币本位时,国家之间的汇率由它们各自货币的含金量之比——金平价来决定。金本位制于 19 世纪中期开始盛行。

第一次世界大战以后,在 1924—1928 年间,资本主义世界曾出现了一段相对稳定的时期,主要资本主义国家的生产都先后恢复到大战前的水平,并有所发展。各国企图恢复金本位制。但是,由于金铸币流通的基础已经遭到削弱,不可能恢复典型的金本位制。当时,除了美国以外,其他大多数国家只能实行没有金币流通的金本位制,这就是金块本位制和金汇兑本位制。

金块本位制又称"生金本位制",是指国内不铸造、不流通金币,只发行代表一定重量黄金的银行券(或纸币)来流通,而银行券(或纸币)又不能自由兑换黄金和金币,只能按一定条件向发行银行兑换成金块。

金汇兑本位制又称"虚金本位制",是指一国货币一般与另一个实行金本位制或金块本位制国家的货币保持固定的比价,并在后者存放外汇或黄金作为平准基金,从而间接地实行了金本位制。

金块本位制和金汇兑本位制由于不具备金币本位制的一系列特点,因此也称为不完全或残缺不全的金本位制。在 1929—1933 年间的世界性经济大危机的冲击下,各国逐渐放弃了这两类制度,纷纷实行了不兑现信用货币制度。

第二次世界大战后,建立了以美元为中心的国际货币体系(即布雷顿森林体系),这实际上是一种金汇兑本位制,美国国内不流通金币,但允许其他国家政府以美元向其兑换黄金,美元是其他国家的主要储备资产。但其后受美元危机的影响,该制度也逐渐开始动摇,至 1971 年 8 月美国政府停止美元兑换黄金,并先后两次将美元贬值后,这个残缺不全的金汇兑本位制也崩溃了。

执行金本位制国家的货币可以按其固定的含金量大小进行兑换。因此,金本位制是一种固定汇率制。

布雷顿森林体系

1944年，同盟国中的主要工业化国家的经济代表们在美国新罕布什尔州的布雷顿森林举行了联合国和同盟国货币金融会议，会议期间确立了以美元为中心的国际货币体系，即布雷顿森林体系。该体系的主要内容是：一是美元与黄金挂钩。各国确认1944年1月美国规定的35美元一盎司的黄金官价，即每一美元的含金量为0.888671克黄金。各国政府或中央银行可按官价用美元向美国兑换黄金。二是其他国家的货币与美元挂钩。其他国家政府或中央银行规定各自货币的含金量，通过含金量的比例确定同美元的汇率。各国货币对美元的汇率，只能在法定汇率上下各1%的幅度内波动。

但是，在20多年的实行过程中，各国也都逐渐意识到了固定汇率的一些缺陷和不足之处。例如，美元的清偿能力和对美元的信心构成了不可调和的矛盾，表现为美元的国际货币储备地位和国际清偿力的矛盾，储备货币发行国与非储备货币发行国之间政策协调的不对称性，以及固定汇率制下内外部目标之间的两难选择等。随着美国相对经济实力的下降，这种矛盾日益突出。到了20世纪70年代初，在遭受到美国政府的不断违约打击后，所有工业化国家都放弃了布雷顿森林体系，采用了浮动汇率。

9.7 开放宏观经济模型

在介绍了上面这些预备知识后，我们可以将 *IS-LM* 模型扩展到开放经济中去了。这里我们首先将介绍 *IS-LM* 模型在小型开放经济中的蒙代尔—弗莱明模型。我们从“本国”的视角进行分析，而将世界其余地区当做一个经济，并称之为“国外(或世界)”。

为了讨论问题的方便起见，我们假定所研究的经济是一个资本完全流动的小型开放经济。这个假设意味着这个经济在世界经济中是微不足道的一部分，它的任何变化都不会改变世界利率 r^*。相反地，该经济中的利率 r 完全受控于世界利率 r^*。如果暂时出现 $r>r^*$，那么投资者就会将大量资金转移到该国(如将钱存入该国的银行)，很快使该国的利率下降，恢复到 $r=r^*$。同样地，如果暂时出现 $r<r^*$，那么投资者就会将大量资金转移出该国(如将钱从该国的银行取走)，很快使该国的利率上升，恢复到 $r=r^*$。因此，这个经济最终会有：$r=r^*$。

产品和服务市场与 IS^* 曲线

小型开放经济对产品和服务市场的描述与 *IS-LM* 模型大致相同。不同之处在于，除了上面提到的利率变成常数 r^* 外，还增加了净出口项 NX，产品和服务市场用如下方程来表示：

$$Y=C(Y-T)+I(r^*)+G+NX(e^*)$$

在这个方程中，总收入 Y 是消费 C、投资 I、政府购买 G 和净出口 NX 之和。消费 C 与可支配收入 $(Y-T)$ 成正相关，其中 T 代表税收；投资 I 与利率成负相关，但是，利率完全被世界利率 r^* 控制，即 $r=r^*$，所以，投资 $I(r^*)$ 不变，为一常数；净出口与实际汇率 e^* 成正相关。

与 IS-LM 模型一样，在蒙代尔—弗莱明模型中，也假定国内外价格不变。因此，实际汇率与名义汇率正相关，$NX(e)$等价于 $NX(e^*)$，且 $NX(e)$也是 e 的递增函数。上式就可以写成：

$$Y=C(Y-T)+I(r^*)+G+NX(e)$$

这里，我们将该方程称为 IS^* 方程（星号提醒我们此方程不同于封闭经济中的 IS 方程）。它在(Y,e)平面坐标中，为一条向右上方倾斜的曲线。这是因为当汇率升高时，净出口将会增加，从而使收入提高。

下面我们用图 9-5 说明其中的机制。图 9-5(a)和(b)分别表示净出口曲线和凯恩斯交叉图。在 9-5(a)图中，当汇率从 e_1 上升到 e_2 时，净出口将从 $NX(e_1)$增加到 $NX(e_2)$。在图(b)中，净出口的增加使计划支出曲线向上移动了 $\Delta NX=NX(e_2)-NX(e_1)$，使收入从 Y_1 提高到 Y_2。图 9-5(c)给出了一条表示汇率与收入之间关系的 IS^* 曲线：汇率 e 越高，收入水平 Y 也越高。

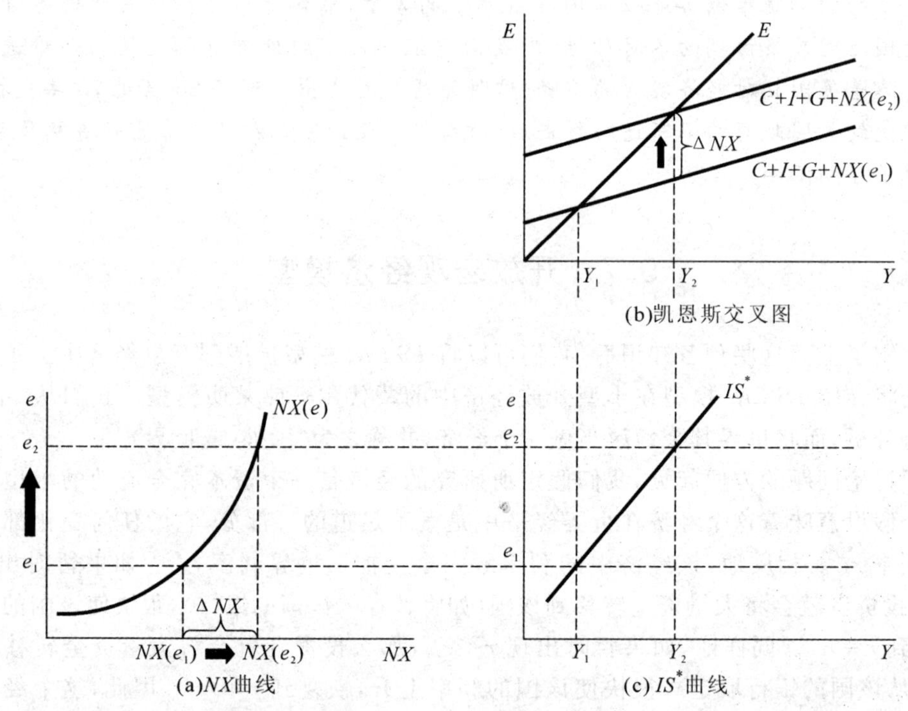

图 9-5　IS^* 曲线

货币市场与 LM^* 曲线

小型开放经济对货币市场的描述也与 IS-LM 模型大致相同，只是利率 r 变成常数 r^*。我们利用下面的方程来描述货币市场：

$$M/P=L(r^*,Y)$$

这个方程表示当国内利率 r 等于世界利率 r^* 时，实际货币余额 M/P 是收入 Y 的递增函数。这里我们称为 LM^* 方程（星号提醒我们此方程不同于封闭经济中的 LM 方程）。它在(Y,e)坐标中，为一条垂直的直线。下面我们用图 9-6 说明其中的机制。图 9-6(a)表示当

国内利率 r 等于世界利率 r^* 时，收入 Y 仅由世界利率 r^* 决定，即 $r=r^*$ 和 $M/P=L(r^*,Y)$ 两条曲线的交点决定了收入水平 Y^*。Y^* 与汇率无关，为一个常数。图 9-6(b)给出了一条汇率与收入之间关系的 LM^* 曲线：LM^* 不受汇率影响，为一条垂直的直线。

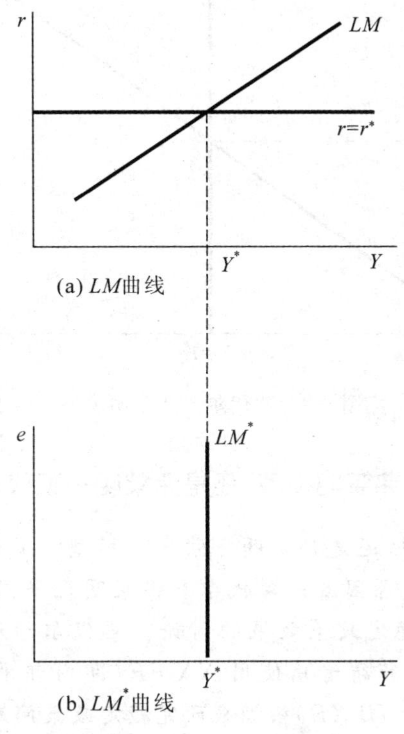

图 9-6　LM^* 曲线

9.8　市场均衡

根据上面的讨论，我们可以用两个方程式来表示资本完全流动的小型开放经济：

$Y=C(Y-T)+I(r^*)+G+NX(e)$　　　　IS^* 曲线

$M/P=L(r^*,Y)$　　　　LM^* 曲线

这一组方程就是所谓的蒙代尔—弗莱明模型。第一个方程描述了小型开放经济产品和服务市场的均衡，第二个方程描述了小型开放经济货币市场的均衡。在蒙代尔—弗莱明模型中，外生变量是财政政策中政府支出 G 和税收 T、货币政策中名义货币存量 M、价格水平 P 以及世界利率 r^*（通常假设不变），内生变量是收入 Y 和名义汇率 e。

图 9-7 显示了这种均衡关系。经济的均衡处于 IS^* 曲线和 LM^* 曲线的交点上。这一交点表示产品和服务市场与货币市场都处于均衡时的汇率与收入水平。下一章我们将用这个图形来分析小型开放经济中总收入 Y 和汇率 e 会对各种经济政策变动做出什么样的反应。

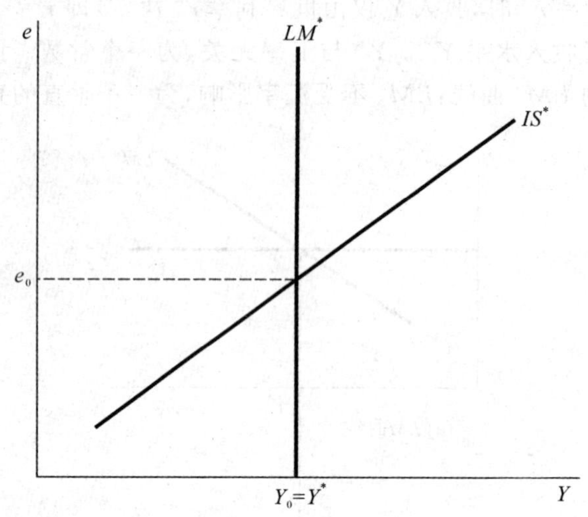

图 9-7　蒙代尔—弗莱明模型

蒙代尔—弗莱明模型,还是弗莱明—蒙代尔模型?

蒙代尔—弗莱明模型,还是弗莱明—蒙代尔模型?关于开放经济稳定政策模型的命名一直争论不休。原因就是蒙代尔和弗莱明几乎同时各自用不同的模型,独立完成了对开放经济稳定政策效果的讨论。蒙代尔师承国际经济学大师米德(1977 年诺贝尔经济学奖获得者),使用 XX-FF(即内部平衡—外部平衡,现在许多教科书上已将它规范为 IB-XB)模型来研究稳定政策问题。相反地,弗莱明使用扩展后的 IS-LM 模型(即今天中级宏观经济学、国际经济学和货币银行学中广泛使用的 IS^*-LM^* 模型或 IS-LM-BP 模型的前身),分析货币政策的效应。客观地说,从政策研究的深度和广度来看,无疑蒙代尔的工作更为深入和全面,且弗莱明在 1962 年那篇著名的论文中还存在一处逻辑上的错误。而从模型的普适性来看,弗莱明的模型则更具一般性,不但可以用来讨论资本完全流动的小国情况,同样也能够用来分析资本不完全流动的大国情况。这一点可以从蒙代尔的学生多恩布什 1976 年的论文中得到很好的证明。多恩布什用扩展后的弗莱明模型,在蒙代尔政策研究的基础上,对政策效应作了更深入的研究,提出了著名的"超调"理论。

1999 年蒙代尔荣获诺贝尔经济学奖(弗莱明已于 1976 年逝世,不可能分享这项巨大荣誉)之后,蒙代尔—弗莱明模型(最早是由多恩布什命名的)的叫法逐渐成为主流,至少在经济学教科书中是这样。不过,在 2000 年以后的经济学学术文献中,开放经济稳定政策模型仍有 4 种叫法:蒙代尔—弗莱明模型、弗莱明—蒙代尔模型、米德—弗莱明—蒙代尔模型和蒙代尔—弗莱明—多恩布什模型。命名完全取决于作者对 4 位大师的个人偏好,因为至少不是全部经济学家都认为蒙代尔对开放经济稳定政策研究的贡献要大于弗莱明。

选择题

1. 按直接标价法,汇率被定义为购买 1 单位外币所需的本币数量(如 1 美元兑换 6.25

元人民币)，一个更低的汇率将(　　)。

A. 使本国货物与外国货物相比价格变低　　B. 刺激出口，减少进口

C. 使净出口减少　　D. 使收入增加

2. 如果现在人民币兑美元的市场汇率(如1美元兑6.5元人民币)高于国家中央银行规定的固定汇率(如1美元兑6.2元人民币)，那么套利者的获利手段是(　　)。

A. 向中央银行购买美元之后在外汇市场卖出

B. 在外汇市场购买人民币之后卖给中央银行

C. 向中央银行购买美元之后在外汇市场卖出

D. B和C

3. 如果英镑的汇率是2美元，那么美元的汇率是(　　)。

A. 2英镑　　B. 1英镑　　C. 3英镑　　D. 0.5英镑

4. 就英镑和美元两种货币来说，如果英镑的汇率上升，那么美元的汇率将(　　)。

A. 上升　　B. 下降　　C. 不确定　　D. 不变

5. 在外汇市场中，下列各选项中(　　)是英镑的供给者。

A. 购买美国股票的英国人　　B. 到英国旅游的美国人

C. 进口英国产品和服务的美国人　　D. 把在美国获得的利润汇回英国的英国人

6. 人民币对美元的汇率下降，将使(　　)。

A. 中国产品和服务相对便宜，美国增加对中国产品和服务的进口

B. 中国产品和服务相对便宜，中国增加对美国产品和服务的进口

C. 中国产品和服务相对昂贵，美国增加对中国产品和服务的出口

D. 中国产品和服务相对昂贵，中国增加对美国产品和服务的出口

7. 人民币对美元升值，将导致(　　)。

A. 中国市场上美国产品和服务价格降低　　B. 中国对美国贸易顺差增加

C. 中国总收入增加　　D. 以上全部正确

8. 如果中国在美国大量出售股票和债券，然后将资金用于购买本国产品和服务，那么对美元所造成的短期影响是(　　)。

A. 美元汇率趋于下降，或者美国的黄金和外汇储备外流

B. 美元汇率趋于上升，或者美国的黄金和外汇储备增加

C. 对美元汇率没有影响

D. 对美元汇率的影响是不确定的

9. 一价定律是指(　　)。

A. 名义汇率等于1　　B. 实际汇率等于1

C. 一种产品和服务价格在世界各不一样　　D. 产地的价格低于消费地的价格

10. 新的 IS^* 曲线在实际收入 Y 与汇率(直接标价法) e 坐标中是一条(　　)。

A. 向右下方倾斜的曲线　　B. 向右上方倾斜的曲线

C. 水平直线　　D. 垂直线

11. 新的 LM^* 曲线在实际收入 Y 与汇率(直接标价法) e 坐标中是一条(　　)。

A. 向右下方倾斜的曲线　　B. 向右上方倾斜的曲线

C. 水平直线　　D. 垂直线

12. 在传统的 IS-LM 模型中，坐标分别为实际收入 Y 与实际利率 r。当汇率下降时，将导致(　　)。

A. 投资上升，IS 曲线向右移动　　B. 净出口增加，IS 曲线向右移动

C. 投资减少，IS 曲线向左移动　　D. 净出口减少，IS 曲线向左移动

13. 对新的 IS^* 曲线来说，除了(　　)，下列因素均会影响其移动。

A. 政府购买　　B. 税收政策　　C. 贸易政策　　D. 劳动力培训

练习题

1. 均衡汇率是如何决定的？影响汇率变化的因素有哪些？
2. 推导出新的 IS^* 曲线。
3. 推导出新的 LM^* 曲线。
4. 什么是一价定律？
5. 为什么小国利率等于世界利率？
6. 什么是小型开放经济？

第十章

汇率制度与经济政策

前面已经用 IS-LM 模型分析了封闭经济的宏观经济政策效应，上一章又介绍了小型开放经济的蒙代尔—弗莱明模型，本章我们用蒙代尔—弗莱明模型和大国开放经济模型（IS-LM-BP 模型）来分析开放经济中的宏观经济管理政策效应。在宏观经济管理层面上，开放经济和封闭经济既有相似之处，又有不同的地方。从政策方式来看，开放经济多了贸易政策的手段。从政策效果来看，开放经济往往会使货币政策或财政政策两者中的一种政策失效。像上一章那样，本章分析也是从资本完全流通的小国经济开始的，然后再扩展到大国开放经济的模型中去。开放经济的政策效果与汇率制度存在密切关系，我们从浮动汇率制和固定汇率制这两种极端情况开始分析讨论。

10.1 浮动汇率下的小型开放经济

我们的分析从当今大多数主要经济体采用的浮动汇率制开始。选择浮动汇率制的经济体允许汇率对经济状况的变动做出反应，并让汇率自由变动。在浮动汇率制下，开放经济通过调整汇率实现产品和服务市场与货币市场的均衡。下面我们用蒙代尔—弗莱明模型来分析浮动汇率制下，财政政策、货币政策和贸易政策（trade policy）对小型开放经济的影响。

财政政策

假定当经济不景气的时候，政府通过增加政府购买或减税刺激国内支出。由于这些扩张性财政政策增加了计划支出，它们将使 IS^* 曲线向右移动，如图 10-1 所示，从 IS_1^* 向右移到 IS_2^*，结果汇率下降，从 e_1 降至 e_2，而收入不变，仍然保持在 Y^* 水平。也就是说，如果一个小型开放经济选择了浮动汇率制，那么财政政策就无效了。

财政政策在小型开放经济中的效应与在封闭经济中差别很大。我们不妨回忆一下封闭经济的情况。政府购买增加，只要挤出效应小于政府购买效应（即排除 LM 曲线垂直的情况外），政府购买增加的部分总会超过民间投资减少的部分，从而导致收入的提高。相反地，在小型开放经济中不存在这种效应。财政扩张开始会使收入出现增长，从而使利率 r 上升，超

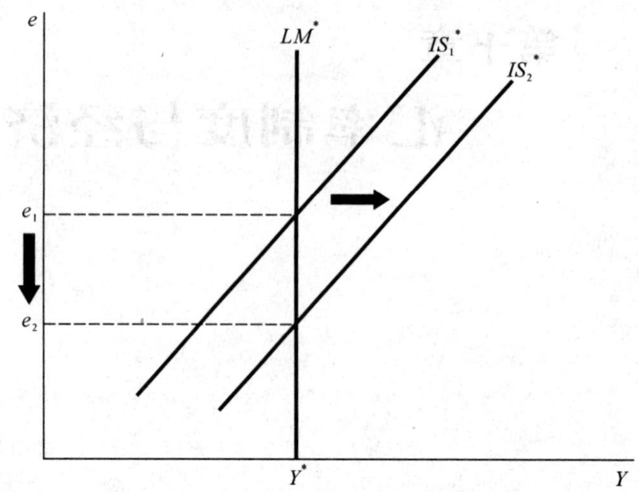

图 10-1　浮动汇率下的财政扩张

过世界利率 r^*，因此国外资本就会流入以追求更高的回报。这种资本流入不仅会将利率推回到 r^*，同时它还会对收入产生影响。由于国外投资者需要买进本币在国内经济中进行投资，资本流入增加了外汇市场上对本币的需求，汇率下降，本币升值，从而降低了净出口。而净出口的下降又会抵消扩张性财政政策引起的收入增加。

货币政策

现在再假定中央银行增加了货币供给。由于假定物价水平是固定的，货币供给的增加意味着实际货币余额的增加。实际货币余额的增加使 LM^* 曲线向右移动，如图 10-2 所示，从 LM_1^* 向右移至 LM_2^*。结果导致收入增加，从 Y_1 增加到 Y_2，汇率上升，从 e_1 上升到 e_2。也就是说，如果一个小型开放经济选择了浮动汇率制，那么货币政策是有效的。

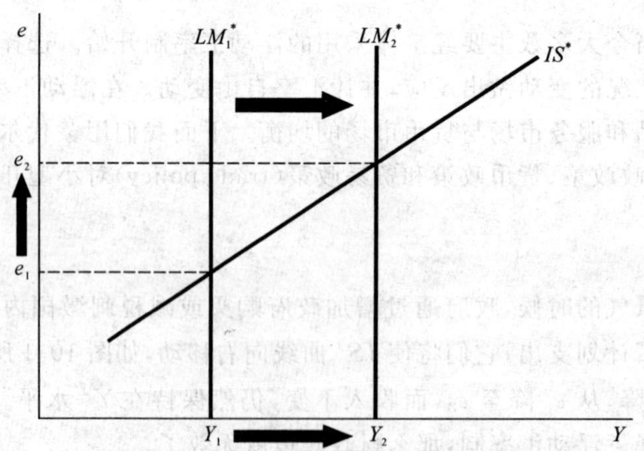

图 10-2　浮动汇率下的货币扩张

尽管货币政策对封闭经济和小型开放经济所产生的效果有些相似，但两者的传导机制却是不同的。在封闭经济中，货币供给增加，导致利率下降，进而诱发投资和收入增加。而在小型开放经济中，国内利率 r 是不变的，只能等于世界利率 r^*。货币供给增加起初会使国内利率 r 稍低于世界利率 r^*，此时，投资者会到其他地方寻求更高的收益，所以资本便从该经济中流出。这种资本流出阻止了国内利率 r 下降到世界利率 r^* 以下。同时它还产生了另一种效应：由于国内投资者欲投资海外，就需要把本币兑换成外币，资本流出增加了本币在外汇市场上的供给，导致汇率提高，本币贬值，进而刺激净出口和收入上升。

贸易政策

与封闭经济不同，除了财政政策和货币政策外，开放经济中的政府还有采取贸易政策的选项。本章使用的贸易政策一般指保护性贸易政策，也称贸易限制政策。它是政府制定的为了保护本国相关产业或增加净出口，而采取的降低进口配额和增加进口关税等限制进口的政策。

现在我们再假设政府实施贸易限制政策。在政府通过实行进口配额或关税等限制进口措施来减少对进口产品与服务的需求后，NX 曲线向右移动，如图 10-3(a)所示，从 NX_1 向右移至 NX_2，进而使 IS^* 曲线也发生了向右移动，如图 10-3(b)所示，从 IS_1^* 向右移到 IS_2^*，结果导致汇率下降，从 e_1 降至 e_2，而收入不变，仍然保持在 Y^* 水平。也就是说，如果一个小型开放经济选择了浮动汇率制，那么贸易政策是无效的。

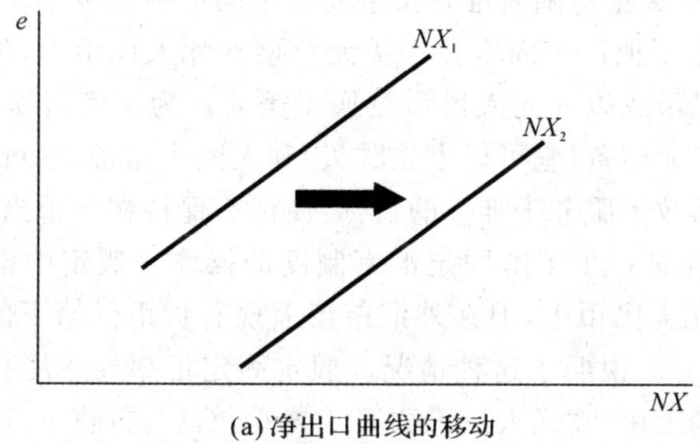

(a)净出口曲线的移动

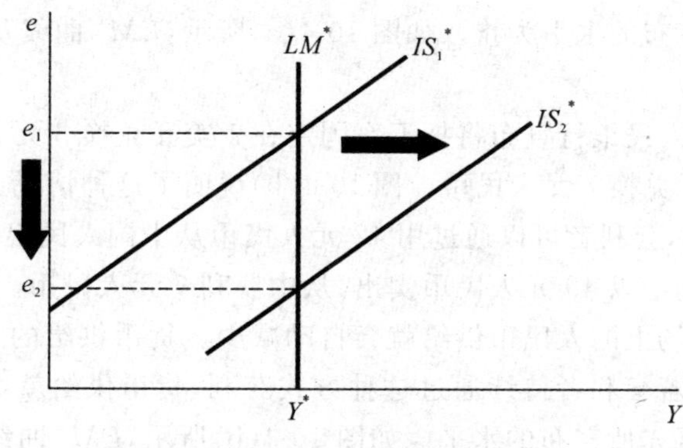

(b)经济均衡的变动

图 10-3　浮动汇率下的贸易限制

贸易限制政策对小型开放经济的影响机制与财政政策相似。在贸易政策执行初期，由于净出口增加而使收入 Y 出现相应增加，但收入 Y 的增加会提高对本货的需求，对国内利率 r 产生上升的压力。当国内利率 r 稍高于世界利率 r^* 时，国外资本就会流入国内，以追求更高的投资回报。这种资本流入不仅会将国内利率 r 推回到 r^*，而且还会影响净出口。当国外投资者需要买进本币在国内进行投资时，势必会增加外汇市场对本币的需求，从而促使汇率下降，本币升值，进而降低净出口。最终，汇率上升造成的净出口下降正好抵消了保护性贸易政策产生的净出口增加。两者相互抵消，使得贸易政策对收入不会产生任何影响。

10.2 固定汇率下的小型开放经济

现在我们把分析转向第二种汇率制度，即固定汇率制度。在 20 世纪 50 年代和 60 年代，世界大部分主要国家都在布雷顿森林制度之下运行。布雷顿森林制度是一种国际货币制度，在布雷顿森林制度下大多数政府都同意将汇率保持固定。在布雷顿森林制度崩溃之前，全球大部分主要国家实行的是一种固定汇率制。

固定汇率制度的运行

在固定汇率制下，中央银行随时准备按事先决定的汇率从事本币与外币的买卖。例如，假定中国人民银行宣布要把汇率固定在 1 美元兑换 6 元人民币上，那么它就得随时准备能以 1 美元兑换 6 元人民币或以 6 元人民币兑换 1 美元。为了实行这种政策目标，中国人民银行就需要有充足的美元储备（它可以事先购买）和人民币储备（它可以随时发行）。固定汇率使得一个国家的货币政策服务于唯一的目标：使汇率保持在货币当局所宣布的水平。

我们将通过图 10-4 进一步了解固定汇率制度的操作。假定中国人民银行宣布将汇率固定在 1 美元兑换 6 元人民币上，但在外汇市场上现有货币供给下的均衡汇率是 1 美元兑换 5 元人民币。图 10-4(a)说明了这种情况。假定固定汇率(e_s)大于均衡汇率(e_e)。这时，套利者可以在外汇市场上用 30 元人民币购买 6 美元，然后，再将这 6 美元以 36 元人民币卖给中国人民银行，从中获利 6 元人民币。当中国人民银行从套利者手中购买这些美元时，它为此支付的人民币就会自动地增加货币供给。货币供给的增加会使 LM^* 曲线向右移动，均衡汇率上升。随着套利者持续通过这种方式获利，货币供给就会不断增加，直到均衡汇率上升到货币当局事先所宣布的水平为止。如图 10-4(a)所示，LM^* 曲线从 LM_1^* 开始向右移到 LM_2^*，使 $e_s=e_e$。

相反地，假定中国人民银行宣布将把汇率固定在 1 美元兑换 6 元人民币上，而均衡状态的市场汇率却是 1 美元兑换 7 元人民币。图 10-4(b)说明了这种情况。假定固定汇率(e_s)小于均衡汇率(e_e)。这时，套利者可以通过用 42 元人民币从中国人民银行购买 7 美元，然后再将这 8 美元在外汇市场上以 49 元人民币卖出，从中获利 7 元人民币。当中国人民银行卖出美元买进人民币时，市场上的人民币供给就会自动减少。货币供给的下降使 LM^* 曲线向左移动，均衡汇率降低。若套利者持续通过这种方式获利，货币供给就会不断下降，直到均衡汇率下降到货币当局事先所宣布的水平。如图 10-4(b)所示，LM^* 曲线从 LM_1^* 开始向左移到 LM_2^*，使 $e_s=e_e$。

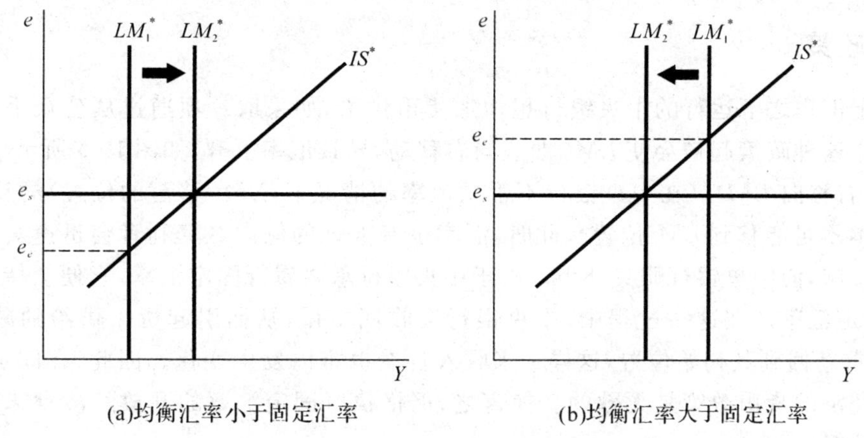

(a)均衡汇率小于固定汇率　　(b)均衡汇率大于固定汇率

图 10-4　固定汇率对货币供给的影响

这种汇率制度所要固定的是名义汇率，牢记这一点是很重要的。它是否也固定实际汇率将取决于我们所考虑的时间范围。如果价格像在长期中那样是有弹性的，那么保持名义汇率不变政策并不会影响任何实际变量，包括实际汇率在内。固定的名义汇率只影响货币供给与价格水平。然而，蒙代尔—弗莱明模型所描述的是短期经济，即此时价格是固定的，因此固定的名义汇率也就意味着固定的实际汇率。

财政政策

现在，我们来考察财政政策是如何影响选择固定汇率的小型开放经济的。假定政府通过增加政府购买或减少税收来刺激经济。这种政策使 IS^* 曲线向右移动，如图 10-5 所示，从 IS_1^* 向右移到 IS_2^*，这对汇率产生了下降的压力。但是，由于中央银行随时准备按已经宣布的固定汇率 e^* 进行外币与本币的交换，套利者对汇率下降做出的迅速反应是把外汇卖给中央银行，这就会自动地引起货币供给的增加。货币供给的增加会使 LM^* 曲线向右移动，如图 10-5 所示，从 LM_1^* 向右移到 LM_2^*。结果将使得收入增加，从 Y_1 增加到 Y_2。因此，在固定汇率下，财政扩张将会增加收入。也就是说，如果小型开放经济选择了固定汇率制，那么财政政策将是有效的。

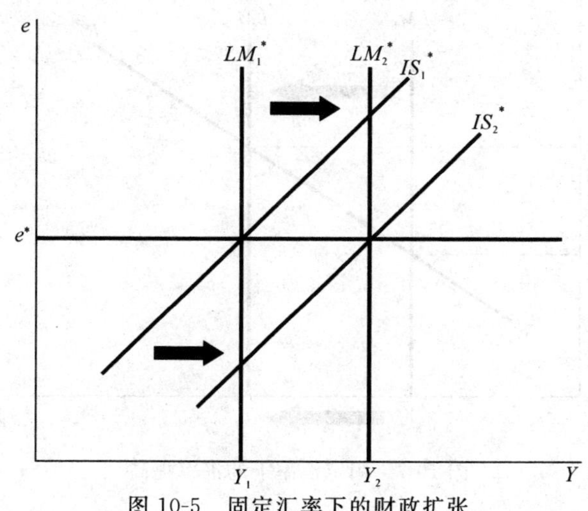

图 10-5　固定汇率下的财政扩张

货币政策

在固定汇率之下运行的中央银行想增加货币供给，如采取一项通过从公众手中购买债券的方式。这种政策起初会使 LM^* 曲线向右移动，导致汇率上升，如图 10-6 所示，存在一种从 LM^* 向右移向 $LM^{*\prime}$（在中央银行不干预汇率的情况下，LM^* 移至的位置）的趋势（实际上 LM 根本不可能移到 LM' 位置），此时，汇率也有上升的倾向。套利者会迅速对汇率上升倾向做出反应，向中央银行购买外币。由于中央银行承诺履行固定汇率，它便会持续出售外汇，从而稳定汇率。在这一过程中，中央银行会收回本币，从而引起货币供给的减少，并使 LM^* 曲线重新回到其初始位置，这样一来收入自然也难以发生变化。因此，在固定汇率下，小型开放经济的货币政策是无效的。换言之，严格执行固定汇率的开放经济意味着放弃独立的货币政策。

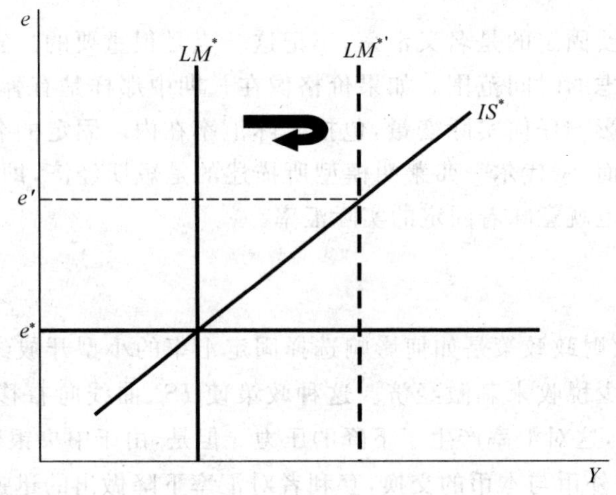

图 10-6　固定汇率下的货币扩张

然而，一个采用固定汇率的国家也可以采用另一种货币政策形式，即它可以决定改变其所要固定的汇率水平。当需要货币扩张时，可以通过提高固定汇率的汇率水平，如图 10-7

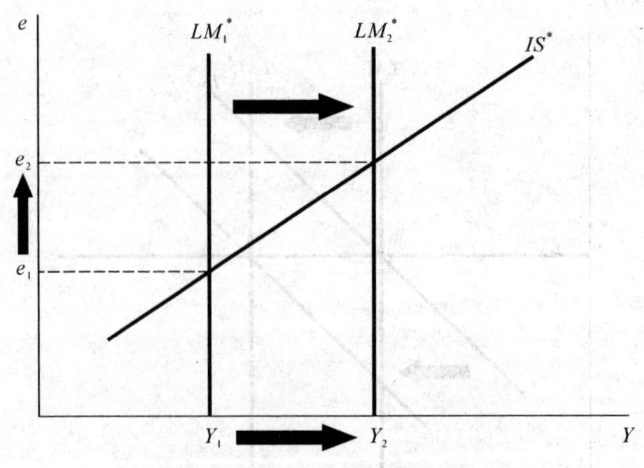

图 10-7　固定汇率下的汇率提高

所示，汇率将从 e_1 上升到 e_2，为了使本币贬值到新的水平 e_2，中央银行就要扩大货币供给，使 LM^* 曲线向右移动，从 LM_1^* 向右移至 LM_2^*。本币贬值可以增加净出口，提高收入，Y 将从 Y_1 增加到 Y_2。

大萧条中的货币贬值与经济复苏

20 世纪 30 年代的大萧条是一个全球性难题。尽管美国的股市崩盘事件可能加速了衰退的来临，但是所有的世界主要经济体都经历了生产和就业的巨大下降。然而，并不是所有的政府都以同样的方式对这场灾难作出反应。

在大萧条之前，西方各国都采用金本位下的固定汇率。在遭遇大萧条后，一部分国家，如丹麦、荷兰、挪威、瑞典和英国等，先后宣布减少本国通货的含金量 50% 左右，实行货币贬值；相反地，另一部分国家，如法国、德国、意大利和荷兰等，却维持黄金与本国通货之间的原有兑换率。

这两组国家此后的经历证明了蒙代尔—弗莱明模型的预测。结果，实行通货贬值的国家迅速从大萧条中复苏过来，而那些没有通货贬值的国家却在萧条中遭受了更长时间的困难。

贸易政策

假定政府通过设置进口配额或提高关税来减少进口。这种政策使净出口曲线向右移动，从而也使 IS^* 曲线向右移动，如图 10-8 所示，从 IS_1^* 向右移到 IS_2^*。IS^* 曲线的右移会降低汇率。外汇市场上，本币升值将会引发外汇兑换本币的风潮。为了使汇率保持在已经宣布的固定水平上，中央银行不得不增加货币供给。这将使 LM^* 曲线向右移动，如图 10-8 所示，从 LM_1^* 向右移至 LM_2^*。结果导致收入增加，从 Y_1 增加到 Y_2。因此，在固定汇率下，贸易限制政策可以起到增加收入的作用。也就是说，如果一个小型开放经济选择了固定汇率制，那么贸易限制政策将是有效的。

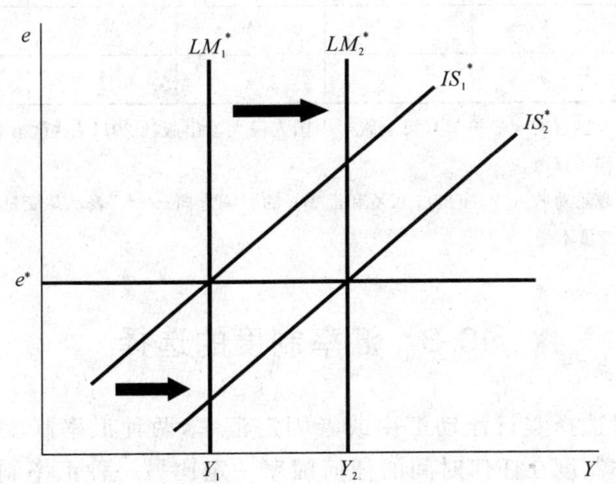

图 10-8　固定汇率下的贸易限制

固定汇率下贸易限制政策的结果完全不同于浮动汇率下贸易限制政策的结果。在这两种情况下，贸易限制政策都会使净出口曲线向右移动，但是只有在固定汇率下，贸易限制政策才会真正增加净出口 NX。原因是固定汇率下贸易限制政策引起了货币扩张，而不是汇率升值。同时，货币扩张又提高了总收入水平。

蒙代尔谈蒙代尔—弗莱明模型

蒙代尔认为蒙代尔—弗莱明模型中的财政政策与货币政策之分主要适用于资本市场发达的西方经济发达国家，而不适用于资本市场欠发达的发展中国家。这是因为发展中国家缺乏良好的本国货币交易的资本市场，政府无法通过向本国资本市场举债来筹款，以弥补增加政府购买或减税所产生的财政赤字。当政府选择了扩张性财政政策后，出现的财政赤字最终只能依靠中央银行的货币扩张来解决。所以，这些国家没有真正意义上的财政政策，只有货币政策。另外，在这些国家，扩张性经济政策还有可能引来国际投机者对本币汇率的冲击。因此，蒙代尔特别希望别人谈及发展中国家经济问题时，不要胡乱套用蒙代尔—弗莱明模型。

蒙代尔—弗莱明模型的政策效应总结

蒙代尔—弗莱明模型表明，任何经济政策的效应都取决于汇率制度。表 10-1 概述了财政政策、货币政策和贸易政策对收入、净出口和汇率的短期效应。具体地说，在浮动汇率制度下，只有货币政策有效，而财政政策和贸易政策无效；相反地，在固定汇率制度下，财政政策和贸易政策有效，而货币政策无效。

表 10-1　蒙代尔—弗莱明模型的政策效果

汇率制度 / 政策类型	浮动汇率			固定汇率		
	Y	NX	e	Y	NX	e
扩张性财政政策	0	↓	↓	↑	0	0
扩张性货币政策	↑	↑	↑	0	0	0
保护性贸易政策	0	0	↓	↑	↑	0

资料来源：格利高里·曼昆：《宏观经济学》(第七版)，中国人民大学出版社 2011 年版，第 306 页。因本书与原书选用的汇率标价法不同，这里略作了修改。

注：本表说明各种经济政策对收入 Y、净出口 NX 和汇率 e 的影响方向。“↑”表示某变量增加或上升，“↓”表示某变量减少或下降，“0” 表示某变量不变。

10.3　汇率制度的选择

每个国家都可以选择实行浮动汇率或者固定汇率，两种汇率制度都有各自的优缺点。我们不能说一种汇率制度在任何时间的任何国家一定比另一种汇率制度更优越。然而，我们可以列出选择某种制度的理由。

在众多支持选择浮动汇率的理由中，人们首先想到是浮动汇率制可以使货币决策者利用独立的货币政策自由地追求其他稳定经济的目标，如促进就业和稳定物价。其次，浮动汇率可以自发调节国际收支,不必在本币面临贬值冲击时,为履行固定汇率的承诺而大量抛售黄金和外汇,即可以减少黄金与外汇储备流失。再者,浮动汇率在应对大规模外汇投机冲击时有很大的弹性,有助于遏制大规模的外汇投机风险。从实践来看,浮动汇率的最大缺点是汇率的不确定性制约了国际贸易的发展,这种缺点在发展中国家表现得尤为突出。

固定汇率的支持者认为,首先,固定汇率可以稳定汇率,避免汇率波动风险,从而有利于国际贸易、国际信贷和国际投资的各参与主体进行成本利润的核算。其次,固定汇率还可以减少国际投资者在外汇市场上的非理性投机行为,减少经济泡沫,有利于经济的稳定发展。再者,固定汇率可以控制货币供给过度增长,防止恶性通货膨胀。固定汇率的缺点是易受外汇投机攻击,货币当局不得不储备大量黄金和外汇。在捍卫固定汇率时,中央银行还可能不得不损失大量的黄金和外汇储备。

其实,浮动汇率与固定汇率之间的选择并非如人们所想象的那么严格。在执行固定汇率时,如果维持汇率与其他目标发生严重冲突,各国也可以改变其货币的价值。在执行浮动汇率时,当决定扩大还是紧缩货币供给时,各国常常使用正式或非正式的汇率目标。我们很少看到选择完全固定或完全浮动的汇率制度的国家。相反地,在这两种制度下,汇率稳定通常也是中央银行运作所追求的目标之一。

亚洲金融危机

在1997年之前,东南亚诸国和韩国普遍经历了一段较长的经济高速增长时期。然而,这些高速增长并不是建立在技术进步的基础上,而是通过大量借入外债来支撑的。到了20世纪90年代中期,这些国家已经出现资源配置严重失当,不良资产猛增:在东南亚国家,房地产泡沫造成了大量银行贷款的坏账和呆账;在韩国,由于大企业通过各种裙带关系从银行获得大量贷款用于低效率项目,一旦企业状况不佳,大量不良资产就会立即显现出来。

在国际金融炒家的持续冲击下,自1997年7月开始,东南亚各国、韩国、日本、中国台湾和香港等国家和地区的大部分金融指标(如短期利率、汇率、证券价格、房地产价格、土地价格、商业破产数和金融机构倒闭数等)出现急剧、短暂和超周期的恶化现象。除香港外,上述其他国家和地区的货币大幅度贬值,以1998年3月底与1997年7月初的汇率比较,这些国家和地区的货币对美元汇率跌幅超过10%,其中受打击最大的是泰铢、韩圆、印尼盾和新元,分别贬值39%、36%、72%和61%。股市也遭受重挫,以1998年3月底与1997年7月初比较,这些国家和地区的股市价值急剧缩水高达1/3以上。GDP出现负增长,其中印度尼西亚GDP下降16%。大量企业和金融机构倒闭,失业人口急增。泰国和印度尼西亚分别关闭了56家和17家金融机构。危机发生一年后,泰国破产、关停企业超过万家,失业人数达270万,印度尼西亚失业人数达2000万。韩国排名居前的20家企业集团中有4家破产。在日本,包括山一证券在内的多家全国性金融机构出现大量亏损和破产倒闭。各国和各地区信用等级普遍下降。

引发这次金融危机的直接导火绳是以索罗斯为首的国际金融炒家投机性地攻击这些国家和地区的汇率,迫使这些国家和地区放弃固定汇率,以从中获得巨额收益。这些炒家投机获利的基本步骤是:首先,通过各种“金融杠杆”拆借和囤积大量被高估且钉住美元的货币，如泰铢（泰铢长期以 25∶1 的汇率钉住美元，而美元与其他世界主要货币出现较大幅度的升值后，泰铢确实存在被高估的倾向）。然后，通过各种途径向外散布泰铢将要大幅度贬值的信息。经过一段时间后，这些信息开始在社会上发酵，产生货币贬值的恐慌。接着，这些炒家开始在货币市场上疯狂抛售泰铢，以 25∶1 买入美元，通过羊群效应，诱发社会出现“抛泰铢、换美元”的狂潮。结果，只有区区 270 亿美元储备的泰国央行很快就被打得“弹尽粮绝”，最后不得不宣布放弃 25∶1 的对美元汇率。泰铢出现狂贬，几周内跌至 57∶1。这时，这些炒家再将手中部分美元在货币市场上换成泰铢还掉借款，挣得 100%以上的利润后“干净”退场。

10.4 不可能三角

根据上面对蒙代尔—弗莱明模型的有关讨论，我们可以得到这样的结论：一个国家（或地区）不可能同时实现资本自由流动、固定汇率和独立的货币政策这三大目标。1999 年克鲁格曼用一个三角形表示了这种关系（见图 10-9）。这个三角形就是所谓的不可能三角(impossible trinity)，许多教科书也将这个三角称为蒙代尔—克鲁格曼不可能三角，有时也称蒙代尔三元悖论(Mundellian Trilemma)。该图表示一个国家（或地区）必须选择这个三角形一边两端的制度特征，而放弃对角的制度特征。

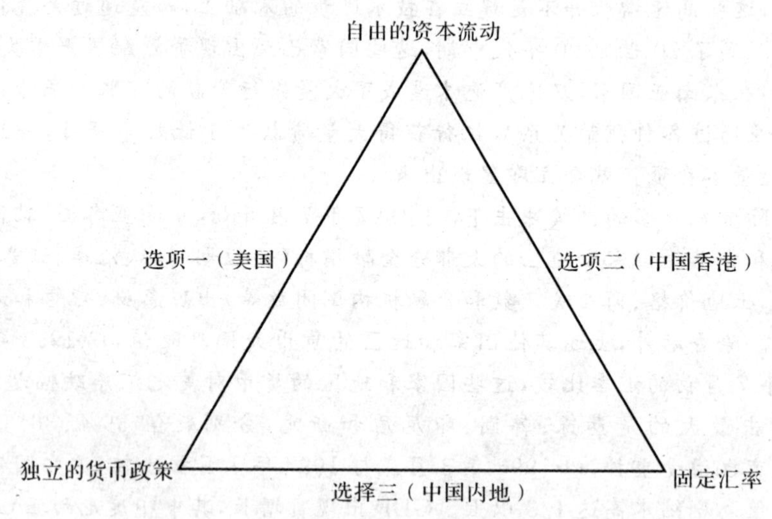

图 10-9 不可能三角

资料来源：格里高利·曼昆：《宏观经济学》（第七版），中国人民大学出版社 2011 年版，第 313 页。

第一个选项是允许资本自由流动和实行独立的货币政策，如美国。在这种情况下，不可能拥有固定汇率制度。汇率必须浮动以平衡外汇市场。

第二个选项是允许资本自由流动和固定汇率，如中国香港。在这种情况下，将失去独立的货币政策。货币政策只服务于钉住某国通货。

第三个选项是允许独立的货币政策和固定汇率，如中国大陆。在这种情况下，必须限制资本自由流动。汇率不再由世界汇率水平所决定，而是由国内的经济力量所决定。这类似于封闭经济中的汇率决定机制。

不可能三角告诉我们，政策当局只能选择上述三种情况中的一种，其完全取决于愿意牺牲掉哪种制度特征。

10.5 总需求曲线

我们已经讨论过封闭经济中总需求曲线是一条向右下方倾斜的曲线，那么，在开放经济中总需求曲线是否还是一条向右下方倾斜的曲线？为了考察这个问题，我们还是从蒙代尔—弗莱明模型开始。不过要注意，由于价格会发生变动，在 IS^* 曲线中还是使用实际汇率 e^*，否则分析起来就会碰到麻烦。

图 10-10 显示，在货币供给不变的情况下，若价格从 P_1 下降到 P_2，则实际货币余额增加，LM^* 曲线从 $LM^*(P_1)$ 向右移动到 $LM^*(P_2)$，如图 10-10(a)所示。实际汇率从 e_1^* 上升到 e_2^*，支出将从 Y_1 增加 Y_2，故支出是价格的递减函数，总需求曲线仍向右下方倾斜，如图 10-10(b)所示。需求曲线综合了价格水平变动时产品和货币市场均衡的情况。任何改变均衡收入的因素都会使总需求曲线发生移动。在给定价格水平下，提高收入的政策和事件(如增加政府支出、减税等)会使总需求曲线向右移动；相反地，在给定价格水平下，减少收入的政策和事件(如减少政府支出、增税等)会使总需求曲线向左移动。

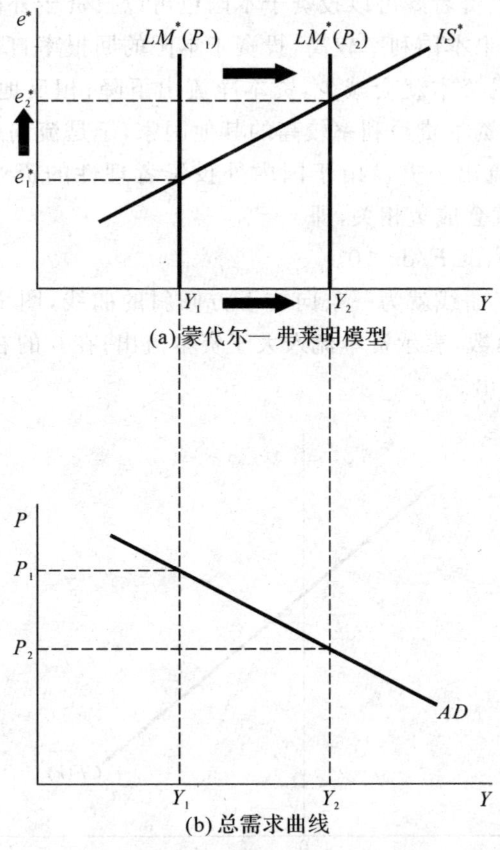

图 10-10 开放经济的总需求曲线

10.6　大型开放经济的 *IS-LM-BP* 模型*

前面我们已经讨论过不受世界利率影响的 *IS-LM* 模型和国内利率等于世界利率的蒙代尔—弗莱明模型。然而，有些国家的经济虽然会受世界经济的影响，也能影响世界经济，或是与世界存在资本流动，但又不完全可自由流动，如美国和中国等。它们的经济运行情况介于 *IS-LM* 模型和蒙代尔—弗莱明模型之间。我们不能将封闭经济模型或小型开放经济模型直接运用于这类经济。下面我们建立介于上述两种模型之间的经济模型——大型开放经济模型。大型和小型开放经济在固定汇率下的政策效应具有相似性；但是，在浮动汇率下，政策效应却有一定的差异性。因此，我们在建立大型开放经济模型的基础上，着重分析了在浮动汇率下大型开放经济的政策效应。

资本净流出

大型和小型开放经济之间的关键差别是资本流动对经济的影响程度。在小型开放经济模型中，资本以一个固定的世界利率 r^* 自由地流入或流出该经济。大型开放经济模型对国际资本流动做出了一个不同的假设。为了说明这点，我们要利用上一章提到的资本净流出这个概念。

在一个开放经济中，投资者既可以投资于本国也可以投资于外国，影响他们投资决策的一个重要因素是利率。如果本国利率较高，投资于本国的回报率自然也就较高，流入本国的资本就会增多，流入外国的资本就会减少，资本净流出下降；相反地，如果本国利率较低，则本国投资者就会倾向于将资本贷给利率较高的其他国家，于是流向外国的资本增多，而流入本国的资本减少，资本净流出上升。由于国内外投资者理性的资产选择行为，资本净流出(CF)与本国的实际利率就会成负相关，即

$$CF=CF(r),\mathrm{d}CF/\mathrm{d}r<0。$$

在(CF,r)平面上，CF 曲线就为一条向右下方倾斜的曲线，图 10-11 说明了这一点。在 0 的左边，资本净流出为负数，表示资本流入大于资本流出；在 0 的右边，资本净流出为正数，表示资本流入小于资本流出。

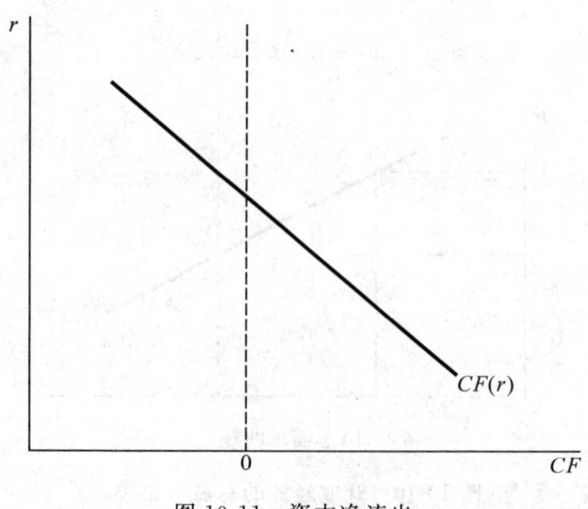

图 10-11　资本净流出

国际收支平衡

我们定义国际收支差额(BP)为净出口减去净资本流出，即 $BP=NX-CF$。根据上一章的讨论，我们知道，国际收支必然平衡，即国际收支差额等于0，或 $NX(e)=CF(r)$。由于此函数与收入无关，故在(Y,r)平面上表现为一条水平的直线。

图 10-12　BP 曲线

由于 X 是 e 的递增函数，CF 是 r 的递减函数，故当 e 提高时，BP 线就会向下移动。例如，在图 10-12 中，如果 e 从 e_1 提高到 e_2，BP 线就会从 $BP(e_1)$下移到 $BP(e_2)$。反之，当 e 降低时，BP 线会向上移动。从这里可以看出，小型经济只是大型经济的一个特例，相对应的 BP 线是一条不会移动的水平直线，即 $r=r^*$。在 BP 线上方表示 $BP>0$，国际收支出现盈余，在 BP 线下方表示 $BP<0$，国际收支出现赤字。

IS-LM-BP 模型*

假定大型开放经济模型中国内外价格也保持不变，并且用名义汇率替代实际汇率。那么，与小型开放经济的不同之处在于，大型开放经济的利率并不由世界金融市场确定。在大型开放经济中，需要考虑利率与资本流动的关系，从产品和服务、货币和外汇市场的平衡去建立经济模型，即：

$Y=C(Y-T)+I(r)+G+NX(e)$　　产品和服务市场均衡

$M/P=L(r,Y)$　　货币市场均衡

$NX(e)=CF(r)$　　外汇市场均衡

上面三个函数对应到(Y,r)平面上就可以分别表示成三条曲线，反映产品和服务市场均衡的是 IS 曲线，反映货币市场均衡的是 LM 曲线，反映外汇市场均衡的是 BP 曲线(见图 10-13)。自然地，在(Y,r)平面上，IS 曲线向右下方倾斜，LM 曲线向右上方倾斜，BP 曲线水平。注意，当 e 提高时，会刺激净出口增长，IS 曲线向右移动；对货币需求和供给都没有影响，LM 曲线不动；导致利率下降，BP 曲线向下移动。

在图 10-13 中，经济均衡处于 IS 曲线、LM 曲线和 BP 曲线三线的交点E 处。E 点是产品和服务市场、货币市场和外汇市场同时达到均衡的点。Y^* 和 r^* 分别表示均衡收入和均衡利率。因为此模型由 IS、LM 和 BP 三条曲线组成(更确切地说，是 IS、LM 和 BP 三张曲面组成)，所以它也被称为 IS-LM-BP 模型。

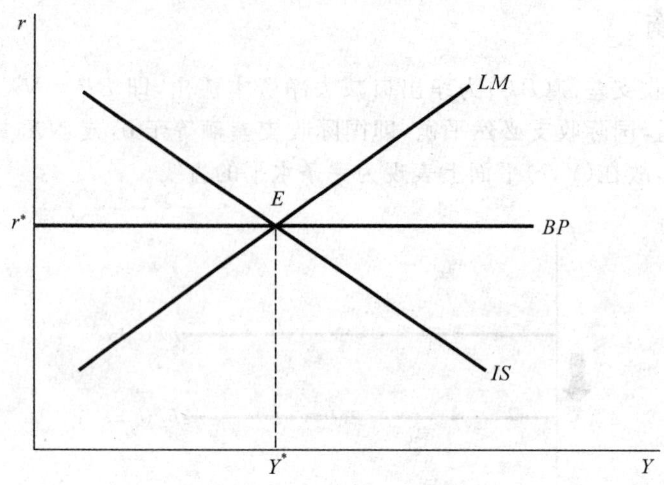

图 10-13 *IS-LM-BP* 模型的均衡

浮动汇率下的财政政策

假定原来经济处于均衡状态，如图 10-14 所示，*IS*、*LM* 和 *BP* 曲线相交于 *A* 点。这时均衡利率、汇率和收入分别为 r_1、e_1 和 Y_1。政府通过增加政府购买或减少税收刺激经济。由于这种扩张性财政政策增加了计划支出，比如政府购买从 g_1 增加到 g_2，这将引起 *IS* 曲线向右移动。如果汇率不变，*IS* 曲线将会从 $IS(g_1,e_1)$ 向 $IS(g_2,e_1)$ 移动，如图 10-14 中的虚线所示。

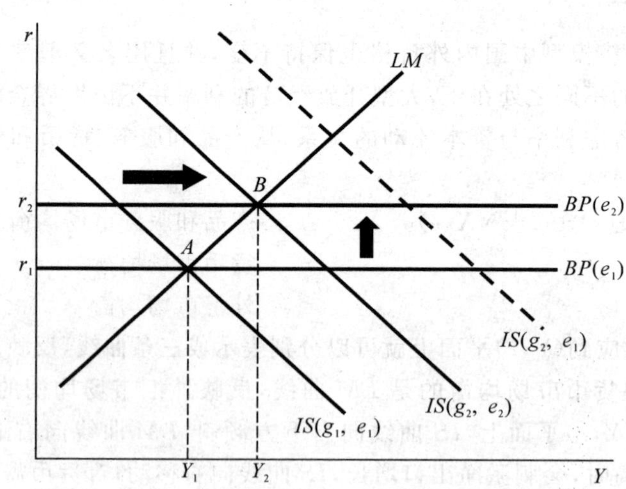

图 10-14 浮动汇率下的大型开放经济财政扩张

然而，在上述移动过程中，国际收支会产生盈余，引发本币升值，汇率下降，进而导致 *BP* 线向上移动。汇率下降使 *IS* 曲线不可能移动到 $IS(g_2,e_1)$，而是移到 $IS(g_2,e_2)$，与 $BP(e_2)$ 和 *LM* 曲线再次相交于 *B* 点。$IS(g_2,e_2)$ 位于 $IS(g_2,e_1)$ 左边。此时的均衡利率 r_2 和均衡收入 Y_2 均高于 r_1 和 Y_1。与小型开放经济不同，大型开放经济在浮动汇率下的财政政策是有效的，只是效果不如固定汇率制度下那么明显。其原因是除了挤出效应外，还有汇率下降抑制净出口的因素:当利率上升时,外汇市场上汇率降低,净出口减少。这一点与小型开放经济类似。不过大型开放经济的汇率下降抑制效应要小得多,其并没有完全抵消财政的购买效应。

浮动汇率下的货币政策

假定原来经济处于均衡,IS、LM 和 BP 曲线相交于 A 点。这时均衡利率、汇率和收入分别为 r_1、e_1 和 Y_1。中央银行开始增加货币供给,如通过从公众手中购买债券。这种政策起初会使 LM 曲线向右移动,如图 10-15 所示,使 LM 曲线从 $LM(M_1)$ 移到 $LM(M_2)$,这时国际收支出现赤字。本币贬值,汇率升高,BP 线向下移动,IS 曲线向右移动。最终,BP 曲线从 $BP(e_1)$ 移到 $BP(e_2)$,IS 曲线从 $IS(e_1)$ 移到 $IS(e_2)$。IS、LM 和 BP 曲线再次相交于 B 点。此时均衡利率、汇率和收入分别为 r_2、e_2 和 Y_2。因此,扩张性货币政策将使利率下降,汇率上升和收入提高。我们可能看到,与小型开放经济类似,大型开放经济的货币政策也是有效的。

如图 10-15 所示,扩张性货币政策使利率下降,除了诱发投资增加外,还会使资本净流出增加,外汇市场上本币贬值,汇率上升,净出口扩大。因此,在大型开放经济中,货币传导机制有两个部分:与封闭经济中一样,货币扩张也会使利率降低,投资增加;与小型开放经济中一样,货币扩张也会导致外汇市场上本币贬值,净出口增加;同理,这两种效应都会导致收入增加。

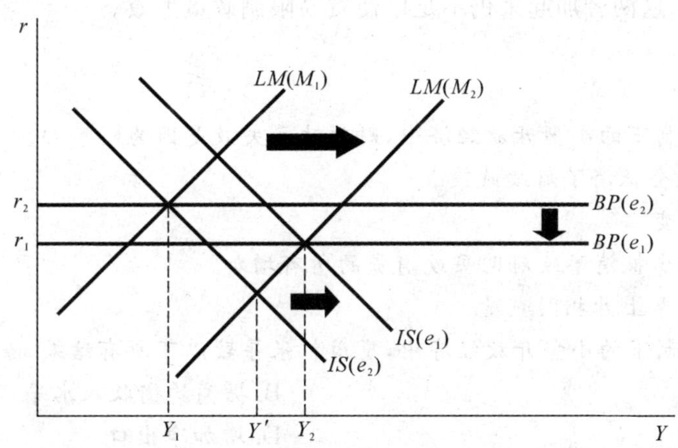

图 10-15　浮动汇率下的大型开放经济货币扩张

浮动汇率下的贸易政策

假定原先经济处于均衡状态,IS、LM 和 BP 曲线相交于 A 点。这时均衡利率、汇率和收入分别为 r_1、e_1 和 Y_1。政府通过保护主义的贸易政策增加净出口。由于这种保护主义的贸易政策使净出口增加,如假定 NX_1 增加到 NX_2,如图 10-16 所示,它会使 IS 曲线向右移动。如果汇率不变,IS 曲线将会从 $IS(NX_1,e_1)$ 移动到 $IS(NX_2,e_1)$。然而,在移动过程中,国际收支会出现盈余,引发本币升值,汇率下降,BP 线向上移动。汇率下降使 NX 只能增加到 $NX_2'(<NX_2)$,IS 曲线也不可能移动到 $IS(NX_2,e_1)$ 水平,而只能移到 $IS(NX_2',e_2)$

(在 $IS(NX_2,e_1)$左边),并与 $BP(e_2)$和 LM 曲线再次相交于 B 点。此时的均衡利率 r_2 和均衡收入 Y_2 均高于 r_1 和 Y_1。因此,与小型开放经济不同,在浮动汇率下,大型开放经济的贸易限制政策是有效的。

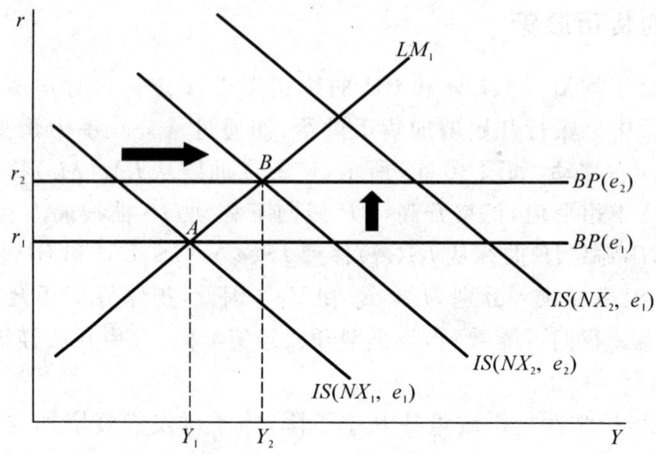

图 10-16　浮动汇率下的大型开放经济贸易限制

图 10-16 显示,与浮动汇率下的小型资本完全流动的开放经济不同,在大型开放经济中,贸易保护会使利率上升,其结果一是导致投资降低,二是使资本净流出减少,本币升值,净出口下降。不过,这两者加起来仍不足以使贸易限制政策失效。

选择题

1. 在浮动汇率制下的小型开放经济中,财政政策失效是因为(　　)。

A. 货币政策完全抵消了财政政策

B. 汇率保持不变

C. 净出口的减少抵消了政府购买或消费的所有增加

D. 汇率将与利率上升相同数量

2. 在浮动汇率制下的小型开放经济中,货币扩张导致以下所有结果,除了(　　)。

A. 降低利率　　B. 提高均衡收入水平

C. 降低汇率　　D. 增加净出口

3. 在浮动汇率制下,贸易限制不影响收入是因为(　　)。

A. 净出口增加但投资减少　　B. 汇率的上升抵消了净出口的初始增长

C. 进口的减少与出口的增加相同　　D. 以上全部正确

4. 固定汇率制下,扩张性财政政策将(　　)。

A. 使央行增加货币供给以防止汇率降低　　B. 增加实际收入

C. 最终使 IS^* 与 LM^* 曲线向右移动　　D. 以上全部正确

5. 固定汇率制下,如果中央银行想要增加货币供给,那么(　　)。

A. 国民收入不受影响

B. 若美联储保持原始的固定汇率,货币供给的初始增长将被抵消

C. (Y,e)图表中的 LM^* 曲线会先向右移动,再向左移动,之后回到它的初始位置

D. 以上全部正确

6. 如果通货贬值导致通货价值下跌，那么(　　)。

A. LM^* 曲线向右移动，净出口与收入均增加

B. LM^* 曲线向右移动，净出口减少，收入增加

C. LM^* 曲线向左移动，净出口与收入均减少

D. IS^* 与 LM^* 曲线均向右移动

7. 固定汇率制下的贸易限制政策(　　)。

A. 与浮动汇率制下的效果相同

B. 将提高国民收入的均衡水平

C. 将使(Y,e)图表中的 IS^* 曲线向右移动，LM^* 曲线向左移动

D. 将导致通货贬值

8. 在蒙代尔—弗莱明模型中，(　　)。

A. 如果汇率固定而不是浮动，那么财政政策与货币政策都会对国民收入有更大的影响

B. 如果汇率浮动而不是固定，那么财政政策与货币政策都会对国民收入有更大的影响

C. 如果汇率固定而不是浮动，那么财政政策会对国民收入有更大的影响；如果汇率浮动，那么货币政策会更有效果

D. 如果汇率浮动而不是固定，那么财政政策会对国民收入有更大的影响；如果汇率固定，那么货币政策会更有效果

9. 持浮动汇率的观点认为，浮动汇率(　　)。

A. 减少不确定因素，促进国际贸易

B. 允许货币政策用于除了维持汇率以外的其他目的

C. 减少汇率的不稳定性

D. 以上全部正确

10. 假设收入的初始水平低于长期均衡水平，那么在价格水平变动的蒙代尔—弗莱明模型中，价格将(　　)。

A. 下降，IS^* 曲线向右移动　　B. 上升，IS^* 曲线向左移动

C. 上升，LM^* 曲线向左移动　　D. 下降，LM^* 曲线向右移动

11. 在蒙代尔—弗莱明模型中，如果在固定汇率制下，除了(　　)都会影响均衡收入。

A. 政府购买　　B. 税收　　C. 利率　　D. 汇率

12. 金本位制存在的一个严重问题是(　　)。

A. 因货币体系调整所引起的通胀或萧条

B. 世界上没有足够的资金作为交换媒介

C. 总是处在非均衡状态

D. 价格趋向于剧烈波动

13. 在金本位制下，如果美联储以每盎司 100 美元卖出黄金，英国中央银行以每盎司 50 英镑卖出黄金，那么均衡汇率将固定在(　　)。

A. 2 英镑兑 1 美元　　B. 0.5 英镑兑 1 美元

C. 1.5 英镑兑 1 美元　　D. 5 英镑兑 1 美元

14. 在大型开放经济的短期模型中，国内利率下降将(　　)。

A. 增加资本净流出，减少净出口，降低汇率

B. 增加资本净流出、净出口，降低汇率

C. 减少资本净流出、净出口，降低汇率

D. 减少资本净流出、净出口，提高汇率

15. 财政政策想要在国民收入的均衡水平上收到最大短期效果，只有在(　　)。

A. 浮动汇率制下的小型开放经济中　　B. 浮动汇率制下的大型开放经济中

C. 封闭经济中　　D. 固定汇率制下的小型开放经济中

练习题

1. 实行浮动汇率制的小型开放经济处于衰退，且实现了贸易平衡。如果政策制定者希望在达到充分就业的同时保持贸易平衡，他们应选择什么样的货币政策和财政政策组合？

2. 设一个经济由下述关系描述：

$Y=C+I+G+NX$，$Y=5000$，$G=1000$，$T=1000$，$C=250+0.75(Y-T)$，$I=1000-50r$，$NX=-500+500e$，$r=r^*=5\%$，

(1)求该经济的储蓄、投资、贸易余额以及均衡汇率；

(2)设 G 增加到 1250，求出新的储蓄、投资、贸易余额以及均衡汇率。

3. 假设一个经济由下述关系描述：

$Y=C+I+G+NX$，$C=80+0.63Y$，$I=350-20r+0.1Y$，$M/P=0.1625Y-10r$，$NX=-500-0.1Y+100e$，$e=0.75-0.05r$，$G=750$，$M=600$，

(1)推导总需求曲线的代数表达式；

(2)若本国价格水平 $P=1$，求均衡时的 Y，r，C，I 和 NX。

4. 假定更高的收入意味着更多的进口，从而降低了净出口。也就是说，净出口函数是 $NX=NX(e,Y)$，分析在以下条件下小型开放经济中财政扩张对收入和贸易余额的影响：

(1)浮动汇率；

(2)固定汇率。

5. 假定货币需求取决于可支配收入，因此货币市场方程变为 $M/P=L(r,Y-T)$，分析在浮动汇率和固定汇率两种制度下的小型开放经济中，减税对汇率和收入的影响。

6. 用蒙代尔—弗莱明模型比较贸易政策在固定汇率和浮动汇率下对经济的影响。

第十一章

总供给理论

为了讨论通货膨胀与失业之间的关系，当代大多数经济学家更喜欢用总供给与总需求模型（*AS-AD* 模型）来分析 GDP、失业、工资和价格等重要经济变量的短期波动。前面我们已经比较详细地考察了总需求问题，在第八章和第九章分别说明了封闭经济和开放经济中总需求曲线向右下方倾斜的原因，以及影响总需求曲线移动的因素。由于实际产出和出清价格是由总需求曲线 *AD* 和总供给曲线 *AS* 共同决定的，其中任何一条曲线的移动和旋转都将导致产出和价格的变化。因此，在分析宏观经济的短期波动时，我们必须要研究总供给曲线。这一章我们将重点讨论总供给理论。

总供给曲线（aggregate supply curve，*AS*）是指反映一个经济体所提供的产出与价格之间存在一一对应关系的曲线。与总需求曲线的情况不同，总供给曲线有长期和短期之分。下面我们先讨论长期总供给曲线（long-run aggregate supply curve，*LAS* 或 *LRAS*），再讨论短期总供给曲线（short-run aggregate supply curve，*SAS* 或 *SRAS*）。

11.1　古典和长期总供给曲线

古典经济学家认为，产品和劳动市场都是完全竞争的，价格和名义工资（nominal wages）是有弹性的（elastic）。所谓名义工资，也称货币工资（money wages），指工人出卖劳动力所得到的货币数量。有弹性的名义工资可以使劳动市场实现唯一均衡——充分就业（full employment）均衡。根据这样的假设，下面我们就来考察古典总供给曲线（classical aggregate supply curve，*CAS*）。

假设起初这个经济在图 11-1(d)中处在均衡点 A，价格为 P_1，名义工资为 W_1，劳动市场处于充分就业 N_n，产出为潜在产出 Y^*。如果这个经济遭受一个正向的总需求冲击，价格上升至 P_2，造成实际工资（real wages）从 W_1/P_1 下降到 W_1/P_2，出现超额劳动需求。由于名义工资弹性（为了方便起见，仅考察名义工资弹性），名义工资开始上升，直至 $W_2=(P_2/P_1)W_1$，劳动市场重新处于充分就业 N_n，产出回归潜在产出 Y^*。这个经济处在均衡点 B。连接 $A(Y^*,P_1)$ 和 $B(Y^*,P_2)$ 两点得到一条垂直线，即古典总供给曲线是一条垂直线。由于古典

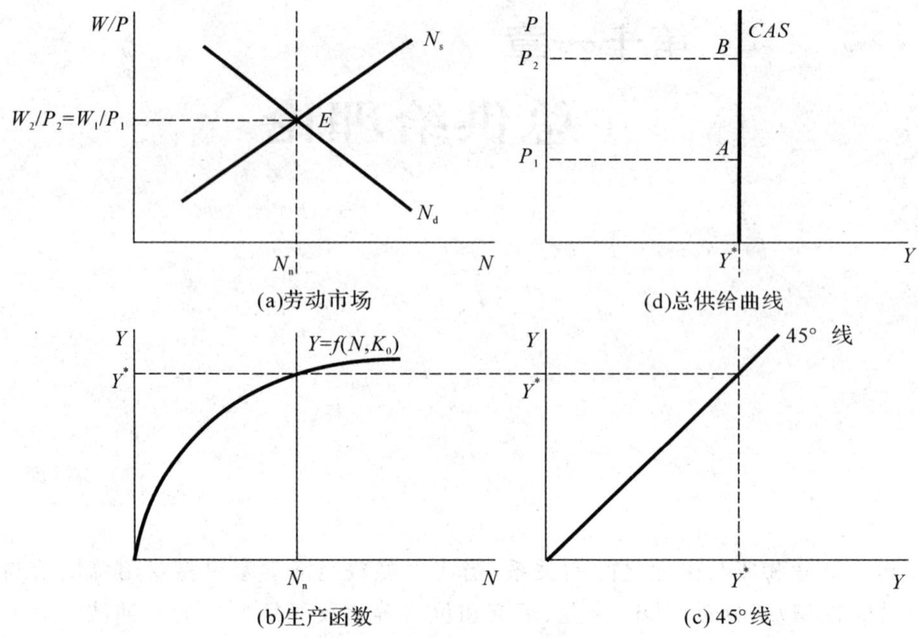

图 11-1 古典总供给曲线

经济学假定 W 和 P 的市场调整是即时的，即不分长期和短期，总供给曲线都是一条垂直线，$Y=Y^*$。在总供给曲线垂直的情况下，货币供给发生变化会使总需求曲线和总供给曲线发生相对移动，但是，它们并不会影响产出和就业。这种货币对实际变量的无关性被称为货币中性。这也符合第五章介绍过的萨伊定律——供给创造自己的需求。

虽然现代宏观经济学家，无论是货币主义、新古典主义、凯恩斯主义还是新凯恩斯主义，都不否认市场具有调节供需平衡的功能，但是他们认为，完成市场调节需要时间和条件，只有在"长期"条件下才能充分实现市场全部调节，而在"短期"条件下则无法完成市场全部调节。从这种意义上讲，现代宏观经济学中的"长期"条件与古典经济学的市场预设完全是一致的：在"长期"条件下，市场能使价格水平和名义工资变化保持一致，而使就业和产出等保持均衡，即实现充分就业和潜在产出的均衡。因此，长期总供给曲线与古典总供给曲线是相同的，为同一条垂直线。

在第四章我们已经学过，当经济处于增长周期的时候，潜在产出也在不断扩张，这意味着随着时间推移，长期总供给曲线也会持续地向右"漂移"(drift)，如图 11-2 所示。

图 11-2(a)表示，随着时间推移，潜在产出将从 Y_1 逐渐增加到 Y_2，Y_3，等等。图 11-2(b)表示，相应的总供给曲线也会从 LAS_1 向右移到 LAS_2，LAS_3，等等。

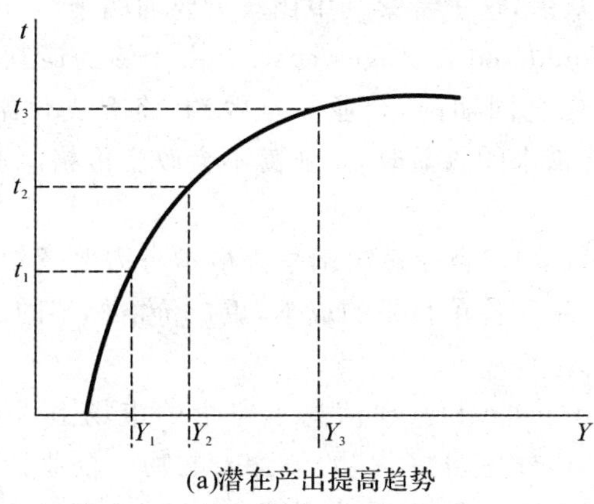

(a)潜在产出提高趋势

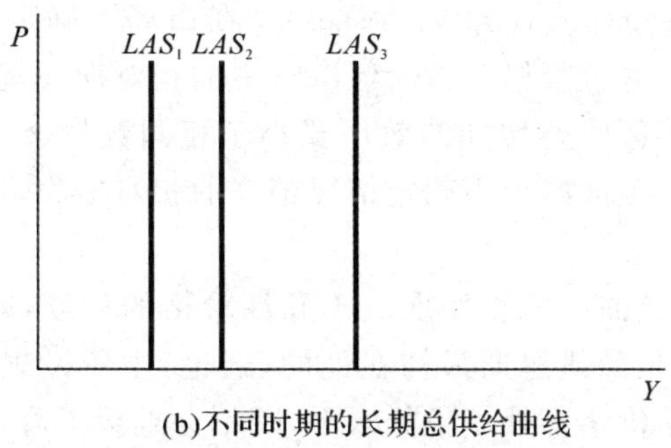

(b)不同时期的长期总供给曲线

图 11-2　长期总供给曲线的移动

11.2　短期总供给曲线

现实情况下，市场在“短期”内不可能具备古典经济学中的市场预设条件，通常表现为所谓的市场不完善(market imperfection)。针对市场的不完善性，即在短期内名义工资、实际工资和价格调整过程中表现出来的黏性和不充分性，经济学家提出了许多有关短期总供给曲线的理论模型。由于篇幅关系，这里仅考察其中具有代表性的四种：黏性价格(sticky price)、黏性工资(sticky wage)、加成定价(markup pricing)和不完备信息(imperfect information)。

这些模型分别反映了市场诸多方面的不完善。这些市场的不完善使得短期总供给曲线向右上方倾斜，而非垂直。因此，当总需求与总供给增长不同步，总需求曲线与总供给曲线发生相对位移时，实际产出就会偏离潜在产出。一些经济学家认为，这种偏离是引发经济周期的主要原因。

黏性价格

黏性价格模型强调了在不完全竞争(imperfect competition)市场上，处于垄断竞争的企业是产品价格的制定者，而非价格的接受者。但是，制定或调整价格是需要成本的。这些成本使得一些企业不能迅速地根据需求变动调整它们的产品价格，即存在所谓的黏性价格现象。产生这些成本的原因众多,这里考察其中比较重要的四个。

一是违约赔偿成本(liquidated damages cost)。由于签约谈判需要成本,企业与顾客之间的合同往往是长期的。在合同期内,企业一旦毁约,将要支付给顾客一定的违约金。因此,当违约金大于改变价格带来的收益时,企业就不会改变价格。通常要等到下次签订合同时,才能重新定价。

二是菜单成本(menu cost)。企业每次调整价格本身需要承担一定成本,这些成本包括研究和确定新价格的成本,编印价单目录的成本,更换价格标签的成本,等等。因而,企业通常不会轻易改动产品价格。

三是声誉成本(reputation cost)。在信息不完全的市场上,消费者对产品缺乏完全信息,往往会根据"好货不便宜,便宜没好货"的信念来购物。企业如选择弹性价格,反而可能会导致自己声誉受损,收益下降。所以,需求下降时,企业一般不会选择降价促销的策略。

四是厌恶相对损失(aversion relative losses)。在市场不确定的情况下,企业普遍存在规避损失的心理,不愿轻易调整价格。行为经济学中的相对损失规避规律认为:人们强烈厌恶相对损失,即一定数量金额收益增加的效用要小于相同数量金额损失减少的效用。遇到经济衰退和繁荣时,为了避免或减少不确定情况带来的相对损失,许多企业都不太愿意改动自己产品的价格。

黏性价格理论的总供给曲线的斜率取决于黏性价格的程度,即价格没有弹性的企业比重。一种比较特殊的情况是像凯恩斯最初在他的《通论》中所设想的,当经济遭受比较严重的萧条时,所有企业的产品价格都处于最低水平,既不会继续下降,也不会轻易上升,即处于一种刚性(rigidity)状态(注意,这种假设在我们考察 *IS-LM* 模型和蒙代尔—弗莱明模型时一直在使用),总供给曲线即为一条 $P=P_0$ 的水平直线,如图 11-3 所示。所以,水平的总供给曲线也被称为凯恩斯主义总供给曲线(Keynesian aggregate supply curve)。

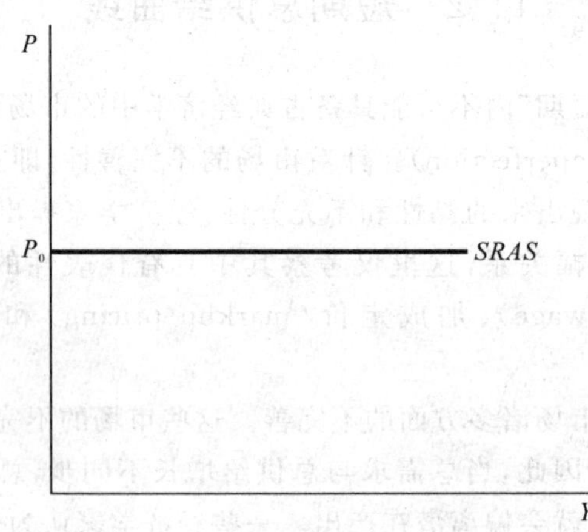

图 11-3　凯恩斯主义总供给曲线

然而,现实中更多的情况是一部分企业的价格有弹性,另一部分企业的价格没有弹性。这样,价格就会对市场需求做出调整,但又不能立即完全调整到位。下面我们就来讨论这种情况下的总供给曲线。设那些价格有弹性的企业根据一般价格水平 P 和总收入 Y 决定企业的产品价格 p_1,显然,p_1 与 P 和 Y 都成正相关,我们用一个简单公式来表示这种关系:

$$p_1=P+a(Y-Y^*)$$

其中，参数 a 是大于 0 的常数，Y^* 是潜在产出。

而那些价格没有弹性的企业根据预期价格 P_e 确定未来一段时间内自己产品的价格 p_2，即：

$$p_2 = P_e$$

如果价格有弹性企业的比例为 s，价格没有弹性企业的比例即为 $1-s$，价格就为：

$$\begin{aligned} P &= sp_1 + (1-s)p_2 \\ &= s[P + a(Y - Y^*)] + (1-s)P_e \\ &= P_e + \frac{sa}{1-s}(Y - Y^*) \end{aligned}$$

取 $b = \dfrac{1-s}{sa} > 0$，显然，b 是 s 的递减函数。于是，就有：

$$Y = Y^* + b(P - P_e)$$

即总供给曲线是一条向右上方倾斜的曲线。

黏性工资

该模型强调，在现实中，劳动市场往往失效。许多时候名义工资并不能迅速得到调整，于是出现了黏性名义工资现象。产生黏性名义工资的原因众多，除了下一章要介绍的工资刚性(wage rigidity)外，还有企业与工人之间存在长期合同(long-run contract)和隐含合同(implied contract)等因素。

长期合同理论认为，由于劳动合同谈判需要支付较高的谈判费用，劳动合同期限一般不会很短暂。根据美国经济学家的调查，在美国占有决定性的重要行业中，劳动合同的期限通常为 3 年。在合同期内，任何一方要求改变工资都要支付违约金。名义工资在 3 年合同期内不会轻易更改。劳资双方往往要等到合同期满后，才能根据当时的市场情况签订新的工资合同。因此，虽然名义工资会对劳动市场的供需情况做出调整，但这种调整不可能是非常及时的。

隐含合同理论是一系列有关非正式劳资合同导致黏性名义工资的理论总称。所谓隐含合同，是指工人与企业之间在工资和就业等问题上存在的一些非正式协议。这些非正式协议的宗旨是保证工人享有比较稳定的收入流。

隐含合同理论认为，工人选择了工人而非企业家身份，就表明他是一个风险规避者。他希望得到一份保证自己收入流稳定的“保险”合同，平稳自己的消费流。然而，他们又无法轻易地进入资本和保险市场，实现平稳收入流的愿望。于是，他们就与企业签订一份以定额收入为主的长期工资合同，而非以利润分成为主的短期工资合同。这样，在经济繁荣时，工人不能得到最高的收入，也不会轻易跳槽；在经济萧条时，工人不会得到极低的工资，也不能简单被解雇。因此，这种隐含合同导致了黏性名义工资。

假定遇到经济冲击时，所有企业都将保持名义工资不变。这将会导致总供给曲线向右上方倾斜，如图 11-4 所示。在图 11-4(a)中，当名义工资不变时，实际工资与价格成反比，两者构成向右下方倾斜的曲线，价格从 P_1 上升至 P_2，实际工资从 W_0/P_1 下降到 W_0/P_2。在图 11-4(b)中，向右下方倾斜的劳动需求曲线表示劳动需求是实际工资的递减函数，实际工资下降导致企业的劳动需求增加，从 N_1 增至 N_2。在图 11-4(c)中，关于劳动的生产函数表示产出与劳动投入的递增关系，劳动投入增加引起总产出从 Y_1 增加到 Y_2。图 11-4(d)反映了随着价格上升，总产出会有所增加，表示总产出是价格的递增函数。总供给曲线向右上方倾斜。

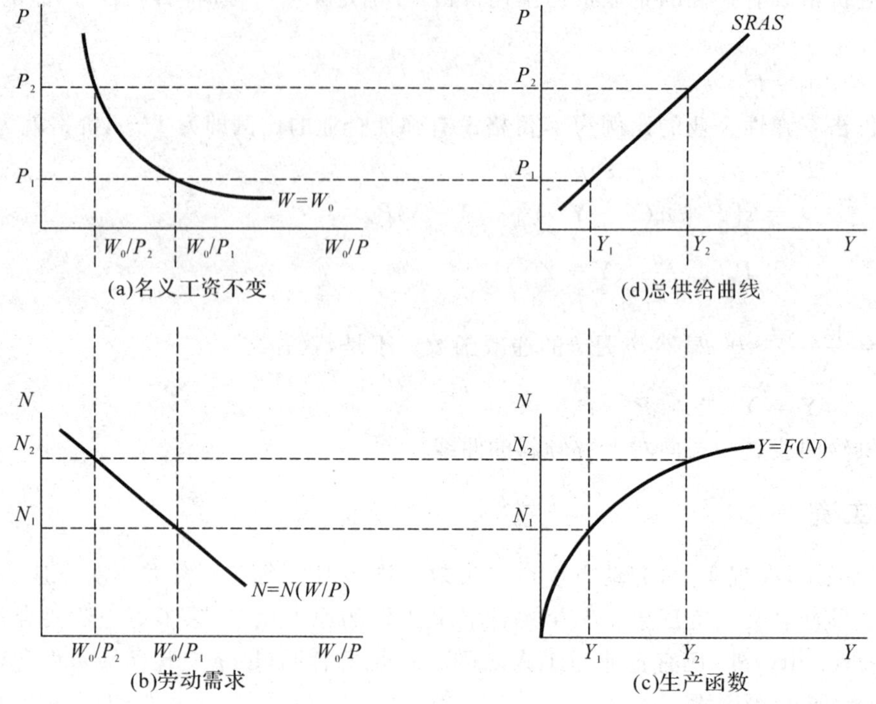

图 11-4　工资黏性总供给曲线

根据只要预期价格正确，就能实现充分就业和潜在产出的设定，总供给曲线为：

$$Y = Y^* + b(P - P_e)$$

加成定价

该模型强调产品价格往往是根据生产成本制定的，而生产成本又与工资之间存在某种固定关系。这些变量习惯性的稳定联系将导致黏性实际工资，正是这种黏性造成了总供给曲线向右上方倾斜。

为了推导出价格加成条件下的总供给曲线，首先，我们用生产函数连接劳动与产出的关系，最简单的生产函数就是产出等于劳动：

$$Y=N$$

其中，Y 是产出，N 是劳动投入或就业量。这意味着每 1 单位劳动或劳动力将产出 1 单位产品。

其次，假定企业的产品定价遵循简单加成原则，即出售的产品价格等于实际生产成本的简单加成：

$$P=(1+\mu)W$$

其中，P 是产品价格，W 是工资，μ 是利润加成，它是一个反映市场结构特征的参数，取值大于或等于 0。市场垄断程度越小，μ 也越小。市场完全竞争时，μ 等于 0。假定工人工资定价取决于劳动供需情况，则失业率越高，企业谈判地位越高，工资越低，即：

$\dfrac{W}{P_e} = W(u)$，其中，$\dfrac{\mathrm{d}W}{\mathrm{d}u} < 0$，方程变形后就有：$W = P_e W(u)$

其中，W 是名义工资，u 是失业率，P_e 是签订工资合同前的预期价格。

下面我们利用图 11-5 来推导价格加成的总供给曲线。

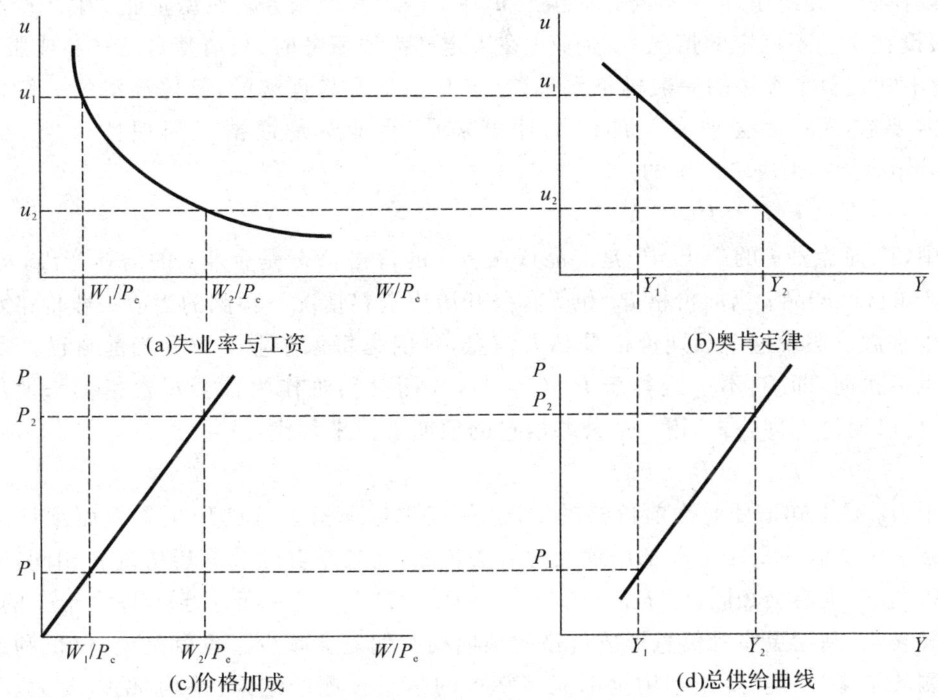

图 11-5　价格加成总供给曲线

在图 11-5(a)中，如果失业率从 u_1 下降到 u_2，工人谈判地位提高，使实际工资从 W_1/P_e 上升到 W_2/P_e。在图 11-5(b)中，当失业率从 u_1 下降到 u_2 时，根据奥肯定律(其表明产出与失业率之间存在负相关关系，详细内容将在下一章介绍)可知，产出将会从 Y_1 增加到 Y_2。在图 11-5(c)中，当实际工资上升后，按照价格简单加成原则，企业会将产品定价从 P_1 提至 P_2。图 11-5(d)是总结了价格与产出之间关系的总供给曲线。当价格从 P_1 上升为 P_2 时，产出将从 Y_1 增加到 Y_2。

根据只要预期价格正确，就能实现充分就业和潜在产出的设定，短期总供给曲线就为：

$$Y = Y^* + b(P - P_e)\ 。$$

信息不完全

与黏性价格和工资模型以及加成定价模型不同，信息不完全模型假设劳动、产品和服务市场出清，即所有工资和价格都可以自由调整以达到供需平衡状态。在这一模型中，短期与长期总供给曲线的不同之处在于人们对价格的预期几乎总会存在暂时性的错觉。

信息不完全模型假设，经济中的每个供给者生产一种单一产品或服务，并消费许多产品和服务。鉴于产品和服务的种类很多，供给者无法在所有时间内观察到所有产品和服务的价格。他们通常只能密切注视自己所生产的产品和服务价格，而不太关注其他产品和服务的价格，由此造成了信息不完全。正是由于这种信息不完全，他们往往会混淆了一般价格总水平的变动与不同产品和服务之间的相对价格的变动。这种混淆影响了生产者的供给决策，并导致价格与产出之间存在短期正相关关系。下面我们就基于信息不完全的设定，来推导短期总供给曲线。

假设在一个经济中，n 家不同企业生产 n 种不同产品或服务。典型企业 i 生产产品或服务 i。假设在市场不确定的情况下，企业 i 在决定产品或服务时，只清楚自己产品或服务 i 的价格，而不知道整个经济的一般价格水平（这点是相当容易理解的，整体经济的一般价格水平通常需要在事后才会被有关部门统计出来）。企业 i 是根据下列理性预期（rational expectations）公式来决定产出的：

$$Y_i = h(P_i - P_{ai}) + Y_i^*$$

其中，Y_i 是企业 i 的产出，P_i 是产品或服务 i 的价格，Y_i^* 是企业 i 的潜在产出，P_{ai} 是企业 i 在已知自己产品 i 当前价格 P_i 和所有公开历史资料情况下预测的当前一般价格水平，h 是一个正常数。假设这个预期价格是私人信息，且因为每家企业了解到当前自己产品的市场情况也不相同，即 P_{ai} 不一定等于 P_{aj} $(i \neq j)$，故而其很难作为社会观察指标来使用。不过，我们可以通过下列公式，用一个公共信息的预期价格来替代：

$$P_i - P_{ai} = r(P_i - P_{ei})$$

其中，P_{ei} 是不知道任何当前价格的情况下，仅根据所有公开的历史资料而预计的当前一般价格水平。因为每家企业都用理性的方法预测，而且掌握的公开历史资料相同，所以每家企业得到 P_{ei} 也都会相同，即 $P_{e1} = P_{e2} = \cdots = P_{en} = P_e$。$r$ 是一个小于 1 且大于 0 的常数。这个公式表示，利用更多的信息形成价格的预期相对偏差会减少。也就是说，仅仅利用历史信息预测的结果"平均"要比利用全部能够掌握的信息预测的结果"平均"偏差要大。当然，这并不意味着每次这样的预测，前者一定不如后者准确。

因此，$Y_i = hr(P_i - P_e) + Y_i^*$。

方程两边从 $i=1$ 一直加到 $i=n$。就有：

$$\begin{aligned} Y &= \sum_{i=1}^{n} hr(P_i - P_e) + Y_i^* = nhr(P_i - P_e) + Y^* \\ &= Y^* + b(P - P_e) \end{aligned}$$

其中，$P = \dfrac{\sum_{i=1}^{n} P_i}{n}$，$Y = \sum_{i=1}^{n} Y_i$，$Y^* = \sum_{i=1}^{n} Y_i^*$，$b = nhr > 0$。

所以，短期总供给曲线也是一条向右上方倾斜的曲线。

上面介绍的四个模型都从不同的市场、不完善角度来说明短期总供给曲线的非垂直性。这些模型并不是相互排斥的，相反地，它们是互补兼容的。正是存在短期总供给曲线的非垂直性，才会因总需求曲线与长期总供给曲线的相对移动而影响产出和就业。

短期总供给曲线的变动

前面已经讨论了长期总供给曲线的"漂移"，现在我们来分析短期总供给曲线的变动。短期总供给曲线的变动要比长期总供给曲线稍微复杂一些，我们不妨先来分析一种比较极端的情况。假设经济处于一个没有技术创新和制度变革的传统社会里，经济和人口也都没有增长，长期总供给曲线自然不会移动。下面我们就以黏性价格情况为例说明短期总供给曲线在这类极端情况中的变化。

假设这个经济在 $t=0$ 时受到一个冲击，而在此后很长时间里没有受到任何冲击。这个经济拥有生产技术完全相同的 n 家企业，每月只有一家企业的产品销售合同到期，允许其根据需求情况，重新确定产品价格。根据假定，$t=0$ 时，所有企业根据以前的长期市场价格，将其作为预期价格定价，总供给曲线为：

$$P=P_e$$

那么，在遇到冲击后的第 1 个月，有 1 家企业根据市场产品需求情况调整自己产品的价格，在遇到冲击后的第 2 个月，有 2 家企业根据市场产品需求情况调整自己产品的价格，……，在遇到冲击后的第 t 个月，就有 t 家企业根据市场产品需求情况调整自己产品的价格 $(0\leqslant t\leqslant n)$，这些调整价格企业的比例为 $\frac{t}{n}$，产品价格为 $p=P+a(Y-Y^*)$，而其余没有调整价格企业的比例为 $\frac{n-t}{n}$，产品价格为 $p=P_e$。

这个经济在冲击后第 k 个月的一般价格水平为：

$$P=\frac{t}{n}[P+a(Y-Y^*)]+\frac{n-t}{n}P_e$$

经移项整理后，得到第 t 个月的总供给曲线为：

$$Y=Y^*+\frac{n-t}{at}(P-P_e)\text{，或 }P=P_e+\frac{at}{n-t}(Y-Y^*)$$

由此式可以看出，随着 t 增大，短期总供给曲线的斜率也在不断增大，最后 $(t=n)$ 斜率趋向无穷大，即短期总供给曲线垂直，与长期总供给曲线重叠。也就是说，在短期总供给曲线变动过程中存在一个由水平向垂直逆时针旋转过程，这个过程就是短期总供给曲线向长期总供给曲线的“恢复”过程。

图 11-6 中，SAS_0 表示 $t=0$ 时的短期总供给曲线，SAS_1 表示 $t=1$ 时的短期总供给曲线，……，SAS_n 表示 $t=n$ 时的短期总供给曲线。LAS 表示长期总供给曲线。图 11-6 表示短期总供给曲线会逆时针旋转变动。如果长期总供给曲线静止不动，短期总供给曲线最终会与长期总供给曲线完全重叠。

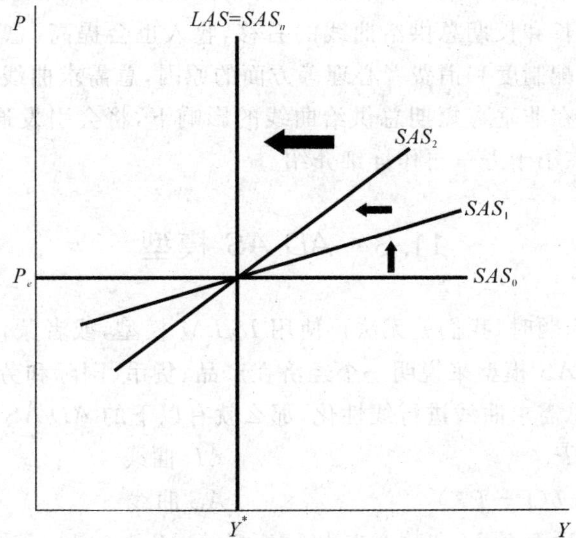

图 11-6　长期总供给曲线不变时的短期总供给曲线的变动

然而，现实经济要比上述情况复杂得多，经济会不时地受到各种冲击。短期总供给曲线一方面要随长期总供给曲线（只是一种理论的虚构）平移，另一方面又要向相对应的长期总供给曲线"恢复"。由于经济始终处在增长中，长期总供给曲线会几乎不停地向右移动，这意味着经济会不断地受到因供给与需求增长不同步而引发的冲击，短期总供给曲线很难恢复到垂直的水平。也就是说，虽然短期总供给曲线始终存在一种向长期总供给曲线恢复的趋势，但是由于经济不断受到各种冲击，这种短期总供给曲线的恢复过程很难全部实现。因此，现实经济的短期总供给曲线总是一条向右上方倾斜的曲线，而且也会几乎不停地向右漂移。

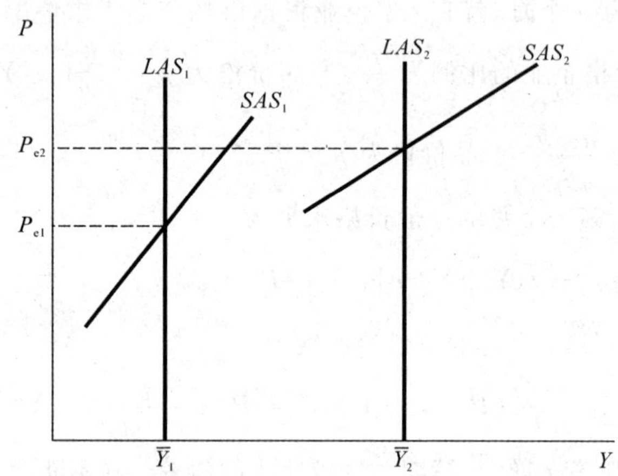

图 11-7　长期总供给线移动时的短期总供给曲线的变动

图 11-7 中，SAS_1 和 LAS_1 分别表示 $t=1$ 时的短期总供给曲线和长期总供给曲线，SAS_2 和 LAS_2 表示 $t=2$ 时的短期总供给曲线和长期总供给曲线，……，不同时期的短期总供给曲线斜率也并不一定相等。不同时期的总供给曲线的斜率大小反映了相应时期的市场完善程度。斜率大说明相应的冲击弱，市场调节能力强和完善程度高。相反，斜率小说明相应的冲击强，市场调节能力弱和完善程度低。另外，不同时期的预期价格也不相同，如图 11-7 中 $P_{e1}\neq P_{e2}$。一般而言，总供给曲线中的预期价格往往是一个外生的变量。

通常，随着经济增长和长期总供给曲线的右移，收入也会提高，总需求曲线自然也会右移。但是，由于收入分配制度和消费者心理等方面的原因，总需求曲线的移动速度未必会与长期总供给曲线一致，在非垂直短期总供给曲线的影响下，将会引发通货膨胀，或提高失业率。这方面的讨论将在第十五章再作详细介绍。

11.3　AD-AS 模型

当讨论价格变动问题时，我们就无法再使用 IS-LM 模型，或者蒙代尔—弗莱明模型了。但是，我们可以用 AD-AS 模型来说明一个经济在产品、货币、国际和劳动这四个市场上的均衡。如果将第八章的总需求曲线进行线性化，那么就有以下的 AD-AS 模型：

$$Y=a-cP \qquad AD\text{ 曲线}$$

$$Y=Y^*+b(P-P^*) \qquad AS\text{ 曲线}$$

其中，a（>0，与货币存量 M 和政府支出 G 正相关），b（$\geqslant 0$）和 c（$\geqslant 0$）均为常数。

前面我们提到,需求调控政策会改变 a 的大小,影响均衡产出。扩张性财政和货币政策会使 a 增大,总需求曲线右移;相反地,紧缩性财政和货币政策会使 a 变小,总需求曲线左移。

宏观经济目标

短期宏观经济管理企图达到的目标是充分就业和价格稳定,即不存在非自愿失业,同时也没有通货膨胀和紧缩,如图 11-8 所示。

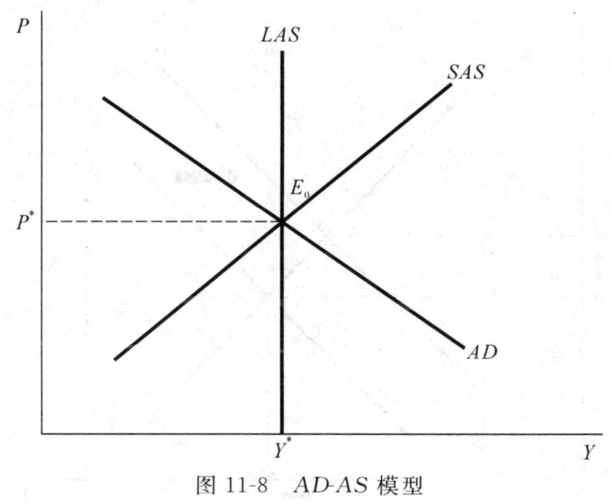

图 11-8　AD-AS 模型

该图表明,当总需求曲线 AD 和总供给曲线 AS 相交于 E_0 点时,产出 Y 处于潜在产出的水平 Y^*,价格为 P^*;此时,价格既不会上升,也不会下降。

然而,现实中,只有在偶然的情况下,AD 和 AS 才能相交于 E_0 点。经济中的许多因素都会使 AD 和 SAS 之间的相对位置发生移动,从而使两者的交点脱离 E_0。下面我们就来论述总需求曲线 AD 和总供给曲线 AS 发生相对移动的情况。

总需求曲线的移动

总需求曲线移动的结果可以用图 11-9 加以说明:

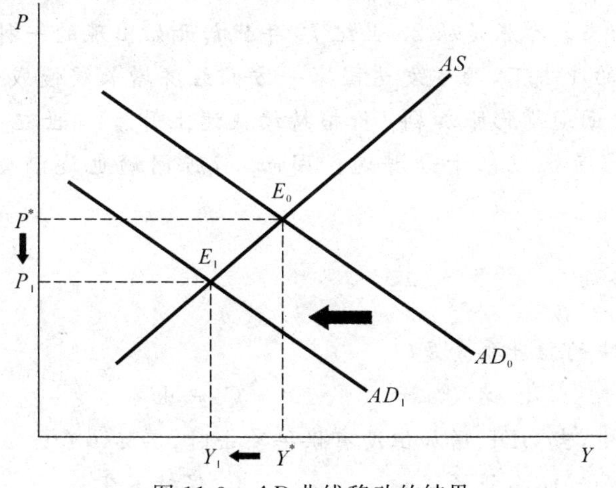

图 11-9　AD 曲线移动的结果

图 11-9 显示，在某一时期，AD_0 和 AS 相交于代表充分就业的均衡 E_0。E_0 代表的产出为潜在产出 Y^*，价格为 P^*。这时，如果总需求减少，AD 向左移动到 AD_1，AD_1 和 AS 相交于 E_1，产出减少到 Y_1，价格降低到 P_1，经济陷入萧条。反之，情况相反，经济出现景气。

总供给曲线的移动

总供给曲线移动的结果可以用图 11-10 加以说明：

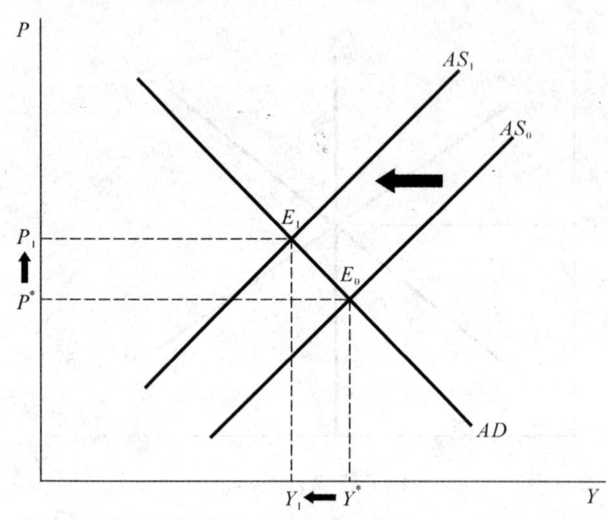

图 11-10　总供给曲线移动的结果

图 11-10 表明，在某一时期，AD 和 AS_0 相交于代表充分就业的均衡 E_0。E_0 代表的产出为潜在产出 Y^*，价格为 P^*。这时，如果总供给减少，AS 向左移动到 AS_1，AD 和 AS_1 相交于 E_1，产出减少到 Y_1，价格却上升到 P_1，经济陷入所谓的滞胀。反之，AS 将向右移动，产出出现增加，价格则会下降。不过，这类情况在现实中很少出现。

滞　胀

所谓滞胀(stagflation)，是指经济处于较高通货膨胀与较低经济增长(或负增长)交织并存的状态。滞胀是从 20 世纪 70 年代初开始出现的一种新的经济现象。当时在石油危机的冲击下，西方发达国家一方面经济增长缓慢或停滞，由此导致大量失业；另一方面通货膨胀加剧，价格持续快速上升。20 世纪 70 年代末 80 年代初，西方国家的滞胀现象十分普遍。因而，滞胀问题也逐渐受到人们的大量关注。

选择题

1. 黏性工资模型中的黏性要素是(　　)。

A. 实际工资　　B. 名义工资　　C. 产出　　D. 通货膨胀

2. 黏性工资模型中，当 GDP 增加但没有供给冲击时，实际工资(　　)。

A. 上升　　B. 下降　　C. 保持不变　　D. 不确定

3. 黏性工资模型预测(　　)。

A. 短期总供给曲线是垂直的

B. 短期总供给与价格水平无关

C. 企业沿着固定的劳动力需求曲线移动

D. 以上全都不对

4. 黏性价格模型中(　　)。

A. 所有企业都不时地调整价格以回应需求的变化

B. 没有企业不时地调整价格以回应需求的变化

C. 一些企业不时地调整价格以回应需求的变化,但另一些企业并非如此

D. 产出是不变的

5. 如果经济中的所有企业都有短期固定价格,那么(　　)。

A. 短期与长期总供给曲线相同　　B. 短期总供给曲线垂直

C. 短期总供给曲线水平　　D. 以上全都不对

6. 在总需求与总供给的短期均衡中,如果短期总供给曲线右移,在总需求曲线不变的情况下,会出现(　　)。

A. 经济停滞,通货紧缩　　B. 经济繁荣,通货紧缩

C. 经济停滞,通货膨胀　　D. 经济繁荣,通货膨胀

7. 短期劳动力供给函数(　　)。

A. 由于不断增加的劳动负效用而为正斜率

B. 由于不断减少的劳动负效用而为负斜率

C. 由于不断减少的闲暇负效用而为正斜率

D. 由于不断增加的闲暇负效用而为负斜率

8. 实际 GDP 与潜在 GDP 的关系是(　　)。

A. 总相等

B. 实际 GDP 总是低于潜在 GDP

C. 实际 GDP 总是高于潜在 GDP

D. 实际 GDP 可以大于、小于或等于潜在 GDP,一般情况下,实际 GDP 小于潜在 GDP

9. 当(　　),古典总供给曲线存在。

A. 产出水平是由劳动力供给等于劳动力需求的就业水平决定时

B. 劳动力市场的均衡不受劳动力供给曲线移动的影响

C. 劳动力需求和劳动力供给立即对价格水平的变化做出调整时

D. 劳动力市场的均衡不受劳动力需求曲线移动的影响时

10. 如果总供给曲线垂直,那么决定价格的主导因素是(　　)。

A. 供给　　B. 需求　　C. 产出　　D. 就业

11. 假定经济实现了充分就业,总供给曲线为正斜率,那么减税会使(　　)。

A. 价格上升,实际产出增加　　B. 价格上升,实际产出不变

C. 实际产出增加,价格不变　　D. 名义和实际工资都上升

12. 长期总供给曲线是一条垂线的原因在于(　　)。

A. 供给总是趋于过剩的

B. 需求的限制

C. 产出不取决于物价水平

D. 由价格、资本和劳动力和能获得的技术决定

13. 总需求的决定因素不包括(　　)。

A. 价格　　B. 预期

C. 财政政策和货币政策　　D. 技术进步

14. 如果(　　)，则总供给与价格水平正相关。

A. 存在摩擦性失业与结构性失业

B. 劳动力供给立即对劳动力需求的变化做出调整

C. 劳动力需求立即对价格水平的变化做出调整，但劳动力供给却不受影响

D. 劳动力供给立即对价格水平的变化做出调整，但劳动力需求却不受影响

15. 总供给曲线右移可能是因为(　　)。

A. 其他情况不变而厂商对劳动需求增加　　B. 其他情况不变而所得税增加

C. 其他情况不变而原材料涨价　　D. 其他情况不变而劳动生产率下降

练习题

1. 简述影响总需求曲线移动的因素。

2. 如何正确理解总供给曲线斜率为正?

3. 作图证明：如果总供给曲线垂直，则货币中性。

4. 试证明：如果价格黏性，则短期总供给曲线向右上倾斜。

5. 古典总供给曲线为什么总是垂直的?

第十二章 失　业

在传统的农业社会中，人们从来没有听说过失业这个词汇。失业是一个在现代工业化社会才出现的社会问题。失业给人的印象是社会上有一些有劳动能力而且还想挣钱的人却没活干。在经济学中，失业也许是最能够给人以切身影响的宏观经济变量。如果同学们毕业时正处在经济景气期，失业水平低，那么找到报酬丰厚、专业对口和条件优越的工作就比较容易。相反地，如果同学们毕业时正处在经济衰退期，失业水平高，那么工作就比较难找了，大家也就可能会安于接受一份与自己理想不相符且工资也不高的工作。如果同学们毕业后长期不从事与所学专业相关的工作，以后就很难再重回专业相关的工作了。本章打算向大家介绍一些关于现代社会失业形成的原因，以及降低失业率的经济政策。

12.1　失业的类型

我们可以把失业归为 4 类：被解雇、自动离职、刚进入劳动市场尚未被雇佣，以及回归劳动市场尚未重新被雇佣。相对应的失业者同样可分为 4 类：丧失工作者、离职者、新进入劳动市场者和重新进入劳动市场者。

丧失工作者曾经工作过，但后来被解雇了，如我国 20 世纪 90 年代的下岗工人。他们往往由于种种原因年轻时候没有接受过良好的教育，学习新知识和掌握新技术的能力较差，难以适应熊彼特所说的创造性毁灭。例如，当数字相机替代传统相机后，如果胶卷厂不能创新出新产品，那么工厂就会倒闭，工人就要失业。

离职者曾经就业过，后来辞职了，如大部分裸辞者。他们往往是开始工作不久的年轻人。他们在探索自己擅长什么工作，或喜欢什么工作，或通过工作积累了一定经验，寻求更好的工作。一般来说，年轻人在开始工作后的 2～3 年时间里，会处在换工作的频繁期。

新进入劳动市场者大多是大学应届毕业生，在中国，通常还包括新进城的农民工。在世界各国，这部分失业者都是失业的主力军。经济学家认为，其原因有三点：一是他们的劳动技能和工作经验较少，很难得到用人企业的重视；二是他们的才华尚未被用人企业发现；三是他们自己创业需要时间准备。

重新进入劳动市场者曾经工作过，但后来由于种种原因失去了工作，且离开了劳动市场，现在又打算重新找工作。例如，妇女养育小孩期间，离开了劳动市场，小孩长大后又要重新开始找工作。

12.2 失业生成理论

由于失业生成原因的复杂性，不同经济学家对这一现象的解释会有很大差异，下面我们就介绍三种非常不同但彼此之间又相互兼容和补充的失业生成理论：工作搜寻理论、工资刚性理论和经济周期理论。

工作搜寻和摩擦性失业

在微观经济学中，我们曾经学过消费者通常会把自己的时间用于两种不同的活动：工作和闲暇。然而，失业是一种不同于工作和闲暇的经济活动，它是一种搜寻活动。由于劳动市场的信息不完全，劳动力在不同地区和企业之间的流动也不是即刻能够完成的，一个暂无工作的人找到一份合适的工作往往需要一定的时间。在这段时间内，他就是一个失业者。这种由于寻找合适工作需要时间所产生的失业就称为摩擦性失业(frictional unemployment)。因此，一般来说，摩擦性失业都是短期性失业。所谓短期性失业是指一个失业者失业的持续时间小于 6 个月。

说明摩擦性失业发生的模型就是所谓的工作搜寻(job search)模型。它假定劳动力人口是稳定的，即每月加入劳动力的人数等于每月退出劳动力的人数。同样地，在就业者中每月会有一部分人失去工作或自动离职，成为新失业者。在失业者中每月也会有一部分人找到工作，成为新就业者。当新失业者的数量等于新就业者的数量，失业者总量保持不变时，我们就称劳动市场稳定。

我们可以用图 12-1 来说明这种就业与失业的转换关系。

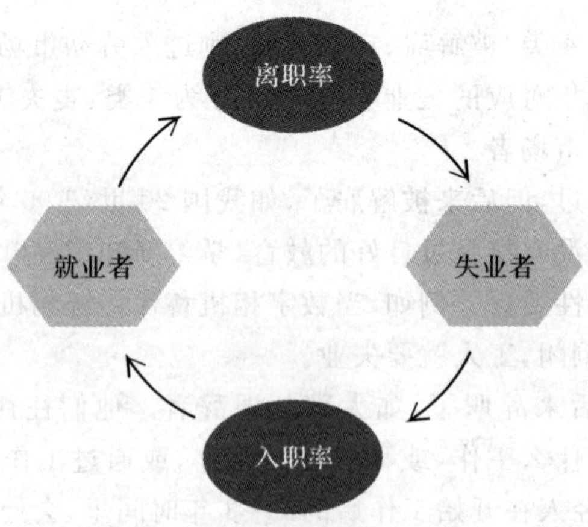

图 12-1 就业与失业的转换

图 12-1 中的离职率(rate of job separation)就是每月失去或离开自己工作岗位的就业者比例，我们用 s 来表示；入职率(rate of job finding)就是每月找到工作的失业者比例，我们用 f 来

表示。如果劳动市场处于稳定状态，失业率没有变化，那么离职人数就等于入职人数，即：

$$sE = fU,$$

将 $E = L - U$ 代入，得到：

$s(L-U) = fU$，两边同除以 L，就有：

$s\left(1-\dfrac{U}{L}\right) = f\dfrac{U}{L}$，即：

$$s(1-u^*) = fu^*$$

其中，$u^* = \dfrac{U}{L}$ 为劳动市场稳定时的失业率。

$$u^* = \frac{s}{s+f}$$

图 12-2 显示了这种关系，$s(1-u^*)$ 和 fu^* 两线交点的横坐标 u_0^* 就是劳动市场稳定的失业率。

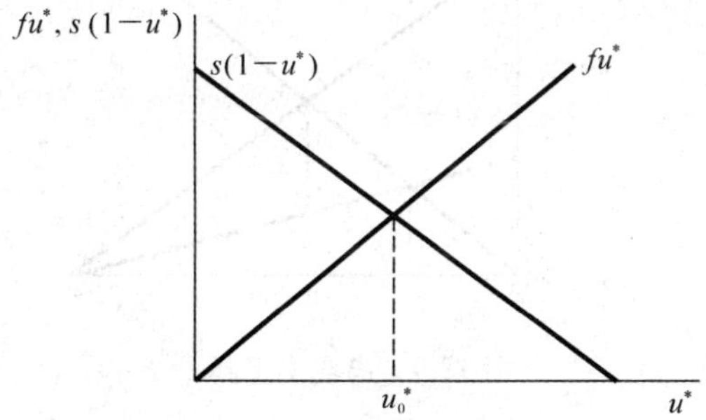

图 12-2　劳动市场稳定的失业率

入职率取决于以下两方面因素：一是工作机会率（job offer rate）p，它是指在一段时间内，失业者获得工作机会的频率。也就是说，在所有失业者中，有 p 比例的失业者得到工作机会。二是工作接受率（receive job rate）H，它是指失业者对工作机会接受的比例。于是，有：

$$f = pH$$

工作接受率是由就业与失业的收益权衡决定的。因此，它是保底工资（reservation wage）ω 的递减函数。所谓保底工资就是失业者接受工作的最低工资。当失业救济金 b 提高时，保底工资将上升；同样地，当工资税 T 增加时，保底工资也将上升。所以，失业接受率是失业救济金和工资税的递减函数，即：

$$H = H(\omega) = H(b, T),$$

其中，$\dfrac{dH}{d\omega} < 0$，$\dfrac{\partial H}{\partial b} < 0$ 和 $\dfrac{\partial H}{\partial T} < 0$。

当失业救济金提高时，工作接受率会降低，而劳动市场失业率则会上升。

在图 12-3 中，当失业救济金从 b_1 提高到 b_2，工作接受率就会从 $H(b_1, T)$ 下降到 $H(b_2, T)$，直线 $pH(b_1, T)u^*$ 顺时针旋转到 $pH(b_2, T)u^*$，劳动市场稳定的失业率就会从 u_1^* 上升到 u_2^*。同样地，当工资税提高时，劳动市场失业率也会上升。类似地，离职率 s 下降，劳动市场失业率也会下降。

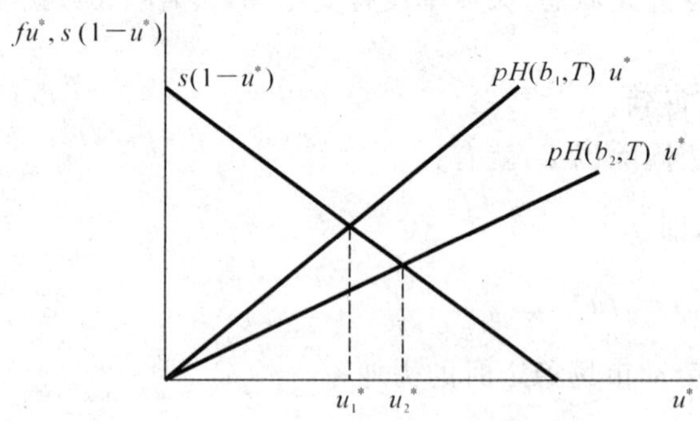

图 12-3　失业救济金提高

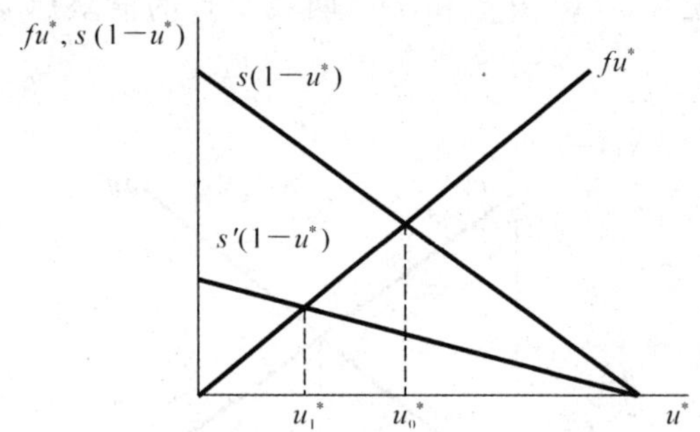

图 12-4　离职率下降

在图 12-4 中，当离职率从 s 下降到 s'，直线 $s(1-u^*)$ 逆时针旋转到 $s'(1-u^*)$，劳动市场稳定的失业率就会从 u_0^* 下降到 u_1^*。注意，工资税和失业救济金提高会增加摩擦性失业，但这并不意味着它是一件坏事。税收提高可以促进政府增加公共产品供给水平，扩大政府财政转移的规模。失业救济金提高能够保证失业者在失业期间获得足够的福利水平，有充足的时间选择工作，使劳动力与工作职位更为匹配。

工资刚性与结构性失业

凯恩斯在《通论》中谈到劳动市场不完全性时，特别强调了工资刚性对失业的影响。当劳动市场的工资 w_1 高于劳动力出清工资 w^* 时，就会出现劳动力市场供需不匹配(rationing)，即劳动供给数量大于劳动需求数量，如图 12-7 所示。这种因工资刚性引起劳动力市场供需不匹配，进而造成的失业就称为结构性失业(structural unemployment)①。

在图 12-5 中，横轴为劳动，纵轴为实际工资，D_N 是劳动的需求曲线，S_N 是劳动的供给曲线，w_1 是工资，w^* 是劳动出清工资，N_1 是企业在工资 w_1 下打算雇用的劳动，N^* 是劳动力在工资 w_1 下准备提供的劳动，N^*-N_1 是结构性失业量，由于这部分失业愿意接受工资 w_1 的工作机会，却没有找到工作，所以也称非自愿失业(involuntary unemployment)量。N_0 表示劳动力人口，N_0-N^* 是自愿失业(voluntary unemployment)量，这部分劳动力是不愿

① 结构性失业的这种定义参考格里高利·曼昆:《宏观经济学》(第七版)，中国人民大学出版社 2011 年版。国内许多教材中将结构性失业定义为"因劳动力的技能与职位不匹配所造成的失业"。

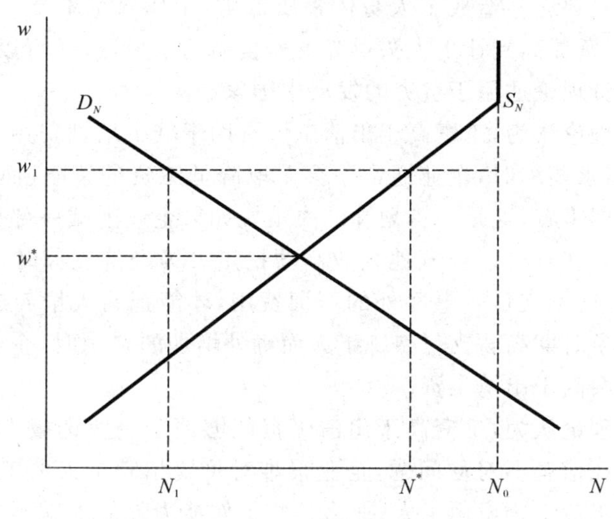

图 12-5　劳动力供需不匹配

意接受市场 w_1 而没有获得工作的。

如果一般产品市场上出现价格高于出清价格，产品供给大于需求，那么在市场力量的驱动下，产品价格会逐渐下降，趋于产品出清价格。然而，劳动市场的特殊性使得存在一种所谓的工资刚性(wage rigidity)。在一定时间内，市场难以通过工资下降纠正工作配给。这种工资刚性引起工作错配，由此产生的失业就是结构性失业。结构性失业往往是一些失业时间超过 6 个月的长期性失业。劳动市场特殊性主要有三个方面：最低工资法(minimum wage law)、效率工资(efficiency wage)和内部人与外部人(insider-outsider)。

最低工资法

为了保障工人的基本生活需要和尊严，不少国家都制定了最低工资法。对大多数劳动者而言，最低工资法对他们不起任何作用，因为他们的工资水平远远高于这一水平，但是对某些非技能劳动者而言，最低工资水平提高了他们的实际工资水平，从而使企业对他们的需求量下降。在我国，由于生活水平地区差异很大，最低工资标准是由各地政府有关部门负责制定的，各地标准的差异也很大，2010 年全日制最低工资标准在每月 500～1140 元之间不等。如果最低工资提高，可能会使工资水平提高，企业雇用工人数量会沿劳动需求曲线向左移动，而希望被雇用劳动力的数量则会沿劳动供给曲线向右移动，从而增加失业量。

在世界各国，青年劳动力往往是失业率最高的年龄群体。这主要与最低工资有关，因为很多青少年没有技能和经验，企业愿意付给他们的工资很低，最低工资的规定就可能会造成他们失业。

效率工资

效率工资理论认为，高工资使工人的生产率更高。削减工资可以减少企业的工资支付，但是更会降低工人的生产率和企业利润。因此，尽管在劳动市场上存在超额劳动供给，企业也不愿意削减工资。

经济学家提出了众多关于效率工资的理论，归纳起来有以下 4 类：

第一种效率工资理论认为，工资高于出清工资可以改善工人的营养和健康水平，提高工作效率。在贫穷的发展中国家，劳动市场的出清工资很低，但是这样的工资水平很难让工人买得起营养食品。营养缺乏会造成工人身体素质低劣,工作效率不高。为了保证工人的身体健康,企业愿意将工资提高到让工人买得起营养食品的水平,这样可以提高工人效率和企业利润。这种效率工资理论适用于贫穷的发展中国家。

第二种效率工资理论认为,工资高于出清工资有助于减少培训费用,增加企业利润。当经济衰退,面临产品需求萎缩时,企业通常不会采取降低工资的策略,而仍会将工资保持在原有水平。因为从长期来看,这是一桩划算的决策。如果企业削减一部分熟练工人的工资,那么这部分减薪的工人就有可能被其他企业高薪挖走。等经济复苏时,企业就要再到市场上招收新人,为此将不得不支付一笔额外的培训费用,才能把新人培养成熟练工人,当这笔培训费用高于经济萧条时期高薪支付熟练工人而额外增加的费用时,企业就会高薪养人,于是劳动市场的工资就会高于出清工资。

第三种效率工资理论认为,工资高于出清工资能够便于企业选拔人才,提高生产效率。因为在劳动市场上存在信息不对称问题,企业很难对将要招聘工人的工作能力做出客观评价。如果按劳动市场出清工资雇用工人,那么一些工作能力强的人就不会来应聘,因为这些人知道自己的劳动价值要高于出清工资水平。相反地,来应聘的人往往都是工作能力弱的人,因为这些人知道自己的劳动价值要低于或等于出清工资。于是,企业设计了一种自我选择机制诱导工人显示自己能力,如计件工资制,从而使工资与劳动产出成正比。这样一来,工作能力强的工人因计件工资较高,总工资高于出清工资水平,会选择继续留在企业工作;而工作能力弱的工人因计件工资较低,总工资低于出清工资水平,会选择离开企业。最终企业的工资水平就会高于出清工资。

第四种效率工资理论认为,工资高于出清工资可以激励工人努力工作,避免怠工。由于在大多数合同中,只有极少的合同会在合同条款中说明工人在生产过程中进行操作的细节。即使是计件工资,也会因为确定计件标准的困难而使计件工资变得不精确。这样就给工人留下了较大的怠工空间。企业对怠工者的惩罚只能是解雇。然而,如果企业给工人的工资只是出清工资,解雇并不会对怠工者构成实质性威胁。因为他在此处被解雇,可以按同样的工资水平在其他地方应聘上岗。相反地,如果企业给工人支付足够高于出清工资的工资,工人怠工被发现开除后,就很难找到同样高的工资职位了。因此,解雇就对怠工者构成了一种实质性威胁,高薪就鼓励了工人在生产过程中不偷懒,避免了磨洋工。如果所有企业都这样考虑问题,劳动市场的工资就会高于出清工资。

虽然这 4 种效率工资理论在细节上有所不同,但它们有一个共同的观点是:由于企业向工人支付高于出清水平的工资能提高利润,结果市场工资会高于出清工资,从而造成结构性失业。

内部人与外部人

内部人(insider)是指已经被雇用的工人,或暂时被解雇但仍与工会保持联系的人;外部人(outsider)是指长期游离于工会之外的失业者,或短期打工的临时工。外部人很难影响企业资产的价值,在谈判中没有什么影响力。相反地,由于企业资产价值在一定程度上受内部人控制,内部人在工资和雇人谈判上有一定影响力,使得企业要解雇内部人的成本变得很高,形成一种准劳方垄断的劳动市场。劳资谈判变成了内部人与企业的谈判,而内部人更关心的是工资高低,而非就业率的高低。谈判结果自然是工资高于出清工资,失业高于自然水平。

自然失业率

一个经济的失业率会受到经济周期的影响，处在忽高忽低的变动中。与产出波动类似，失业率波动也是围绕一个基准水平运行的，这个基准水平就是所谓的自然失业率(natural rate of unemployment)。也就是说，自然失业率是失业率的长期平均值。

自然失业率概念的演化

自然失业率最早是费尔普斯于1967年和弗德里曼于1968年在解释经济预期对菲利普斯曲线影响和西方国家经济滞胀问题时提出的一种假说。弗德里曼将自然失业率看作是在没有货币因素干扰的情况下，劳动和商品市场处于均衡时的失业率。总需求波动无法对自然失业率产生影响。当货币冲击或其他冲击改变总需求时，实际失业率便会偏离自然失业率。但是，随着通货膨胀的预期调整，实际失业率又会回到自然失业率水平。因此，它可以被理解成充分就业时的失业率，或没有通货膨胀(或紧缩)时的失业率。不过，由于自然失业率和充分就业等概念存在循环定义的问题，从计量的角度来看，按上面定义的自然失业率很难用我们的实际经济统计数据进行估算。鉴于经济长期状态、货币中性、产出不受货币存量变化影响的原因，像曼昆这样的经济学家更愿意将自然失业率看做是经济处于长期状态时的失业率。具体地说，自然失业率就是实际失业率的长期平均值。美国劳工部门就是按某个月前后10年各个月失业率进行平均估算，来求出该月的自然失业率。所以自然失业率随时间变动而变动，但是这种变动是和缓的，并且与短期经济波动无关。图12-6反映了美国实际失业率与自然失业率之间的关系。

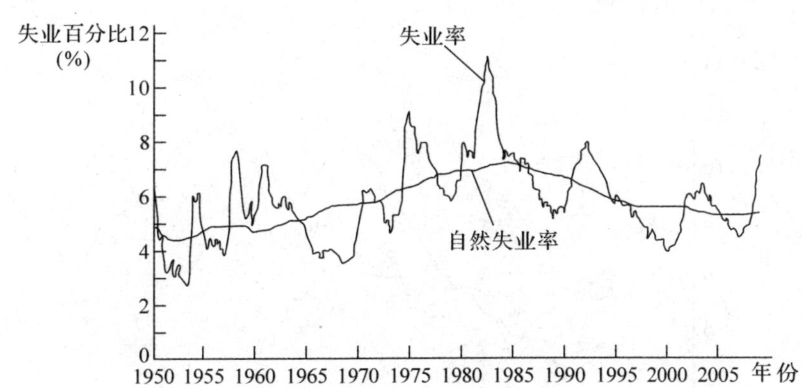

图12-6　美国失业率与自然失业率

资料来源：格里高利·曼昆：《宏观经济学》(第七版)，中国人民大学出版社2011年版。

自然失业率是由摩擦性失业和结构性失业共同引起的。由于人口结构的变化、技术的进步、人们的消费偏好改变和劳动市场信息不完全等因素，社会上总会存在着摩擦性失业和结构性失业。所以，自然失业率总是大于0。经济学家认为失业率保持在自然失业率时的就业就是充分就业。与自然失业率相关联的一个概念是自然就业率，自然失业率和自然就业率之和等于1，知道两者中的一者，就能推知另一者。因此，自然失业率和自然就业率两者就是同一回事。在不会产生混淆的情况下，一些文献就将它们统称为自然率。

失业"滞后"

欧洲在20世纪80年代长时期的持续高失业率现象(见图12-7)使一些经济学家改变了对自然失业率假说的信任。他们认为,失业还存在一种"滞后"(hysteresis)现象,即失业率存在自相关性。20世纪80年代,经济衰退产生的周期性高失业率对随后年份的失业有着长期而持续的影响。因此,自然失业率并非是一个相对稳定的变量,它会受短期经济波动的影响。

关于对滞后现象的解释大致有三种理论。一是人力资本折旧理论,该理论认为,工人在就业时可以通过"干中学"方式积累劳动技能。在失业率比较低的情况下,劳动力的平均技能会得到提高,从而降低结构性失业,导致自然失业率降低。相反地,在失业率比较高的情况下,当大量劳动力长期处于失业状态时,他们会慢慢地失去劳动技能,出现人力资本的大幅度折旧,这将会增加他们的再就业难度,自然失业率就会升高。二是内部人—外部人理论,该理论认为,高失业率会增加长期失业人数,而这些人在工资谈判中几乎不能施加任何影响,在劳动市场上处于劣势地位,这也将提高自然失业率。所以经过经济大衰退后,往往会有较高的自然失业率和实际失业率。三是期望理论,该理论认为,从劳动力供给方面来看,失业者经过长期失业后,挫折感增强,他们会认为找到工作的机会有限,逐渐失去继续寻找工作的勇气。即使经济开始复苏,这些失业者也可能仍然没有意愿去找工作。从劳动需求方面来看,在经济复苏初期,前景往往不够明朗,投资存在较高的不确定性,企业更愿意在现有条件下进行调整,延长工人劳动时间,而不愿意招聘新工人,使复苏期失业率难以下降,进而导致自然失业率升高。自2009年第三季度开始,美国和欧洲经济已经走出衰退,步入正增长区间,但同时失业率仍在继续升高。总之,滞后理论认为,经济大衰退会对失业率乃至整个经济产生永久性的影响。

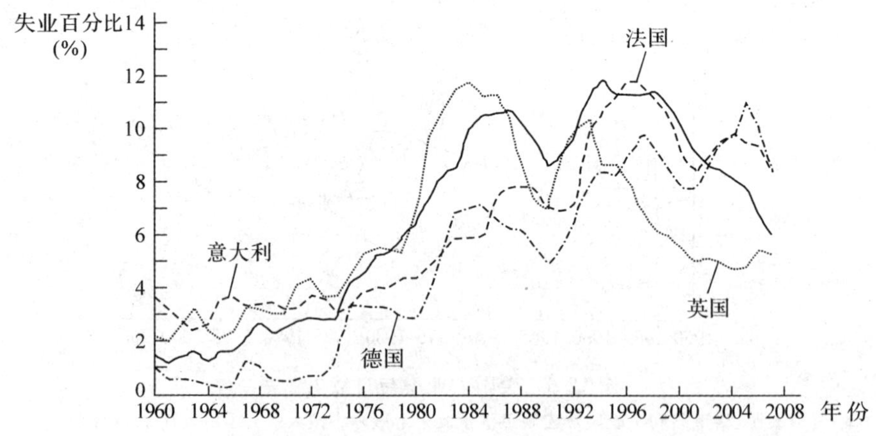

图12-7　欧洲部分国家的失业率

资料来源:格里高利·曼昆:《宏观经济学》(第七版),中国人民大学出版社2011年版。

20世纪80年代欧洲的失业问题

在20世纪60年代,欧洲国家的失业率曾一度处在2%～3%的低水平,基本上维持了充分就业。但自20世纪70年代以来,欧洲各国的失业率一直不断上升。

1980—1983 年间,欧洲遭受了严重的经济危机,失业率突升,不少国家失业率高达两位数,在 1983 年年底走出危机之后,欧洲国家仍然程度不同地为严重的失业问题所困扰。直到 1986 年经济复苏的第三个年头,失业率仍高于危机前的水平。其严重程度在二次大战之后是十分罕见的。这种现象很难用自然失业率不受短期经济波动影响的假说来解释。

经济周期与周期性失业

从图 12-8 中可以看出,失业率会受到经济周期的影响。当经济处于衰退期时,失业率会高于自然失业率,而当经济处于繁荣期时,失业率会低于自然失业率。我们将经济衰退时失业人口高出自然失业人口的那部分称为周期性失业(periodic unemployment),从成因上讲,周期性失业仍属于结构性失业,它是由劳动供需曲线逆向移动而产生的。

在图 12-8 中,劳动需求曲线向左移动到 D_N',就业人口从自然就业人口 N_1 下降到 N_2,其中 N_1-N_2 就是周期性失业。长期而言,经济周期波动带来的周期性失业情形总会得到消弭。

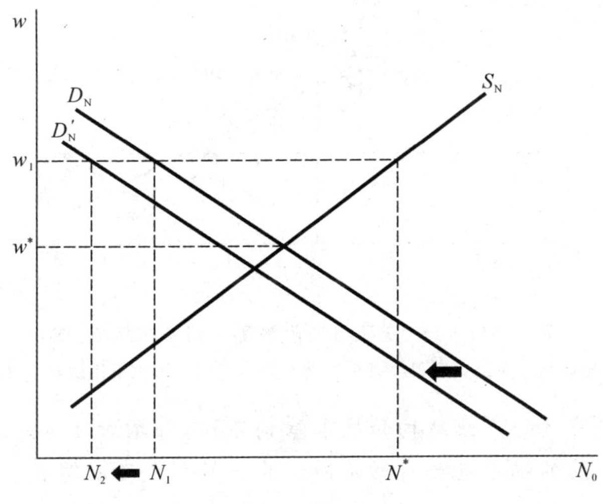

图 12-8 周期性失业

12.3 失业的危害

失业会给一国的经济发展造成严重的阻碍,从而危害到整个社会的稳定,这种危害主要体现在以下几个方面:

(1)产出和收入减少。这是失业所造成的危害中最显著的一种。原先本应在各自岗位上工作的工人却无所事事,这对产出和收入带来的损失是不言而喻的。根据一些经济学家的估计,失业率每上升 1 个百分点,就会导致 GDP 增长率下降 2~3 个百分点。因此,对一个国家来说,失业带来的产出损失是十分惊人的。上面这种失业率与 GDP 增长率之间的负相关性最早是由美国经济学家奥肯发现的,故被称为奥肯定律。

奥肯定律

美国著名经济学家阿瑟·奥肯1962年从统计资料中发现了周期波动中经济增长率和失业率之间存在一种负相关性，即低失业率会使增长率提高，高失业率会使增长率降低。具体地说，当失业率上升1%时，实际GDP增长率大约将会下降2%～3%（奥肯最早提出是4%，此值是经其他经济学家修正而成的，这里取其平均值2.5%），这可以用一个经验公式来表示：

$$\Delta Y/Y^{*}=-2.5\Delta u$$

其中，ΔY为实际GDP的“缺口”，视为实际GDP(Y)与潜在生产力Y^{*}之差，即$\Delta Y=Y-Y^{*}$；Δu为失业率u与自然失业率u^{*}的“缺口”，即$\Delta u=u-u^{*}$。这里扔掉“没用”的常数项。具体相关情况详见图12-9所示。

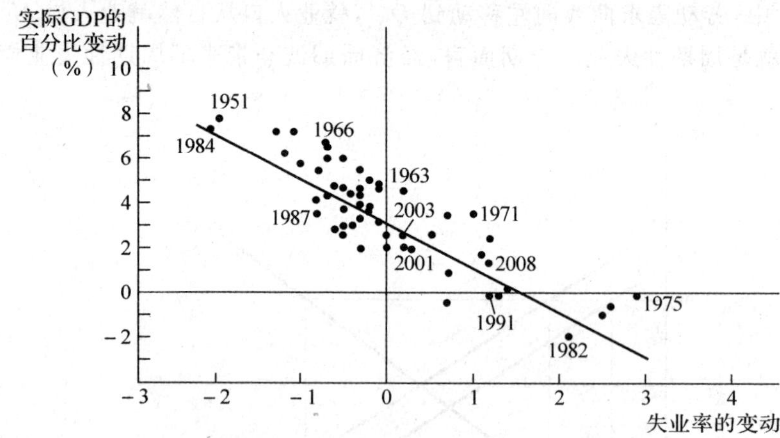

图12-9 美国实际GDP变动与失业率变动相关回归图：1951—1997

资料来源：格里高利·曼昆：《宏观经济学》（第七版），中国人民大学出版社2011年版。

当然，各个经济体的产业结构和技术结构不同，每增加1%失业率所引起的实际GDP增长率下降的幅度也会有所不同。其一般形式可以写成：

$$\frac{Y-Y^{*}}{Y^{*}}=-b(u-u^{*})\text{，或 }\Delta u=-\beta(g-g_n)$$

其中，Y为实际产出，Y^{*}为潜在产出，u为实际失业率，u^{*}为自然失业率，b为大于0的参数，β大于0，为奥肯定律系数，g为实际增长率，g_n为正常增长率。

注意，奥肯定律系数在不同国家、不同时期是不相同的。表12-1列出了4个国家不同时期的奥肯定律系数β的估计值。

表12-1 不同国家不同时期的奥肯定律系数β值

国 家	1950—1980年间	1981—2003年间
美国	0.39	0.39
英国	0.15	0.54
德国	0.20	0.32
日本	0.02	0.12

资料来源：奥利弗·布兰查德：《宏观经济学》（第4版），清华大学出版社2010年版。

(2)人力资本流失。失业有时候会损害失业者的事业发展并侵蚀人力资本。人力资本指的是个人所受的教育和所掌握的技能的价值。举例来说,一个在失业高峰期毕业的计算机系学生迫于生计,不得不找了一份快递公司送货员的工作。几年后,因计算机开放工具的进步,他发现自己的知识早已老化,因而无法与最新一届毕业的计算机系毕业生竞争。从而他只能继续停留在原先的岗位上,这样他作为一个计算机程序员的人力资本也就流失了。

(3)犯罪率上升。高失业率常常导致高犯罪率。形成这种关联有三方面的原因:一是当人们无法通过合法途径赚钱时,往往会转而采用非法手段,如偷窃或抢劫;二是低收入带来的生计困难容易诱发家庭暴力,如殴打孩子、虐待妻子、自杀等;三是持续失业会使失业者疏远社会,甚至转向卖淫和吸毒等犯罪活动。

(4)人格尊严丧失。长期失业给个人带来的挫折感和经济窘困是难以承受的,会极大地损伤个人的自尊。长期失业也会影响失业者的身体健康,研究显示,失业者比常人更易患高血压和心脏病。

(5)社会动乱。高失业率常常会导致社会动乱。高失业率容易引发社会动乱的原因有两方面:一是面临激烈的就业竞争,一部分失业者对通过正常途径获取工作感到失望,产生对社会的强烈不满,诱发动乱的冲动;二是失业大大降低了动乱活动参与者的机会成本,失业者比任何人都有更多的时间用于从事动乱活动。无论是阿拉伯之春,还是伦敦骚乱和占领华尔街运动,都与高失业率,特别是青年人的高失业率有关。这种无法以一个常规统计数字衡量的危害同样是十分巨大的,可能正是因为这一点,失业问题才具有高度的政治和社会重要性。

12.4 治理失业的供给政策

与前面的需求政策不同,治理失业的供给政策主要体现在鼓励人力资本投资、降低劳动市场摩擦和保护失业者福利等方面。这些供给政策包括:加强人力资本投资、完善劳动力市场、改革税收制度和建立更合理的失业救济金制度。

加强人力资本投资

政府通过培训、加强教育等手段来提高劳动力质量,提高劳动者的技能水平、熟练程度、文化素质,以适应劳动力市场的需求,促进就业。特别是加强青年劳动力的职业培训,让他们有能力胜任报酬较高的工作,从而提高工作接受率并减少摩擦性失业。如今,西方国家大多建立了庞大的社会开放式的人才培训系统,为青年提供实践机会以获取工作经验。在20世纪60年代,美国联邦政府通过了一系列立法来干预、引导高等教育的发展。德国也规定了“不培训就不能就业”的劳动力市场准则。

完善劳动力市场

首先,政府建立人才市场和就业指导中心,减小劳动力市场摩擦。其次,政府就业管理部门及时公布工作职位空缺信息,提高失业者的工作机会率,降低摩擦性失业。在西方市场经济国家,就业服务体系是连接劳动力供需双方的中介。这些就业中介能帮助劳动者克服转换职业、减少寻找新职位的盲目性,从而达到合理调节劳动力流向、改善就业布局、减少失业现象,使劳动力供求双方尽可能趋于平衡的目的。再者,协助劳动力异地流动,在更大的范围内促进劳动力的优化配置。从20世纪70年代以来,美国政府就十分重视农村经济发展和新兴产业的成长,由政府提供迁移费补贴、住房补贴、职业培训等,使劳动力形成合理的流动,优化了劳动力的配置。第四,限制工会权力过度。通过修改部分过于偏袒工会的工资法、工会法和就业法,打破劳动市场的劳方垄断,控制工资增长速度,缩小实际工资与出清工资之间的差距,降低结构性失业。降低最低工资标准,使技能水平较低的劳动者能够获得就业机会。这一政策主要适用于工会组织发达、社会福利偏高的欧美国家。

改革税收制度

降低或免除低收入工人的工资税。通常,被失业者拒绝的工作职位都是一些低收入、低福利和劳动条件艰苦的职位。如果在某些场合下,这些职位的税后收入还不及失业救济金,那么这些职位自然就难以吸引失业者。降低或免除低收入工人的工资税可以提高工作接受率,减少摩擦性失业。

建立更合理的失业救济金制度

有些经济学家提议,通过立法执行百分之百经验定律,即要求解雇工人企业承担全部的工人失业救济金,这样就可以降低离职率和摩擦性失业。

建立合理的失业保障制度,对于任何政府来说都是一件相当困难的事情。失业保障水平的提高,一方面可以减轻失业的经济困难,帮助失业者寻找更为合适的工作岗位,提高社会福利;另一方面也可能增加失业者的道德风险,增加摩擦性失业的数量。所以,社会保障要建立在社会能够承受的水平之上。

选择题

1. 零失业是一个不现实,似乎也并不可取的政策目标,这是因为如下事实,除了(　　)。

A. 工作和工人匹配需要时间

B. 强迫年老的人工作是不人道的

C. 最低工资法限制了工作机会

D. 一些失业工人不愿意在提供给他们的岗位上工作

2. 自然失业率的主要决定因素是(　　)。

A. 离职率和就业率　　B. 失业平均持续时间

C. 劳动力规模　　D. 离职率

3. 设L等于劳动力规模,E等于就业工人人数,U等于失业工人人数,则失业率等于(　　)。

A. $(L-E)/L$　　B. U/L　　C. $1-E/L$　　D. 以上全部正确

4. 设s表示离职率,f表示入职率。如果劳动力市场处于稳定状态,则自然失业率等于(　　)。

A. $1/s$　　B. $1/(s+f)$　　C. $s/(s+f)$　　D. $f/(s+f)$

5. 由于经济萧条而形成的失业属于(　　)。

A. 摩擦性失业　　B. 结构性失业　　C. 周期性失业　　D. 永久性失业

6. 由于劳动市场工资过高,企业劳动需求减少而造成的失业属于(　　)。

A. 摩擦性失业　　B. 结构性失业　　C. 周期性失业　　D. 永久性失业

7. 如果某人刚刚进入劳动力队伍,尚未找到工作,那么这种失业属于(　　)。

A. 摩擦性失业　　B. 结构性失业　　C. 周期性失业　　D. 永久性失业

8. 小张是一名演员，目前尚未找到合适角色，没有工作，他属于(　　)。

A. 摩擦性失业　　B. 结构性失业　　C. 周期性失业　　D. 永久性失业

9. 下列会增加摩擦失业率的政府政策是(　　)。

A. 扩充工作培训计划　　B. 增加失业保障金

C. 降低最低工资　　D. 发布关于空缺职位的信息

10. 在下列哪种情况下不会出现摩擦性失业(　　)。

A. 经济中出现部门转移

B. 一些公司倒闭

C. 工人们离开当前工作，寻找新的职业

D. 工人们一起离开当前工作，并停止找工作

11. 下列哪种情况下会出现结构性失业(　　)。

A. 工资具有完全弹性　　B. 大量传统行业企业破产

C. 在当前工资水平下，劳动力供过于求　　D. 劳动力市场完全竞争

12. 经济学家认为工资刚性可由下列哪一项引起(　　)。

A. 工会　　B. 最低工资法　　C. 效率工资　　D. 以上全部正确

13. 根据各种效率工资理论，高工资能使工人们的工作效率更高，这可归于以下原因，除了(　　)。

A. 使工人们买得起更有营养的饮食

B. 吸引高素质的工人

C. 可以通过失业成本提高增加工人的努力程度

D. 将人们置于更高的税级，使他们不得不努力工作，以取得同样的税后收入

14. 根据对失业滞后性的假设，一个长期衰退将(　　)。

A. 提高自然失业率　　B. 降低自然失业率

C. 对自然失业率没有影响　　D. 永远不会发生

15. 当经济中只存在(　　)时，该经济被认为实现了充分就业。

A. 摩擦性失业和季节性失业　　B. 摩擦性失业和结构性失业

C. 结构性失业和季节性失业　　D. 需求不足型失业

练习题

1. 什么是奥肯定律？

2. 摩擦性失业与结构性失业有什么不同？

3. 什么是滞后？

4. 高失业率有哪些社会危害？

5. 设某经济某一时期有 1.9 亿成年人，其中 1.2 亿人有工作，0.1 亿人在寻找工作，0.45 亿人没工作也没在找工作。试求：

(1)劳动力人数；

(2)劳动力参与率；

(3)失业率。

第十三章

通货膨胀

失业和通货膨胀都是现代社会的厌恶品,但两者还是有很大不同的。失业不一定是每个人都会经历的事情,而通货膨胀则是任何人一生中必定会经历许多次的事情。与失业相比,通货膨胀要古老得多,我国最早有记载的通货膨胀发生在2000多年前的新朝。我们讨厌它的理由很简单——就是因为它让我们的财富不断地缩水。我们会有这样的感受:随着时间的推移,许多东西变贵了,房价涨了,肉价涨了,学费涨了,汽油费涨了,火车票涨了……价格有时也会有回落,但那是短暂的和偶然的。打开一本统计年鉴,我们会发现,价格变化的总趋势是在持续地上涨。如果父母还是按我们中学时代的标准给我们生活费的话,现在肯定是不够花了。为何价格一直在上涨?微观经济学里学过的知识告诉我们,这是因为需求的增长超过了供给的增长。也就是说,我们手头上钱的增长速度超过了我们生产的增长速度。"钱多了"造成价格持续上涨的现象就是前面已经提到过的通货膨胀。本章我们将要考察通货膨胀形成的原因、危害及治理措施。

13.1 通货膨胀的类型

出于不同的研究需要,宏观经济学有许多种通货膨胀的分类。这里列举最常用的三种:一是根据通货膨胀程度的分类,二是根据通货膨胀形成原因的分类,三是根据预期程度的分类。

根据价格水平上升的速度不同,我们可以把通货膨胀分为爬行的通货膨胀(creeping inflation)、温和的通货膨胀(moderate inflation)、奔腾的通货膨胀(galloping inflation)和超速通货膨胀(hyperinflation)。

年度价格水平上涨幅度不超过2%或3%(即$\pi \leqslant 2\%$或3%)称为爬行的通货膨胀。我国2000—2004年前后的通货膨胀就属于爬行的通货膨胀。

年度价格水平上涨幅度不超过10%(即2%或3 $\% < \pi \leqslant 10\%$)称为温和的通货膨胀。目前,许多国家都存在着这种温和类型的通货膨胀。

年度价格水平上涨幅度达到两位百分数(即$10\% < \pi \leqslant 100\%$)称为奔腾的通货膨胀。这

时，货币流通速度加快而货币购买力下降。

年度价格水平上涨幅度达到三位百分数或者更高（即 $100\% < \pi$）就称为超级通货膨胀，也称恶性通货膨胀。发生这种通货膨胀时，价格持续猛涨，人们都试图尽快地使货币脱手，从而大大加快了货币流通速度。其结果将导致货币完全失去信任，货币购买力猛降，各种正常的经济联系遭到破坏，以至于货币体系和价格体系最后完全崩溃。在严重的情况下，还会出现社会动乱。第一次世界大战后1923年的德国曾出现1个月内价格就上涨了2500%，马克的价值降至原来价值的亿万分之一。二次世界大战后的希腊、匈牙利以及新中国成立前夕的旧中国都发生过这样的通货膨胀。最近，津巴布韦也发生了恶性通货膨胀。

根据通货膨胀的形成原因，我们可以把通货膨胀分为需求拉动型通货膨胀（demand-pull inflation）、成本推进型通货膨胀（cost-push inflation）、结构性通货膨胀（structural inflation）和输入型通货膨胀（imported inflation）等。

需求拉动型通货膨胀是指总需求过度增长并超过现有价格水平下的商品总供给而引起的价格普遍上涨。总需求的过度增长表现为由于投资膨胀和消费膨胀所导致的持续的货币供应量超过社会商品可供量的增长，因而又称过度需求通货膨胀。

成本推进型通货膨胀是指成本上升所引起的价格普遍上涨。导致成本上升的因素一是物耗增多，或原材料价格上涨；二是工资的提高超过了劳动生产率的增长。

结构性通货膨胀是指因社会经济部门结构失衡而引起的价格普遍上涨。这种类型的通货膨胀一般在发展中国家较为突出。其主要表现为3种情况：一是国内某些部门，甚至某些大宗关键产品需求过多而供给不足，导致价格猛涨，并且只涨不跌，进而扩散到其他部门的产品价格，从而使一般价格水平持续上涨；二是国内各部门劳动生产率发展不平衡，导致劳动生产率提高较快的部门工资增长后，其他部门的工资也随之增长，造成生产率提高慢于工资增长，从而使一般价格水平普遍上涨；三是开放经济部门的产品价格，受国际市场价格水平影响而趋于提高时，会波及非开放经济部门，从而导致一般价格水平的上涨。

输入型通货膨胀是指因进口商品价格上涨，或大量资本输入而引起国内商品价格的普遍上涨。这种类型的通货膨胀是通过国际贸易和国际资本流动等途径进行传播的。经济开放的小国发生这类通货膨胀的可能性较高。

根据预期程度的差异，我们可以把通货膨胀分为预期到的通货膨胀（expected inflation或 anticipated inflation）和未预期到的通货膨胀（unexpected inflation）。

预期到的通货膨胀是指基本上能让大多数人预期到通货膨胀率的通货膨胀。一般来说，通货膨胀率较低时，通货膨胀率容易被人们预期到，属于预期到的通货膨胀。

未预期到的通货膨胀是指不能让大多数人预期到通货膨胀率的通货膨胀，特别是通货膨胀率超过人们预期的通货膨胀。一般来说，通货膨胀率较高时，通货膨胀率不容易被人们预期到，属于未预期到的通货膨胀。

13.2 通货膨胀税

为了购买公共产品（如国防和司法）和转移支付（如贫困补助），政府需要筹资。政府筹资有三种途径：一是通过税收筹资，二是政府举债筹资，三是增发货币筹资。下面我们就来重点考察增发货币筹资的情况。

当增发货币进入流通后，政府就能得到相关数量的经济资源，获取收益。然而，其必然会引起通货膨胀。政府通过这种方式筹资犹如增收一定数量的税收收入。所以，增发货币获取的收益被称为铸币税或通货膨胀税(inflation tax)。英语中铸币税一词“seigniorage”源于法语的“seigneur”，意为“封建领主”。在中世纪，领主拥有在自己的领地铸造货币的排他性权力。

按照现代经济学的理解，通货膨胀税由两部分组成：一是政府直接从用增发货币购买产品和服务中获得的收益，即在传统意义上，有：铸币税＝增发货币的价值－增发货币的费用。增发货币的费用，在硬币时代包括铸造硬币所消耗的金、银等金属的费用和支付铸币劳动的费用；在纸币时代包括印刷纸币所支付的原材料和劳动费用。随着电子货币时代的来临，增发货币的费用会不断下降，直至可以忽略不计。二是通货膨胀间接增加的税收。在实行累进税制的国家里，由于通货膨胀的影响，人们的名义货币收入增加，导致纳税所得自动地划入较高的所得档次，从而按较高的税率纳税。这种由通货膨胀造成的实际税收增加部分也属于通货膨胀税。为了方便起见，下面以传统铸币税为例，说明铸币税与通货膨胀率之间的关系。

给定产出 Y 不变的情况下，根据前面货币流通速度 V 在短期内保持稳定的假设，对货币数量方程式 $MV=PY$ 两边取导数，就有：

$V\dot{M} = Y\dot{P}$ ，移项可得：

$$\dot{M} = \frac{Y}{V}\dot{P} = \frac{\dot{P}}{P}M = \pi M ,$$

$$S = \frac{\dot{M}}{P} = \pi \frac{M}{P} = \pi m 。$$

其中，π 是通货膨胀率，S 是铸币税。

从上式可以看出，影响铸币税的因素有两个：一是通货膨胀率，二是实际货币余额。随着通货膨胀率的上升，个人和企业的持币成本将会增加。个人持币数量减少，银行超额准备金下降。这些都会导致实际货币余额降低。也就是说，实际货币余额是通货膨胀率的递减函数。当通货膨胀率为 0 时，铸币税自然也就为 0。随着通货膨胀率上升，铸币税开始大于 0，且逐渐上升。但是，随着通货膨胀率继续上升，实际货币余额就会急剧下降，最终导致铸币税下降。因此，在这期间必然存在一个转折点 C，在 C 点左边，铸币税将随通货膨胀率递增；在 C 点右边，铸币税将随通货膨胀率递减。C 点就是铸币税的极大点(见图 13-1)。

图 13-1 表明，政府通过增发货币筹资是有限度的，不能超过 S^* 。从理论上讲，在 0 至 π^* 之间，政府提高通货膨胀率，就能够增加收入。但是，政府通常还是会希望将通货膨胀率保持在较低水平，否则就会给社会和政府本身带来较大的损失。

政府通过增发货币获得的收益在各国之间的差异很大，如在美国这个数额就很小，不到 3%；相反地，在一些经历恶性通货膨胀的国家，如前几年的津巴布韦，铸币税往往成了政府收入的主要来源。

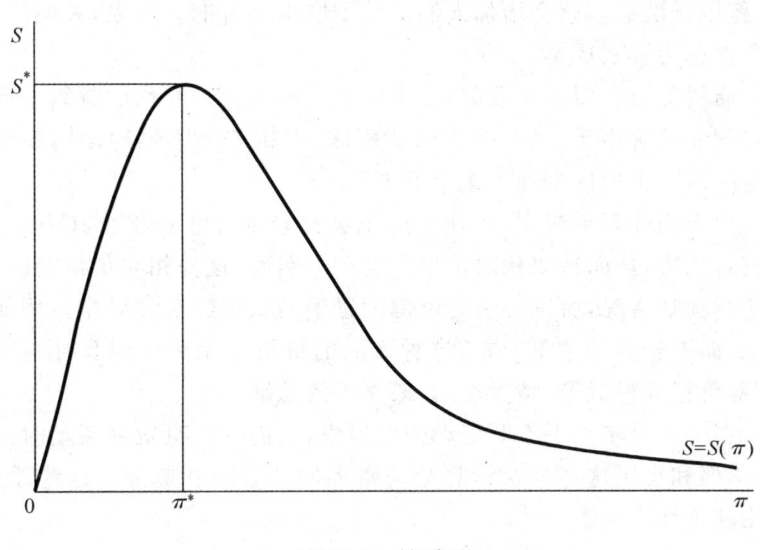

图 13-1 铸币税

13.3 通货膨胀的成本与益处

与失业不同，通货膨胀并不直接影响生产，其对经济活动的影响主要发生在流通领域。这种影响也是有利有弊的。其弊端就是增加了经济运行的成本。不同的通货膨胀，其成本构成也是有差异的。最重要的区别是恶性通货膨胀和非恶性通货膨胀。在非恶性通货膨胀中，还要区分预期到的通货膨胀和未预期到的通货膨胀。

可预期的通货膨胀

如果一个经济长期经历着固定的通货膨胀率，如 3％的通货膨胀率，那么这个经济的通货膨胀就是可预期的。在可预期的通货膨胀中，人们能比较准确地预期到通货膨胀率，比如 3％。这样，在签订所有经济合同时，人们都会考虑通货膨胀率为 3％的因素。偿还货款时，名义利率要比没有通货膨胀时高 3％。签订工资合同时，要规定每年额外提高工资 3％。这样的通货膨胀并不会影响实际产出。但是，货币不断贬值的事实还是会影响人们的日常经济生活，产生相应的成本。这些成本包括：

鞋底成本(shoes-leather cost)。如果我们将钱存入银行，那么就意味着持有了一份生息资产；而如果将钱放在身边用于日常生产和生活，则意味着我们放弃了一份生息资产。也就是说，持币是有成本的，这个成本就是货币的利息。通货膨胀会增加名义利率和持币成本，从而降低人们的持币数量。例如，小张的顾客每月会给他的银行账户打入一笔 3 万元的钱。如果没有通货膨胀，月(名义)利率为 0.1％，他每月只到银行取一次钱(每次取 3 万元)，他的持币成本即为 30 元。如果有通货膨胀，月利率上升到 0.2％，他每月只到银行取一次钱，他的持币成本将会上升到 60 元。小张考虑分两次取钱(每次取 1.5 万元)，这样他的持币成本又会减少到 30 元。如果小张觉得为节约这 30 元持币成本，多跑一趟银行是值得的，那么他就会减少持币数量，多光顾一次银行。然而，光顾银行也是有代价的，它会消耗人们的时间和资源。例如,跑银行次数多就会增加人们的鞋子磨损和折旧。所以,人们将持币数量下降带来的成本形象地称为鞋底成本。

菜单成本。通货膨胀会引起企业原料、工资和其他(名义)开销的频繁上涨,迫使企业经常为自己产品印刷新的价格单。例如,因通货膨胀,餐馆需要不停地印刷新的菜单。所以,人们将价格调整时所产生的成本称为菜单成本。

效率损失。由于面临菜单成本,企业一般不会频繁地改变价格。其中一些企业往往会在次优价格上进行销售,从而造成相对价格的变动。然而,这种相对价格变动并不能完全反映各种资源的相对稀缺情况,所以会引起资源配置中的微观经济无效率。例如,当一种产品的生产成本上涨,而因较高的菜单成本,这种产品的价格却无法得到及时调整,仍然保持原价时,将使其相对价格变得低廉,销量增加,最终导致短缺。

计算成本。在一个价格水平不断变动的世界里,人们在从事贸易活动时,会涉及许多复杂的金融计算,掌握和运用这些复杂计算会花费人们的时间和资源。这些涉及与通货膨胀计算有关的费用就是计算成本。

未预期到的通货膨胀

如果一个经济经常遭受意外冲击,通货膨胀率忽高忽低,人们就很难预测通货膨胀率。难以预料的通货膨胀会增加经济的不确定性,提高经济的运行成本。未预期到的通货膨胀除了上述各种通货膨胀的社会成本外,还有以下一些成本:

预期错误成本。由于错误预期了通货膨胀率,便会造成财富的不合理再分配或资源配置的低效率。首先,未预期到的通货膨胀会扭曲税收。如果税收规则没有预期到通货膨胀的因素,往往会造成不合理的税收。假定税收规则制定时没有通货膨胀,税收规则规定征收个人所得税的最低收入标准为年收入 34000 元,此时小张的年薪为 30000 元,自然属于低收入阶层,无需交纳个人所得税。但是,一年后出现了 20%的通货膨胀,公司决定每年给小张 6000 元作为通货膨胀的补偿。这样,在小张实际收入没有发生改变的情况下,仅仅由于年度名义收入的上涨,他就需要交税了。这里,通货膨胀便歪曲了税收规则制定时所包含的公平原则。其次,未预期到的通货膨胀会扭曲债权人和债务人之间的利益分配。债权人和债务人所预期到的通货膨胀率与实际通货膨胀率不同,债务人向债权人的实际支付也会不同于预期支付。当实际通货膨胀率高于预期通货膨胀率时,债务人便会获益,债权人就要受损。相反地,当实际通货膨胀率低于预期通货膨胀率时,债权人便会获益,债务人就要受损。例如,工人和企业通常在工人退休时(或者甚至更早一些)就固定的名义养老金达成协议。由于养老金是延期支付的收入,所以工人在本质上是向企业或社会提供贷款:工人在年轻时向企业提供劳动服务,但在老年之后才得到全部报酬。与任何一个债权人一样,当通货膨胀高于预期时,工人将受到损失。与任何一个债务人一样,当通货膨胀低于预期时,企业或社会将受到损失。

纠错成本。未预期到的通货膨胀会造成财富的不合理再分配,资源配置低效率往往也会引发重新签订各种合同所支付的费用。例如,当退休工人发现实际通货膨胀率大大超过他们退休时预期的通货膨胀率时,他们就会找企业或社会要求增加退休金。这种增加退休金的谈判往往会让双方支付大量的谈判成本。如果谈判未果,退休工人就有可能上街游行抗议,让整个社会承担更高的摩擦成本。

恶性通货膨胀

在恶性通货膨胀下，物价飞涨，人们失去存放和储蓄货币的意愿，使货币失去了其应有的价值。除了上述各种通货膨胀的社会成本外，恶性通货膨胀还有以下一些成本：

仓库成本。当发生较高的通货膨胀时，为了防止财产贬值，人们会大肆囤积商品，这种商品囤积会占用大量场地作仓库，同样也会消耗大量的人力物力，这些都属于仓库成本。广义地讲，仓库成本是指大肆囤积商品所产生的费用。

替代通货成本。当发生较高的通货膨胀时，货币失去其作为价值储藏手段、计价单位和交换媒介的作用。以物换物交易变得更为普遍，人们寻求商品货币（如金银）或外币替代本国法定货币。这些交易额外产生的费用就是货币替代成本。

社会动乱成本。严重通货膨胀实际上起到消灭中产阶级的作用，使社会收入结构向“蜂腰型”方向发展，会导致社会出现严重的不稳定，大大提高社会维持正常秩序的成本。

恶性通货膨胀的原因

恶性通货膨胀为什么会开始，又如何结束？我们可以在不同层次上回答这个问题。

最明显的答案是，恶性通货膨胀源于货币供给的过度增长。当中央银行发行货币时，价格水平上升。当中央银行以过快的速度发行货币时，一个必然的结果就是恶性通货膨胀。为了遏制恶性通货膨胀，中央银行必须降低货币增长率。

但这个回答并不完全，因为由它引出的一个问题是：在恶性通货膨胀的经济中，中央银行为什么选择如此快地发行货币？为了解决这个深层次的问题，我们必须把注意力从货币政策转向财政政策。大多数恶性通货膨胀都是从政府税收收入不足以支付其支出开始的。虽然政府可能倾向于通过发行债券来为这种预算赤字融资，但它可能会发现无法借到钱，这可能是因为债权人认为政府有不良信贷风险。为了弥补赤字，政府转向它所能支配的唯一机制，即印发钞票。其结果便是迅速的货币增长和恶性通货膨胀。

一旦恶性通货膨胀已经发生，财政问题便会更加严重。由于得到税收支付的滞后，随着通货膨胀的上升，实际税收收入会减少。这样，政府对金（银）币铸造税依赖的需要会自我加强。迅速的货币制造引起恶性通货膨胀，恶性通货膨胀又引起更大的预算赤字，更大的预算赤字又引起更快的货币制造。

恶性通货膨胀的结束总是与财政改革携手并行的。一旦问题严重到忍无可忍，政府便会振作起政治决心，以减少政府支出和增加税收。这些财政改革减少了对金（银）币铸造税的需要，使降低货币增长速度成为可能。因此，即使通货膨胀在任何地方都是一种货币现象，恶性通货膨胀的结束通常也是一种财政现象。

旧中国的通货膨胀——恢复商品货币

抗日战争期间，因军费突增，税收萎缩，国民党政府财政赤字增加，货币（法币）发行量急剧上升，由此引发了比较严重的通货膨胀。抗战胜利后，国民党政府企图迅速消灭共产党，积极扩充军力，军费开支浩繁，财政赤字猛增，货币发行量继续直线上升，最终引发了恶性通货膨胀。

有人根据国民党政府主计处统计局的价格统计、重庆市政府的价格月报和上海市政府的价格统计，对法币和金圆券的贬值作了一个形象化的分析：法币 100 元的购买力，1937 年值 2 头黄牛，1938 年值 1 头黄牛，1939 年值 1 头猪，1941 年值 1 袋面粉，1943 年值 1 只鸡，1945 年值 2 个鸡蛋，1946 年值 1/6 块固本肥皂，1947 年值 1 个煤球，1948 年 8 月 19 日值 2.416×10^{-3} 两(按每斤合 16 两计算)大米，1949 年 5 月值 1.85×10^{-10} 两大米，即一粒米的千万分之二点四五。12 年的恶性通货膨胀，使中国人民遭受了一场空前的大浩劫。最终人民放弃了法币和金圆券，选用银元和铜钱等商品货币。

俄罗斯的通货膨胀——美国香烟当通货

1992 年，叶利钦、盖达尔政府全面贯彻"休克疗法"改革方案，各项措施相继出台。不计后果的市场化改革导致国民经济滑向了深渊：首先，计划经济向市场经济迅速转轨，旧的生产组织方式全部遭到废弃，新的生产组织方式尚未形成，生产出现大滑坡，这一年俄罗斯 GDP 下降 14.5%。其次，在物价放开后，原来物资短缺造成的隐性通货膨胀出现显性化。再者，俄罗斯私有化方案的具体做法是把国有企业折合成一定价值，以债券凭证方式平均分配给国民，这直接导致了货币流通量和流通速度的增大。诸多因素掺在一起，便导致了恶性通货膨胀。价格上涨 2508.8%……消费价格指数 1991 年比上年上升 168%，1992 年上升 2508.8%，1993 年上升 844%，1994 年上升 214%，1995 年上升 131.49%。转轨 5 年，价格上涨了近 5000 倍……81%的居民已经没有储蓄存款。卢布大幅贬值：美元与卢布比价 1991 年为 1∶59，1992 年为 1∶222，1993 年为 1∶933，1994 年为 1∶2205，1995 年为 1∶4562，1998 年跌到 1∶6000……价格飞涨中，万宝路牌香烟曾一度成了莫斯科市民手中的"商品货币"。

津巴布韦的通货膨胀——美元化

津巴布韦地处非洲东南部内陆，地理环境优越，矿产和土地资源十分丰富。1980 年获得独立后，经济曾经发展较快，被视为非洲经济发展的样板。农业相当发达，素有"南部非洲粮仓"之称。

然而，2000 年政府开始实行"无偿式土改"。到 2002 年 10 月，政府几乎无偿征收了 980 万公顷的白人土地，安置了 20 万黑人农民。一方面，土改迫使大批白人农场主出走和撤资，而获得土地的黑人农民又不善于管理土地，加上连续遭遇旱灾，粮食严重歉收；另一方面，土改招致西方国家的经济制裁，造成许多商品奇缺。结果导致物价迅速上涨，政府开支和财政赤字加大，无奈之下政府开始不断增发货币，弥补赤字。这样却进一步加深了通货膨胀和财政赤字，最终陷入恶性通货膨胀的泥潭。2008 年 7 月，官方宣布的通货膨胀率为 231000000%。其他观察家认为实际通货膨胀率甚至更高。最后，2009 年 3 月，津巴布韦的政府放弃了本国货币，美元成为该国的官方通货。该国的恶性通货膨胀才宣告结束。

通货膨胀的益处

前面我们已经讨论了通货膨胀的各种成本，这些成本使得许多经济学家认为货币政策制定者应该以零通货膨胀为目标。然而,通货膨胀也有其另一面。一些经济学家认为,爬行的通货膨胀(如每年通货膨胀率为2%～3%)对经济运行是有益处的。

由于名义工资下调存在刚性,当经济遇到不利冲击时,名义工资往往无法做出充分调整。如果没有通货膨胀,实际工资只能停留在高于均衡水平之上,从而会增加结构性失业。相反地,存在一定程度的通货膨胀可以起到削减实际工资、减轻或消除结构性失业的作用。例如,在一个每年通货膨胀3%的经济中,一年不加薪就意味着实际工资下降3%。尽管有通货膨胀不加薪起到调节工资的效果与无通货膨胀减薪一样,但实际操作起来前者无疑要方便得多。所以,有些经济学家认为轻微的通货膨胀是劳动力市场的润滑剂。凯恩斯在《通论》中曾说过:"只有愚蠢之徒才会挑选有伸缩性的工资政策,而不挑选有伸缩性的货币政策。"

通货膨胀的第二个益处就是政府可以实现低成本筹资。前面我们已经提到过,通货膨胀本质上是一种税收。由于货币幻觉的影响,与增加税收相比,人们更不会反对政府适度推高通货膨胀率。因此,通过适度通货膨胀获得政府筹资是一种低成本的集资。

通货膨胀的第三个益处是保证货币政策的灵活性。有一定正的通货膨胀率可以让中央银行选择负的实际利率。我们设想有两个实际利率都等于2%的经济:第一个经济通货膨胀率为4%,名义利率为6%;第二个经济通货膨胀率为0,名义利率为2%。假定当这两个经济遭遇同样强度的负向冲击时,第一个经济的中央银行可以将名义利率从6%调低至0,在预期通货膨胀率没有立即发生变化,仍然保持在4%的水平上,实际利率就会从2%下降到−4%,这对经济复苏会起到较大作用。相反地,第二个经济的中央银行只能将名义利率从2%调低至0,货币政策调控空间显然要小得多,对经济复苏的刺激作用也会小得多。

13.4 通货膨胀、失业与菲利普斯曲线

政府管理经济的两大目标是低通货膨胀和低失业,但这两个目标在实际经济管理中往往是相互冲突的。为了控制通货膨胀,政府会采取紧缩性的经济政策,但这往往会在降低通货膨胀的同时提高失业率;相反地,为了解决失业问题,政府会选择扩张性的经济政策,但这往往会在减少失业的同时提高通货膨胀。这种经济管理中的冲突主要受到所谓的菲利普斯曲线(Phillips curve)约束。

菲利普斯曲线的历史

1958年,在英国伦敦经济学院工作的菲利普斯根据英国1867—1957年间失业率和货币工资变动率的经验统计资料,发现了在名义工资变化率与失业率之间存在一条成负向关系的曲线。这一曲线被称为菲利普斯曲线。它表明,当失业率较低时,货币工资增长率较高;当失业率较高时,货币工资增长率较低,甚至可能为负数,如图13-2所示。不久之后,菲利普斯的同事李普西从劳动市场供需状况对菲利普斯曲线作了解释。

1960年,美国经济学家萨缪尔森和索洛对菲利普斯曲线作了修正。他们通过对美国经济历史数据的分析,发现通货膨胀率与失业率之间也存在类似的负相关性,并能较好地拟合20世纪60年代美国的宏观经济数据,如图13-3所示。这种修正建立起了菲利普斯曲线和经济政策之间的关系,并把其作为新古典综合理论的一个重要组成部分,被看成是*IS-LM*

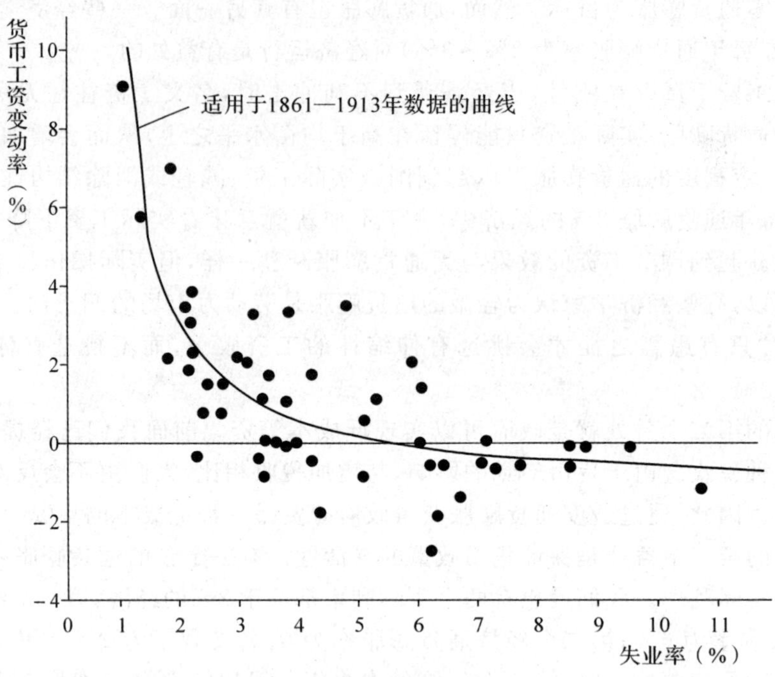

图 13-2　原始菲利普斯曲线

资料来源：鲁迪格·多恩布什，等：《宏观经济学》，中国人民大学出版社 2010 年版。

模型的补充。菲利普斯—李普西和萨缪尔森—索洛的菲利普斯曲线都称为传统的菲利普斯曲线。

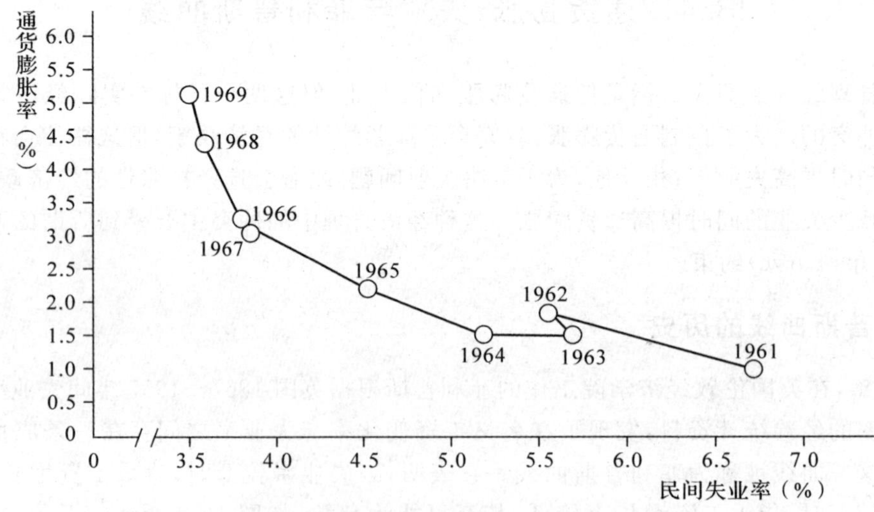

图 13-3　1961—1969 年间美国的通货膨胀与失业

资料来源：鲁迪格·多恩布什，等：《宏观经济学》，中国人民大学出版社 2010 年版。

费尔普斯和弗里德曼分别在 1967 年和 1968 年独立提出了自然失业率假说，并且将“预期”概念引入宏观经济学分析。他们认为，传统的菲利普斯曲线分析存在一个严重缺陷，即忽略了人们对通货膨胀的预期。弗里德曼指出，企业和工人关注的不是名义工资，而是实际工资。当劳资双方谈判新工资协议时，他们都会对新协议期的通货膨胀作出预期，并根据预期的通货膨胀相应地调整名义工资水平。根据这种说法，人们预期通货膨胀率越高，名义工资增加越快。由此，弗里德曼等人提出了附加预期的菲利普斯曲线的概念。附加预期的菲利普斯曲线就是预期通货膨胀率保持不变时，反映通货膨胀率与失业率相互交替关系的曲线。

20 世纪 70 年代以后，传统的菲利普斯曲线已经无法吻合美国的宏观经济数据，于是出现了所谓的菲利普斯曲线崩溃现象，如图 13-4 所示。

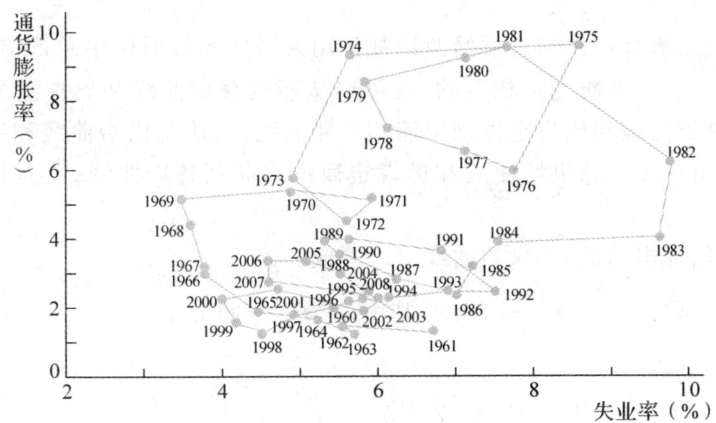

图 13-4　美国 1960 年以来的通货膨胀与失业

资料来源：格里高利·曼昆：《宏观经济学》（第七版），中国人民大学出版社 2011 年版。

费尔普斯和弗里德曼关于菲利普斯曲线会随着人们预期的通货膨胀率的变化而发生移动的猜想，较好地拟合了 20 世纪 70 年代以后美国的宏观经济数据。用附加预期的菲利普斯曲线来拟合实际数据，图 13-5 给出了美国 20 世纪 60 年代初期和 80 年代初期附加预期的菲利普斯曲线。

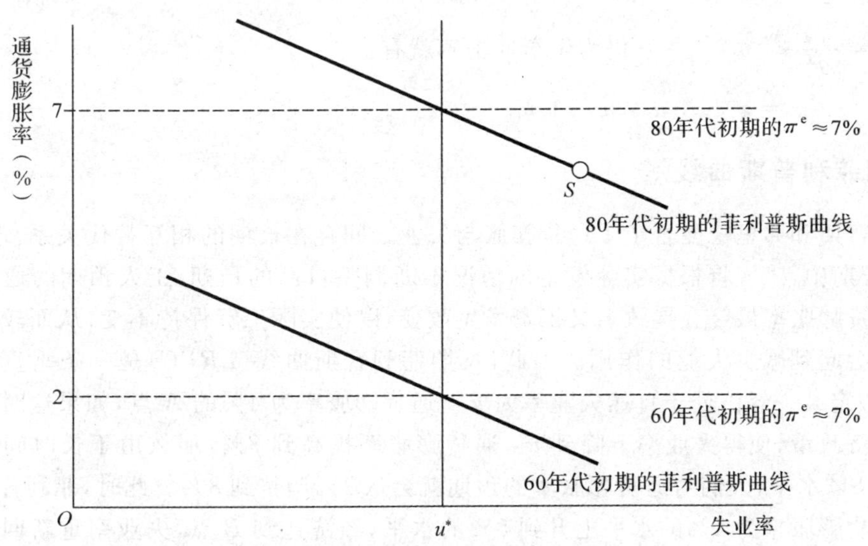

图 13-5　通货膨胀预期与短期菲利普斯曲线

资料来源：鲁迪格·多恩布什，等：《宏观经济学》，中国人民大学出版社 2010 年版。

此外，一些凯恩斯主义经济学家也用供给冲击项来说明 20 世纪 70 年代石油危机对菲利普斯曲线移动的影响。因此，现代菲利普斯曲线可以表示为：

$$\pi = \pi^e - \beta(u - u^*) + v$$

上式中，π 为实际通货膨胀率，π^e 为预期通货膨胀率，u 为实际失业率，u^* 为自然失业率，v 为供给冲击，β 为衡量通货膨胀率对周期性失业反应程度的参数。

菲利普斯曲线、奥肯定律和总供给曲线

菲利普斯曲线、奥肯定律和总供给曲线都是用来描述经济周期中总产出、就业和通货膨胀之间的关系的。它们本质上是相容的，既可以从菲利普斯曲线和奥肯定律推出总供给曲线，也可以从总供给曲线和奥肯定律推出菲利普斯曲线，或从总供给曲线和菲利普斯曲线推出奥肯定律。这里仅举从总供给曲线和奥肯定律推出菲利普斯曲线一例，其余留做同学们自己证明。

如果考虑供给冲击的话，总供给曲线可以写成：

$$P = P^e + \frac{1}{\alpha}(Y - \bar{Y}) + \varepsilon$$，其中，ε 为供给冲击。

因此，可以得到：

$$\frac{P - P_{-1}}{P_{-1}} = \frac{P^e - P_{-1}}{P_{-1}} + \frac{Y - \bar{Y}}{\alpha P_{-1}} + \frac{\varepsilon}{P_{-1}}$$，即：

$$\pi = \pi^e + \frac{Y - \bar{Y}}{\alpha P_{-1}} + \frac{\varepsilon}{P_{-1}}$$

其中，P_{-1} 为上一年价格水平。

根据奥肯定律，$\frac{Y - \bar{Y}}{\bar{Y}} = -b(u - u^*)$，得到：

$$\pi = \pi^e + \frac{-b(u - u^*)\bar{Y}}{\alpha P_{-1}} + \frac{\varepsilon}{P_{-1}},$$

取 $\beta = \frac{b\bar{Y}}{\alpha P_{-1}}$，$v = \frac{\varepsilon}{P_{-1}}$（仍为供给冲击），就有：

$$\pi = \pi^e - \beta(u - u^*) + v。$$

长期菲利普斯曲线

费尔普斯和弗里德曼否定了通货膨胀与失业之间存在长期的相互替代关系。因为他们认为，在长期中，工人将根据实际发生的情况不断调整自己的预期，工人预期的通货膨胀率与实际通货膨胀率最终会导致名义工资发生改变，以使实际工资保持不变，从而较高的通货膨胀就不会起到减少失业的作用。因此，长期菲利普斯曲线（*LRPC*）是一条垂直线。在图 13-6 中，假定某一经济处于自然失业率为 u^*、通货膨胀率为 4％的 A 点，如果这时政府采取扩张性经济政策，使得失业率下降到 u_1，通货膨胀率提高到 8％，那么由于长时间通货膨胀率保持在 8％水平，人们对通货膨胀率的预期就会从 4％调整到 8％。此时，菲利普斯曲线就从预期通货膨胀率为 4％的水平上升到 8％的水平，经济达到 B 点，失业率重新回归自然失业率 u^*。因此，从长期来看，失业率仍为一个常数。

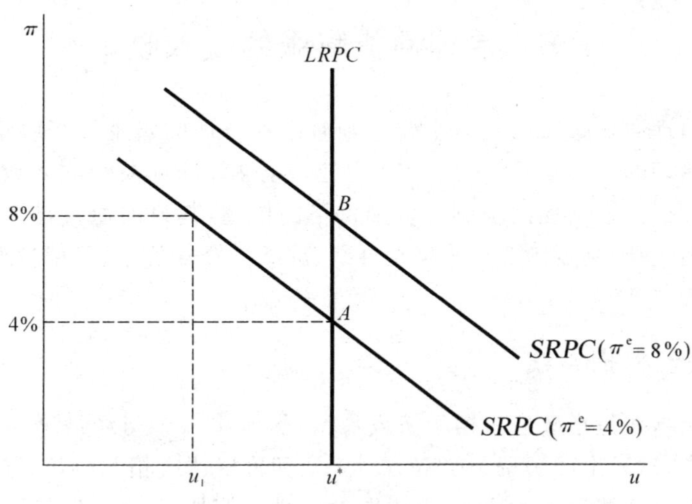

图 13-6　短期和长期菲利普斯曲线

13.5　菲利普斯曲线与通货膨胀的治理

经过萨缪尔森和索洛的修正后，菲利普斯曲线可以直接应用于宏观经济管理，成了新古典综合宏观经济学政策分析的一块基石。它表明，当社会不堪忍受高通货膨胀时，政府可以牺牲就业率，采用紧缩性经济政策降低通货膨胀率；当社会不满意高失业率时，政府可以以提高通货膨胀率为代价，选择扩张性经济政策以减少失业率。无论控制高通货膨胀，还是治理高失业，都会给社会带来一定的代价。代价的程度就是所谓的牺牲率。反通货膨胀的牺牲率，就是每下降一个百分点通货膨胀率所损失的 GDP 的百分点，或增加的失业的百分点。相反地，解决失业的牺牲率是指每降低一个百分点的失业率所增加的通货膨胀率的百分点。据美国经济学家对美国 1981—1985 年间反通货膨胀的牺牲率估算，其值约为 2.8%。

然而，费尔普斯和弗里德曼提出的附加预期的菲利普斯曲线，却预示着只有当实际通货膨胀率增长率超过人们预期的通货膨胀率增长率时，通货膨胀升高才会降低失业。如果实际通货膨胀率增长率小于或等于人们预期的通货膨胀率增长率，通货膨胀提高就不会降低失业，甚至还会增加失业。从长期来看，通货膨胀率总会回归自然率。不过，有些经济学家对此却持有异议。他们认为，反高通货膨胀政策实践带来的伤害往往是永久性的，即会提高失业的自然率。20 世纪 80 年代初，欧洲经过反通货膨胀后，长期平均失业率比原先有了明显的上升。这就是所谓的反通货膨胀的滞后作用。造成滞后作用的原因可能有以下一些：长期失业造成工人失去有价值的工作技能，降低了他们寻找工作的能力；长期失业可能改变一个人对工作的态度和降低他寻找工作的愿望；严重的经济衰退造成局内人人数大幅度下降，从而使局内人利益集团更加努力地去争取集团利益，增加实际工资，而非提高就业率。滞后作用提高了牺牲率，因为即使在反通货膨胀时期结束后还会存在产出损失。

13.6 治理通货膨胀的收入政策

前面介绍的治理通货膨胀的政策主要是刺激需求方面的宏观经济政策，下面将介绍一些有关通货膨胀治理的收入政策。收入政策是指政府为了影响货币收入或价格水平过快上升而采取的强制性或非强制性的限制工资和价格的措施，其目的通常是为了降低价格的上涨速度。这些政策包括：制定工资—价格指导线、冻结工资—价格、权威性劝说、调整税收政策和工资指数化等。

制定工资—价格指导线

工资—价格指导线是指政府根据经济发展情况，制定一个与经济增长相适应的工资增长率和价格增长率，然后出面协调劳资双方就工资和价格达成相关协议，并且运用经济方法或劝说与宣传的策略去指导工会与企业领导人执行。例如，1962 年，美国肯尼迪政府就提出了“非膨胀性工资与价格行为指标”，规定全国的平均货币工资增长率必须与劳动生产率的增长率保持相同水平。英国政府在 1964 年规定的工资—价格指导线把货币工资增长率确定为 3%～3.5%。现在这种做法已被西方国家广泛运用，并起到了一定的作用。

冻结工资—价格

冻结工资—价格是指政府运用法律手段禁止工资与价格上升，或者规定工资与价格的增加必须得到负责工资和价格管理部门的批准。这种方法一般是在战争或自然灾害发生等特殊时期采用，当然，在通货膨胀相当严重时也可以采用。例如，1971 年 8 月，尼克松总统上台后，针对当时两位数的通货膨胀，曾宣布冻结工资与价格，并予以强制实行。这种方法可以迅速而有效地制止通货膨胀，但是不能经常或长期使用。这是因为，冻结手段会使价格失去调节经济的功能，从而引发资源配置失当，造成生产效率低下，产出下降。从长期来看，不仅不能制止通货膨胀，反而会引起需求拉升的通货膨胀。

权威性劝说

所谓的权威性劝说（或施压）是指政府不是通过强制性地控制名义工资和产品价格，而是巧妙地通过劝说或施加压力的方法，告诫厂商和工会不要提高产品价格和试图要求增加工资。一般情况是政府劝说工会和企业遵守已经制定的工资—价格指导线，鼓励雇员和雇主在较低的工资增长率水平上达成和解，以减轻通货膨胀压力。在劝说难以奏效的时候，政府也会通过某种方式给企业施加压力，例如，用永不购买该企业的产品来威胁那些不听从劝告的企业。20 世纪 60 年代初，肯尼迪总统曾因担心美国钢铁公司提价会引起通货膨胀而通过对钢铁公司施加压力的方式，成功地使美国钢铁公司放弃了提价的企图。权威性劝说或施压方法能够奏效的主要原因是，这种方法可以改变人们对通货膨胀的预期。

基于税收的收入政策

“基于税收的收入政策”是指政府以税收作为惩罚或奖励手段来限制工资增长。对于工资增长率保持在政府规定界限以下的企业，以减少税收的方式进行奖励；对于工资增长率超出政府规定界限的企业，则以增加税收的方式加以惩罚。这种形式的收入政策，仅仅以最一般的形式获得尝试过。例如，1977—1978 年，英国工党政府曾经许诺，如果全国的工资适度增长，政府将降低所得税。

工资指数化

工资指数化是指根据通货膨胀率来调整货币工资，把货币工资增长率与物价上涨率联系在一起，使它们同比例变动。这种做法一般称为"生活费用调整"。具体做法是，在签订劳动合同时，明确雇员的工资要随着消费价格指数(CPI)的增长同步或逐步调整。20 世纪 20 年代，比利时开始实行工资指数化制度。1952 年，意大利在全国实行了统一的挂钩物价指数，俗称"工会指数"，1975 年，又通过国家立法在全国实行统一的滑动工资制度。1948 年，美国通用汽车公司与工会之间也达成了这一协议，以后逐渐被广泛采用。在现实中，这种调整有完全调整，即完全按通货膨胀率调整货币工资，也有部分调整。

此外，对退休金、养老金、失业补助、贫困补助等社会保险与福利支出也可实行类似的指数化政策。

西方各国学者对工资指数化问题有不同的看法。有人认为，工资指数化是保证工资不受通货膨胀影响的有效途径，它的正确实施不仅有助于降低通货膨胀率，而且可使消费者形成稳定的预期。有人认为，"工资指数化"往往只能局部补偿，而不能完全补偿通货膨胀带来的损失。加上具体实施过程中存在一系列的技术性难题无法解决，货币工资的调整往往具有滞后性，会落后于通货膨胀率的变动。更重要的是，工资指数化仍然有可能导致工资—价格螺旋式上升，从而加速而不是控制通货膨胀。

选择题

1. 预期通货膨胀会损害(　　)。

A. 货币持有者　　B. 债权人　　C. 饭店所有者　　D. 以上全部正确

2. 根据费雪效应，更高的通货膨胀率会导致(　　)。

A. 更高的实际货币余额　　B. 更高的实际利率

C. 更高的名义利率　　D. 以上全部正确

3. (　　)不包括在 M1 中？

A. 通货　　B. 活期存款　　C. 储蓄存款　　D. 旅行支票

4. 根据费雪方程式，名义利率(　　)。

A. 等于实际利率加上通胀率　　B. 等于实际利率减去通胀率

C. 总是比实际利率高　　D. 不变

5. 如果通货膨胀从 6% 下降到 4%，其他条件保持不变，那么根据费雪效应(　　)。

A. 名义利率和实际利率都下降 2%　　B. 名义利率和实际利率都不变

C. 名义利率下降 2%，实际利率保持不变　　D. 名义利率不变，实际利率下降 2%

6. 根据费雪效应，更高的通货膨胀率会导致(　　)。

A. 更高的实际货币余额　　B. 更高的实际利率

C. 更高的名义利率　　D. 以上全部正确

7. 在通货膨胀时期，持有货币的成本等于(　　)。

A. 名义利率　　B. 事前实际利率加上预期通货膨胀率

C. 事后实际利率　　D. A 和 B

8. 实际货币余额需求的数量取决于(　　)。

A. 事前实际利率　　B. 名义利率　　C. 实际收入　　D. B 和 C

9. 在未预期到的通货膨胀时期，债权人受害，债务人得益，这是因为(　　)。

A. 事后实际利率高于事前实际利率　　B. 事后实际利率低于事前实际利率

C. 实际利率下降　　D. 名义利率下降

10. 在充分就业的情况下，下列(　　)因素最可能导致通货膨胀。

A. 进口增加　　B. 工资不变，但劳动生产率提高

C. 出口减少　　D. 政府支出不变，但税收减少

11. 控制需求拉升的通货膨胀，应该(　　)。

A. 控制货币供应量　　B. 降低工资

C. 解除托拉斯组织　　D. 减税

12. 根据菲利普斯曲线，通货膨胀率取决于(　　)。

A. 预期通货膨胀　　B. 失业的实际水平与自然率的差别

C. 供给冲击　　D. 以上全部正确

13. 当失业率低于自然率，通货膨胀上升时，便被称为(　　)。

A. 需求拉动型通货膨胀　　B. 成本推动型通货膨胀

C. 供给冲击　　D. 滞胀

14. 出现(　　)时，菲利普斯曲线立即向上移动。

A. 通货膨胀上升　　B. 失业率下降

C. 逆向供给冲击，如石油价格上涨　　D. 以上全部正确

15. 人们估计典型的牺牲率大约为 5。因此，如果要使通货膨胀率降低 2%，我们必须放弃的一年的实际 GDP 是(　　)。

A. 2%　　B. 2.5%　　C. 5%　　D. 10%

练习题

1. 假定在一个经济中，货币流通速度是不变的。实际 GDP 每年增长 5%，货币存量每年增长 14%，名义利率是 11%。试求实际利率。

2. 一些经济史学家注意到，在金本位时期，黄金的发现在长期通货紧缩之后最可能出现(1896 年的发现是一个例子)。为什么这种观察可能是正确的？

3. 在第二次世界大战期间，德国和英国都有所谓的“纸币武器”计划，即它们各自印制对方国家的通货，试图用飞机大量空投。请解释：为什么这可能是一种有效的武器？

4. 假定一个经济的菲利普斯曲线是 $\pi=\pi_{-1}-0.5(u-0.06)$，求：

(1) 自然失业率是多少？

(2) 为了使通货膨胀率减少 5 个百分点，必须有多少周期性失业？用奥肯定律计算牺牲率。

5.假定经济的菲利普斯曲线是$\pi=\pi_{-1}-0.5(u-u^n)$，自然失业率是过去两年失业的平均数，即$u^n=0.5(u_{-1}+u_{-2})$，

(1)为什么自然失业率可能取决于最近的失业(如前面方程中所假设的那样)?

(2)这个经济中的牺牲率是多少？请解释。

(3)这些方程对通货膨胀与失业之间的短期和长期取舍关系意味着什么?

第十四章 政府债务

关心国际时事的同学经常会听到和看到各类有关政府债务(government debt)危机和关于社会动荡的消息。因为涉及社会动荡,政府债务往往给人们留下一种厌恶品的印象。然而,现实中为什么许多政府还要大量举债呢?显然政府债务还是存在有用之处的。在前面的章节里,我们已经提到的一个观点是,政府大幅度增发货币会引发恶性通货膨胀,甚至导致宏观经济运行的恶性循环。那么,政府发行债务对经济的影响又如何?下面我们就来介绍政府债务形成的原因及其对经济的影响。

14.1 预算赤字和政府债务的衡量

在学习完前面的章节后,同学们可能会有一种要对现实社会经济问题开处方的冲动。如果遇到2008年那场金融危机,经济出现萧条,同学们往往会给经济开一剂"扩张性财政政策"或"扩张性货币政策",或两者兼而有之的处方。扩张性财政政策无非是加大政府支出和减免社会税收两大主要方式。然而,这两者都可能会引起预算赤字(budget deficit)。所谓的预算赤字就是政府的财政收入(主要是指税收)小于财政支出和政府当前债务的利息支付之和的差额。为了弥补预算赤字,政府有两种处理方式:一是增发货币,二是增加政府债务。也就是:

预算赤字=中央银行增加发行的货币量+公开市场新增出售的政府债券

政府债务,也称公共债务,简称公债,一般指中央政府的债务,也称国债,是政府为筹集财政资金而举借的一种债务。政府的举债目的一般都是为了弥补预算赤字。与直接通过中央银行增发货币相比,发行国债对当期经济,特别是通货膨胀影响较小,所以举债弥补赤字的方式受到人们的一定青睐。历史上,政府债务作为一种政府收入形式的出现要比税收晚得多。它是政府职能扩大、支出飙升、税收难以满足的产物。然而,作为债务总是要偿还的,这自然会加重未来政府的财政负担。如果政府债务,尤其是外债过多,政府无力还债,或必须延期还债,那么政府债务就很可能会发展成为所谓的债务危机(debt crisis)了。

与失业和通货膨胀等宏观经济问题相比,政府债务平时很少受到人们的注意和关心。

然而，如果政府债务控制不力，带来的问题往往比失业和通货膨胀更令人头痛。2009 年以后，欧元区债务危机给全球经济带来的持续冲击着实给各国政府敲响了一记警钟。

政府债务发展成为债务危机的原因众多，但最关键的一条还是有关国家的政府没有掌控好一个“质”与“量”的问题。衡量政府债务负担轻重或政府债务规模大小，一般可用债务占 GDP 比率和预算赤字率两个指标。

债务—GDP 比率又称国债负担率，或称国民经济承受能力，是指国债累计余额占国内生产总值的比重。

债务—GDP 比率=(累积国债余额/年度国内生产总值)×100%

债务—GDP 比率反映了国家累积债务的总规模，是研究债务规模和防止出现债务危机的重要依据。一个国家的国债负担率越小，则国债的发行空间越大。我国的国债负担率向来很低，一直都低于 20%，远低于《马斯特里赫特条约》(*Maastricht Treaty*)要求欧盟国家必须遵守的 60%这一水平。

预算赤字率是指财政赤字占国内生产总值的比重。

预算赤字率=(财政赤字/年度国内生产总值)×100%

预算赤字率反映了国家当年的债务变化情况，也是研究债务趋势和防止出现债务危机的重要依据。按照国际上通行的《马斯特里赫特条约》标准，一般将预算赤字率 3%设为国际公认的安全线。2010 年，我国的预算赤字率为 2.1%。

不过，也有一些经济学家认为，用债务—GDP 比率和预算赤字率两个指标并不能完全反映政府的财政状况和未来国家的纳税负担，因为这两个指标没有考虑政府资产存量变化和公务员养老金等问题。而且债务—GDP 比率和预算赤字率也不是反映引发债务危机风险的关键指标，像日本，其债务—GDP 比率很高，2009 年达到了 217.6%，居发达国家之首，远远高于爆发债务危机的希腊、西班牙和意大利等国。但日本的政府债务绝大部分是内债，政府对债务货币拥有控制权，增发货币可以作为解决政府债务的最后手段。从历史经验来看，债务危机只会发生在政府无法控制债务货币的情况下。例如，政府借贷是外债，且超过了政府自身的清偿能力，造成无力还债或不得不延期还债。因此，衡量债务危机发生风险的一个主要指标是外债偿还率(external debt service ratio)。外债偿还率是外债余额与出口收入的比率，即：

外债偿还率=(外债余额/出口收入)×100%

在债务国没有外汇储备或不考虑外汇储备时，这是一个衡量外债负担和外债风险的主要指标。外债偿还率的国际公认安全标准是低于 20%。

当然，欧元区国家与美国是例外。欧元区各国政府都失去了独立的货币发行权，政府无法随意通过增发货币来弥补预算赤字，政府债务也很难按传统意义上的外债和内债来区分。美国也有一定外债，但是，所有债务都以美元计算，政府对债务货币拥有控制权。只有国会不让政府增发货币，才会引发债务危机，但出现这种事件的可能性很小。

欧洲债务危机

2002 年，欧元正式取代欧元区各国通货成为欧元区的唯一货币。其结果是欧元区各国之间的货币汇率始终固定在 1∶1 的水平上。这样，商人不必再担心汇率风险了，国际贸易得到了较快发展。但是，欧元带来的代价是欧元区各国失去了独立的货币政策。例如,经济衰退只发生在一个国家,而没有发生在周围其他国家,那么这个国家就无法用货币政策应对衰退。遇到预算赤字,政府也无法用铸币税来弥补。

欧元区一些国家的政府为了赢得选举,取悦于民,执行过高标准的福利政策,造成了长期预算赤字。这些国家为了进入欧元区,通过各种方式隐瞒了许多预算赤字。其中,希腊在高盛投资银行的帮助下,利用所谓的金融创新,隐瞒了高达10亿美元的预算赤字。加入欧元区后,在失去对债务货币控制权的情况下,这些国家继续执行高福利和扩张性财政政策,大量举债以维持居民的高消费,债务—GDP比率节节攀升。

2009年10月,希腊政府宣布前任政府隐瞒了大量财政赤字。同年12月,全球三大评级公司下调希腊主权债务评级。随即引发市场恐慌,投资者纷纷抛售一些欧洲国家国债,进而引发爱尔兰、西班牙和意大利等国的国债收益率大幅上扬。欧洲债务全面爆发。随后全球评级公司又进一步下调了相关欧洲国家的主权债务评级,这些国家的国债收益率又再次上扬,最后陷入了恶性循环。债务危机严重影响到居民的消费与投资,导致经济出现大幅下滑。

拉美债务危机

20世纪初,在西方发达国家经济增长的带动下,拉美国家充分利用土地和矿产资源丰富的优势,重点发展初级产品生产,国民经济取得了长足的进步。然而,到了20世纪30年代,由于受西方发达国家经济大萧条的影响,以重点发展初级产品为主的拉美国家经济遭遇到了严重的挫折。其后,为了解决增长瓶颈,拉美国家普遍选择了“进口替代”的经济发展战略,大举向国外借债,发展本国的制造业。然而,大量举债发展起来的制造业缺乏国际竞争力,外债偿还乏力,债务水平不断升高。不过,这些并没有影响一些拉美国家执行宏大经济发展计划的雄心。20世纪70年代中期,相关拉美国家又利用国际,特别是美国金融市场利率较低的机会,大量借入外债,继续大力执行政府的经济发展战略。不幸的是,他们不久就受到美国里根政府高利率政策的影响,外债利率不断升高,同时出口又受到初级产品价格暴跌的影响,收入不断下滑,债务雪球越滚越大。1982年8月,不堪重负的墨西哥政府终于宣布无力偿还810亿美元的贷款利息。随后,巴西、秘鲁等国政府也相继宣布延期偿还外债,进而导致拉美债务危机全面爆发。

14.2 政府债务的发展

政府债务最早可追溯到12世纪和13世纪的威尼斯、热那亚和米兰等意大利北部商业城邦。当时这些城邦都处在相互战争或内部战争状态,急需大量的战争费用。与农业城邦不同,这些商业城邦无法通过课征重税来解决战争经费,因为这样商人便会移民他国。于是这些城邦的政府就发明了政府债务,用它来解决巨额预算赤字的燃眉之急。其后,这种有效的战争集资方式逐渐传播到其他欧洲国家。经过几个世纪的传播和完善,到了17世纪,英国政府推出了统一的政府债券。由于这种债券带有金黄边，且信誉极高，它们便被称为金边债券(Gilt-edged Bond)。到了 18 世纪，政府债务就成了绝大多数欧洲国家筹集战争经费的主要手段之一。事实上，当时的政府债务也几乎都是用来筹措战争费用的。这与古典经济学的公债哲学有关。古典经济学认为，政府账户与个人或私人企业账户之间没有本质上的区别。借款是取得收入的一种手段，它使借款人得以推迟或延缓偿付。它是一种调整开支需要的手段，目的是使不同时间的开支流量与收入流量相适应。实际上，政府举债是依据时间上的权衡来进行的。因此，只有在需求是非周期性的或非经常性的条件下，或者说只有在公共开支的需要是暂时性的条件下，才能诉诸于举债措施。这些需要历来都是和战争的紧急开支相联系的，财政审慎原则要求，一旦这些紧急开支的需求缓和以后，战时累积下来的债务就要获得偿还。除了这些额外开支可以依靠借款之外，按照正统标准，政府也可以举债兴办生产性的投资项目，类似于私人企业所进行的资本投资。当资本支出由政府举债支持时，原则上应该有一个债务清偿计划，使还债时期与从投资资产产生收入的时期相适应。

不过，凯恩斯在《通论》中批判了古典公债哲学，凯恩斯认为，政府账户上的债务与个人账户上的债务是完全不相同的。只有当政府进行公共项目的投资时，社会资源才有可能被充分利用，否则，整个社会的资源是不会得到充分利用的。当政府通过发行公债获得资金并将资金投资于武器生产时，在同一时期私人部门便要放弃生产某些东西，而绝不是要等到以后才会要求私人部门放弃生产。因此，发行公债只是在同一时期产生了公共部门与私人部门之间的替代，而决不会产生这一时期与下一时期的生产替代。因而，公债负担是不可能向下一代人转移的。政府债务的公共支出可以促进经济高涨，增加就业，还会刺激私人经济部门的发展。

当凯恩斯主义经济学逐渐盛行后，凯恩斯的公债哲学也就成为政府宏观经济决策的依据，自 20 世纪 60 年代后，财政赤字发生了本质性变化，永久性举债弥补赤字的制度诞生了，政府债务的雪球越滚越大。下面我们就以美国的例子来说明这种变化。图 14-1 是美国 1790 年以来的债务—GDP 比率的变动情况。

从图 14-1 中我们可以看出，美国政府债务的变动从 19 世纪 30 年代接近于 0，到了 1945 年最多时占 GDP 的 107%。历史上，美国政府债务规模增加的主要原因是战争。在重要的战争期间，债务—GDP 比率都会急剧上升，在和平时期又缓慢下降。许多经济学家认为，这种历史模式是实施财政政策的适当方法。和平时期政府债务大幅度增长的一个例子发生在 20 世纪 80 年代和 90 年代初，这个时期，美国政府为了刺激经济，屡次大力刺激经济，造成了巨额的预算赤字，即使在和平时期债务—GDP 比率也居高不下。在 20 世纪 90 年代中期，美国联邦政府开始使其预算赤字得到控制。支出削减、经济和税收迅速增长，使债务—GDP 的比率开始逐渐下降。但是，“9・11”事件后，美国又发动了阿富汗和伊拉克两场战争，导致债务—GDP 的比率又重新上升。

当今西方国家普遍奉行凯恩斯政府债务哲学，预算赤字常态化，政府债务规模也与美国一样呈上升趋势。只是由于在这期间，其他西方国家经历的战争次数相对较少，它们的政府债务的波动也不如美国这么大。当前，西方各国都有较高的政府预算赤字率和国债负担率，许多国家已超出《马斯特里赫特条约》标准。表 14-1 显示了 10 个西方国家 2009 年政府债务的赤字率和国债负担率情况。

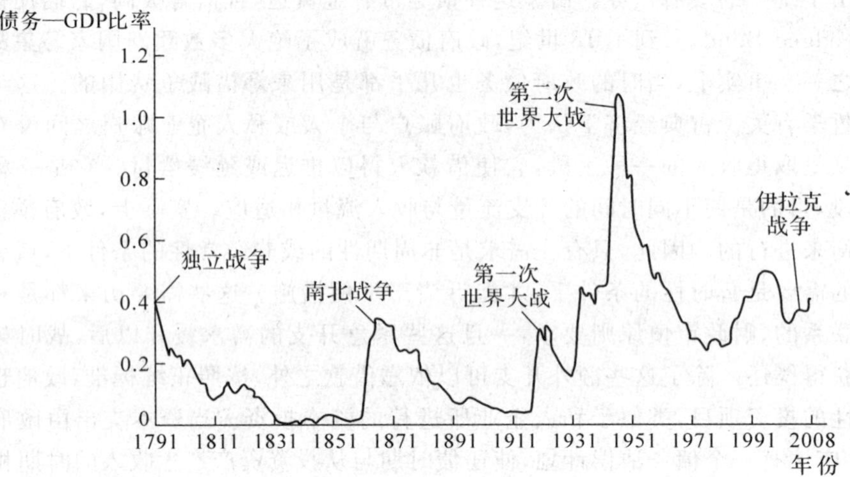

图 14-1　1791 年以来美国政府债务占 GDP 比率情况

资料来源：格里高利·曼昆：《宏观经济学》（第七版），中国人民大学出版社 2011 年版。

表 14-1　部分西方国家 2009 年政府债务和预算赤字状况　　单位：%

国家	债务—GDP 比率	预算赤字率
日本	217.6	10.3
意大利	115.8	5.3
希腊	115.1	13.6
美国	83.2	12.5
加拿大	81.6	5.0
法国	77.6	7.5
德国	73.2	3.3
爱尔兰	64.0	14.3
西班牙	53.2	11.2
葡萄牙	44.0	2.2

数据来源：王洛林，等：《2011 年世界经济形势分析与预测》，社会科学文献出版社 2011 年版。

14.3　关于政府债务的评价

有关政府债务对经济影响的争论由来已久，其源于不同的公债哲学。之所以长期存在这种争论，另一个原因就是政府债务对经济的影响实在是变幻莫测，不易获得人们证实。政府债务既有使美国顺利立国之举，也有导致冰岛政府破产之例。近年来，“欧猪五国”的政府债务危机传闻此起彼伏，屡屡重击全球金融市场和世界经济复苏。从历史经验看，政府债务对经济影响是利还是弊，关键还在于政府债务的实际运作情况。美国第一任财政部长汉密尔顿曾讲过，“国债如果不过分的话，对我们将是全国的幸运”。相反地，美国第四任总统麦迪逊则认为，“公债是公共祸害”。

在经济学中，从凯恩斯主义诞生起，关于政府是否需要举债的问题一直就是古典经济学和新古典经济学争论的焦点之一。从我们前面学习过的凯恩斯主义经济学中已经可以知道，通过发行国债筹资，再进行扩张性财政政策，可以克服有效需求不足，刺激经济复苏。*IS-LM* 模型、蒙代尔—弗莱明模型和 *IS-LM-BP* 模型等的结论都是：在封闭经济中，财政政策有效；在开放经济中，浮动汇率下，小国无效，大国有效；固定汇率下，小国大国都有效。

凯恩斯主义认为，政府采取减税（更严格地说，是“税改债”）政策后，尽管消费者用一部分收入去购买公债，但他们并不觉得这是在替未来交税，而认为这是储蓄的一部分。因此，他们会觉得减税使自己的可支配收入增加，从而会进行更多的消费活动。古典和新古典经济学家则认为，如果消费者完全理性的话，他们就会意识到政府是非生产性的，它的主要收入来自于税收，将来要偿还这部分债务的支出也是未来税收的一部分。这就意味着，政府将来要从自己（或子孙）那里多收这部分税收来偿还这部分债务。因此，他们会将购买公债的支出视为提前支付的将来税收，而不会将其看作可支配收入。在他们看来，真实的可支配收入是扣除税收和购买公债后的收入。所以，减税政策并不会改变自己的消费支出。举个例子来说，小王年收入 30000 元，他的边际消费倾向为 0.8，原来他 1 年纳税 3000 元。这样，他的可支配收入为 27000 元，消费为 21600 元，储蓄为 5400 元。现在政府宣布减税计划，小王可被免税，但他需要购买 3000 元公债。按照凯恩斯主义观点，小王会将 30000 元收入全部视为可支配收入，购买的 3000 元公债为他储蓄的一部分，他会消费 24000 元，比减税前多消费 2400 元。除了购买 3000 元公债外，他还会另外储蓄 3000 元。相反地，按照古典和新古典经济学的观点，小王会将购入的 3000 元公债视为提前支付的税收。因此，他会将减税带来的额外的可支配收入全部存入银行或用于购买国债，而消费仍然保持与减税前一样水平。从上面的分析中我们可以看出，与古典和新古典经济学理论相比，凯恩斯主义经济学理论中设想的普通消费者的眼光要短浅得多，经济决策会受到当前减税政策的影响。

上述古典和新古典经济学关于政府债务等价于未来税收的观点最早是由 19 世纪著名的古典经济学家李嘉图提出的，故相关理论被称为李嘉图等价定理（Ricardo equivalence theorem）。

李嘉图等价定理表明，只要给定政府的支付路径，政府收入或融资的方式不会影响人们的经济行为。也就是说，政府无论是通过课税还是举债来进行融资，都不会改变人们对消费和投资的安排。如果李嘉图等价定理成立，那么就意味着，前面我们提到的凯恩斯主义政府刺激经济的财政政策会失效。

14.4 李嘉图等价定理的证明

虽然李嘉图早在 19 世纪就提出了李嘉图等价定理，但是由于一些假设比较脱离实际，该理论很难为经济学界所接受，甚至李嘉图本人也怀疑人们的理性和远见是否足以完全前瞻到他们未来的税收负担。1974 年，巴罗在一篇有重要影响力的论文《政府债券是净财富？》中，有力地说明了一个类似于李嘉图等价定理的命题，即债务中性（neutrality of debt）的重要性和在制定经济政策中的实践意义。因而，这一论断也被称为李嘉图—巴罗命题（Ricardo-Barro proposition）。

在证明李嘉图等价定理时，巴罗提出了以下三个假设：一是消费者是完全理性的，能够意识到政府举债本质上只是延期征税，而非取消征税；二是现在减税人与将来增税人（或增税人的子孙）利益一致；三是不存在时间上（或代际间）的借款约束。当然，代际间不存在借款约束这条假设离现实世界太远了，世界几乎没有哪家银行会以一个未成年小孩未来的收入作抵押，借款给他的父亲。不过，巴罗对此作了一个代际间借款约束不紧的修改假设，他认为不少人具有血缘利他主义倾向，他们的效用不仅取决于自己的消费，而且还取决于后代的消费。因而，他们会像关心自己的消费一样，关心后代的消费。他们不会在死前将自己的财产全部消费掉，甚至还欠下债务，而是打算将正的净资产留给后代。因此，他们的跨代际消费均衡点不会受到代际间借款约束的影响。因此，我们在这里可以将巴罗的证明简化为父子两代没有借款约束的跨代际消费均衡问题。

假定父亲老张的收入为 Y_{LZ}，政府向他征收税收 T，他的效用函数为 $U=U(C_{LZ},C_{XZ})$，C_{LZ} 和 C_{XZ} 分别是老张和他儿子小张的消费，再设 B_T 是老张留给小张的遗产。小张的消费为 $C_{XZ}=(1+r)B_T+Y_{XZ}$，其中，r 是利息。老张的消费约束为 $C_{LZ}+B_T=Y_{LZ}-T$ 和 $C_{LZ}\leqslant Y_{LZ}$，其中，第一个约束等价于：

$$C_{LZ}+\frac{C_{XZ}}{1+r}=Y_{LZ}+\frac{Y_{XZ}}{1+r}-T$$

如果代际间借款约束不紧，约束 $C_{LZ}\leqslant Y_{LZ}-T$ 失效。

现在，设想政府不向老张征税，而让他购买公债 $D=T$。这时，老张给小张的遗产就为 $B_T=(1+r)(Y_{LZ}-C_{LZ})$。然而，为了偿还欠老张的政府债务，政府就要向小张征 $(1+r)T$ 的税，小张的消费 $C_{XZ}=(1+r)B_T+Y_{XZ}-(1+r)T$。由于约束 $C_{LZ}\leqslant Y_{LZ}-T$ 失效，约束 $C_{LZ}\leqslant Y_{LZ}$ 也将失效。老张的消费约束仅为 $C_{LZ}+B_T=Y_{LZ}$，即等价于：

$$C_{LZ}+\frac{C_{XZ}}{1+r}=Y_{LZ}+\frac{Y_{XZ}}{1+r}-T$$

上式表明，对老张来说，购买公债与征税具有相同的跨代际预算约束，因此两者的消费均衡也相等，即 $C^*_{LZT}=C^*_{LZG}$。这说明减税不会改变老张的消费。

在图 14-2 中，横轴为老张的消费 C_{LZ}，纵轴为小张的 C_{XZ}。老张被征收税收与购买政府债务的跨代际预算约束线 l_T 和 l_G 重叠为 $C_{LZ}+\frac{C_{XZ}}{1+r}=Y_{LZ}+\frac{Y_{XZ}}{1+r}-T$。$I$ 为张家的跨代际消费的无差异曲线（相应的无差异曲线也重叠）。可见，老张在两种情况下的均衡消费相等，即 $C^*_{LZT}=C^*_{LZG}$。

李嘉图等价定理表明，在一定条件下，政府改变征税的时间安排，只是将公共储蓄转化成私人储蓄，不会改变国民储蓄总量。因此，政府的财政政策对实际宏观经济变量或消费者的福利不会产生任何影响。李嘉图等价定理还暗示，消费函数不是凯恩斯式的，而是弗里德曼式的，或莫迪利安尼式的。消费不仅取决于当期收入，而且还会受到将来收入的影响。李嘉图等价定理的重要含义是，政府减税不是免费的午餐，减税实质上是推迟交税。

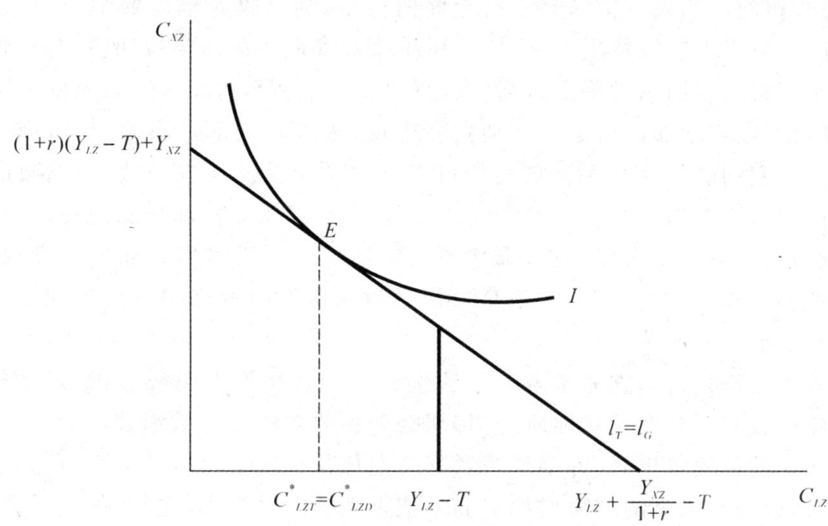

图 14-2 代际间借贷不紧情况下的李嘉图等价定理

14.5 李嘉图等价定理的异议

针对上面李嘉图等价的证明，经济学家托宾和曼昆等人从消费者眼光短浅、流动性约束、代际财富分配、增减对象错位、税收扭曲、确定性收入增加和人口增长七个方面，分析了现实中李嘉图等价定理不成立的原因。

首先，眼光短浅。由于理性是有限的，在做出消费和储蓄决策时，人们的眼光经常是短浅的。一些人在选择储蓄多少时可能遵循一种简单而并非完全理性的概算规则，往往将购买政府债务也看作储蓄的一部分，会将剩余的钱更多地用消费。征税情况则完全不同。人们决不会将征走的那部分收入看成是储蓄，因此会将剩余的钱更多地用作储蓄。因而，减税会导致消费增加和国民储蓄减少。

其次，借款约束。对那些面临借款约束的消费者来说，现期收入比永久收入更重要。现期消费完全受到现期收入约束，减税政策至少可以提高他们的现期收入，从而增加他们的现期消费。例如，一个人知道自己未来能够挣到许多钱，打算使现期消费大于现期收入。但是，他现在借不到足够的钱实现这种消费，现期消费只能受制于现期收入。这时，如果政府给他减税，增加现期收入，那么他就会提高现期消费。

再者，代际财富分配。人们所具有的是普遍的利己主义行为动机。举债意味着一种财富的转移，是从下一代人向当代人的转移。当代人的利己主义倾向，会以下一代人消费减少为代价而增加自己的消费。所以，当减税时，人们并不会从现期收入中扣除将来子孙要多交的税收而增加遗产，而是更多地将其用作消费。

第四，增减对象错位。对于整个社会而言，债务等价于未来税收。但是，对某个具体家庭来说，这种等价关系就未必成立了。例如，这次免税对象是 A 类家庭，下次增税对象可能不是 A 类家庭，而是 B 类家庭。那么，A 类家庭就没有必要视这次购买的政府债券为未来税收，而可以放心地消费这次免税带来的收入。

第五，税收扭曲。如果一个国家实行全面所得税，利息收入也需要纳税，那么将会产生税收扭曲效应。由于当前消费无须纳税，而现在储蓄将来消费却要被课税，减税便会降低现在消费和未来消费的跨期相对价格，刺激人们增加当前消费，扭曲人们的储蓄决策。

第六，确定性收入增加。对于任何消费者来说，未来收入都是不确定的，而当前的收入都是确定的。人们的确定性收入比重增加可以减少预防性储蓄。因此，当前政府暂时性的减税计划可以起到增加确定性收入的实际效果，从而会降低储蓄和增加消费。

第七，人口增长。由于人口增长，未来税收将被更多的人负担。如果政府税收不变，未来的人均税负要比当前的人轻，因而完全可以通过永久性减税来平摊代际间税负。这种减税计划自然会增加当前消费。

李嘉图等价定理是否成立完全取决于人们的预期。如果人们普遍相信，今年的税收减少将会被明年税收同等幅度的增加所抵消，那么现在的减税政策对消费的影响可能会很小。由于预期到明年的税收将更高，许多消费者都会把从减税政策获得的大部分金额，甚至全部金额储蓄起来，以应对未来的增税增加。如果把未来的间隔变小，比如，把“年”换成“月”，甚至“周”，那么人们预期到未来增税的信念就会变得更为普遍，李嘉图等价定理的影响就会显现出来。

但是，现实中，减税之后，政府很少会在一年之后就宣布要增加税收，消费者不得不猜测税收何时会增加以及增加多少。尽管这一事实本身并不能证明李嘉图等价论断是无效的：无论税收何时增加，政府预算约束都意味着将来税收增加的现值一定等于现在税收的减少。然而，只要将来的税收增加显得更为遥远，它们的时间显得更不确定，消费者就有可能会忽略它们。这可能是符合事实的，因为消费者希望在死去之前，税收不会增加，或者可能因为他们根本就没有想象到未来。无论是哪种可能的情况，李嘉图等价都可能失效。

因此，我们可以大胆推断，预算赤字对经济活动有重大的影响——尽管可能比我们在运用李嘉图等价模型之前预期的影响要小一些。从短期来看，越大的赤字将可能导致越高的需求和产出。从长期来看，政府债务越高，对资本积累和产出降低的影响也越大。

乔治·布什的所得税扣除试验

1992 年年初，乔治·布什总统实施了一项新的财政政策，来对付美国徘徊已久的衰退。通过行政命令，他暂时减少了从工人工资中扣除的所得税额。不过，这项命令并没有减少工人应付的所得税额，只是延迟了交纳时间。1992 年，工人得到了更多能拿回家的工资。但是，到 1993 年 4 月，工人却将交纳更高的所得税，或获得更少的税后收入。

这种政策对美国经济会有什么影响呢？根据李嘉图等价定理的逻辑，消费者应该认识到他们一生的预期收入并没有改变，因此在 1992 年他们会把拿回家的额外工资储蓄起来，以应付未来增加的应付税款。但乔治·布什宣称，他的经济政策将提供“人们可以用来支付买衣服、交学费或买一辆新汽车的钱”。这就是说，他相信消费者会支出额外的收入，从而刺激总需求，并有助于经济从衰退中复苏。乔治·布什似乎假定，消费者是目光短浅的，或者面临必须履行的借贷约束。

要用总体数据来测量这一政策的实际效应是十分困难的，因为在这一时期里，美国经济发生了许多其他事件。但是，从两位美国经济学家在政策宣布后很短时间内进行的调查中,我们可以找到一些证据。这项调查询问人们想如何使用他们的额外收入。57%的回答者说,他们将把钱储蓄起来,用它偿还债务,或调整他们的扣税额,以便抵消布什政府行政命令的影响。其他43%的回答者说,他们将花掉增加的额外收入。因此,对这一政策变动,大部分人计划像李嘉图理论所断言的那样行事。但是,乔治·布什的判断仍有部分是正确的:尽管许多人知道下一年的税单金额会更多,但他们仍计划花掉额外的收入。

选择题

1.政府的预算赤字等于(　　)。

A.$G-T$　　B.G/T　　C.$G+T$　　D.$G\times T$

2.政府的债务存量等于(　　)。

A.政府当前的预算赤字　　B.政府未偿还的债务

C.该国所有个人的债务总和　　D.政府支出减去税收收入

3.许多经济学家认为预算赤字应该衡量以下政府哪个项目的变化(　　)。

A.名义债务　　B.实际债务　　C.财政赤字　　D.财政收入

4.通货膨胀期间,预算赤字的官方测度(　　)。

A.夸张地描述了政府实际债务的变化　　B.保守地描述了政府实际债务的变化

C.等于政府实际债务的变化　　D.应该等于预期的通货膨胀率

5.一些经济学家指出,预算赤字的官方测度是政府总债务变化的一种不完全衡量,因为它(　　)。

A.衡量的是名义债务的变化而不是实际债务的变化

B.没有考虑政府资产价值的任何变化

C.忽略了未来必须为政府人员支付的养老津贴的增长

D.以上全部正确

6.在经济衰退期间(　　)。

A.实际预算赤字将小于对周期调整的预算赤字

B.实际预算赤字将大于对周期调整的预算赤字

C.实际预算赤字将等于对周期调整的预算赤字

D.对周期调整的预算赤字总是为正

7.根据对政府债务的凯恩斯主义观点,税收的减免会导致以下各项在短期内的变化,除了(　　)。

A.消费不变　　B.私人储蓄增加　　C.投资增加　　D.公共储蓄减少

8.根据政府债务的凯恩斯主义观点,税收减免会导致以下各项在长期内的变化,除了(　　)。

A.公共储蓄减少　　B.国民储蓄减少　　C.净出口减少　　D.外汇汇率下降

9.根据李嘉图的政府债务观点,消费者会将当前的减税看作以下哪一项的增加(　　)。

A.家庭财富　　B.当前与未来预期收入的总数

C.公共储蓄　　D.未来税收和当前可支配收入

10.根据李嘉图的政府债务观点，消费者对当前减税的反应是(　　)。

A.增加当前的消费　　B.增加相当于减税总额的私人储蓄

C.增加未来消费　　D.减少相当于减税总额的私人储蓄

11.根据李嘉图的政府债务观点，当前的减税将(　　)。

A.减少公共储蓄　　B.增加私人储蓄

C.对国民储蓄没有影响　　D.以上全部正确

12.根据李嘉图的政府债务观点，相关决策单位是(　　)。

A.无限个家庭　　B.有限个家庭

C.有限个个人　　D.无限个世界居民

13.较高的预算赤字可能(　　)。

A.过度鼓励扩张性货币政策　　B.增加政府拖欠债务的风险

C.降低一国在世界范围的政治影响力　　D.以上全部正确

14.如果较高的预算赤字和政府债务加剧了人们对政府拖欠债务的担忧，那么(　　)。

A.国内利率将上升　　B.外汇汇率将上升

C.资本可能发生外逃　　D.以上全部正确

15.20世纪80年代早期，美国税收大幅度减少，国民储蓄减少，这个事实本身似乎在说明(　　)。

A.凯恩斯的政府债务观点　　B.李嘉图的政府债务观点

C.两种对政府债务的观点都不对　　D.政府债务是中性的观点

练习题

1.说明影响政府预算赤字衡量的有关问题。

2.你认为传统的政府债务观点还是李嘉图学派的政府债务观点更可信？为什么？

3.凯恩斯消费函数与弗里德曼消费函数哪个支持李嘉图债务定律？为什么？

4.在哪些情况下，李嘉图债务定律不成立？

5.在哪些情况下，凯恩斯主义有关政府债务的观点不成立？

第十五章 再论经济周期与治理

前面我们在许多章节中已经用 *IS-LM* 模型和 *AS-AD* 模型讨论了经济周期问题。然而,这些模型只是研究经济周期问题众多模型中的一小部分,只是对经济周期的局部理解。形成经济周期的机理颇为复杂,目前人们还无法完全理解它。本章我们对一些现代经济周期理论作进一步分析,向同学们介绍其中三类存有争议且相互分歧的经济周期理论。

15.1 经济周期理论

在宏观经济学中,对经济周期现象的解释有三类不同的观点:需求冲击论、供给冲击论和协调失效论。需求冲击论认为,总供给基本上是稳定的,经济周期主要是由总需求冲击引起的;供给冲击论则认为,总供给是不稳定的,经济波动主要是由总供给冲击引起的;协调失效论认为,经济有众多均衡,经济在不同均衡之间转换,从而形成了经济周期。

需求冲击论

严格地说,需求冲击论不是一种宏观经济学学派,而是几种在许多方面全然对立的松散学术观点的集合。需求冲击论者认为,虽然总需求冲击和总供给冲击都可以引起经济周期,但是总需求冲击是主要的。由于市场存在一些不足和缺陷,如价格判断错觉,价格、工资甚至利率不能及时得到充分调整等,都会造成总供给曲线向右上方倾斜。由于总供给曲线不是垂直的,随机的总需求冲击就会引发产出和就业等经济变量的波动。

在图 15-1 中,有 3 条总供给曲线:垂直的 AS_1,向右上方倾斜的 AS_2 和水平的 AS_3。当经济受到一个总需求冲击(这里不妨设其为负方向)时,总需求曲线就会发生移动,从 AD_0 向左移动到 AD_1。如果价格具有完全弹性,可以充分得到调整,总供给曲线垂直,则产出保持不变,仍然等于 Y^*,而价格将从 P^* 下降到 P_1;如果价格完全刚性,所有企业产品的价格都不能调整,总供给曲线水平,则产出将从 Y^* 下降到 Y_3,价格保持不变;如果价格部分黏性,即一部分企业能调整,另一部分企业不能调整。那么,一般价格水平调整不充分,总供给曲线将向右上方倾斜(详细讨论参见第十一章),价格将从 P^* 下降到 P_2,产出将从 Y^* 下降

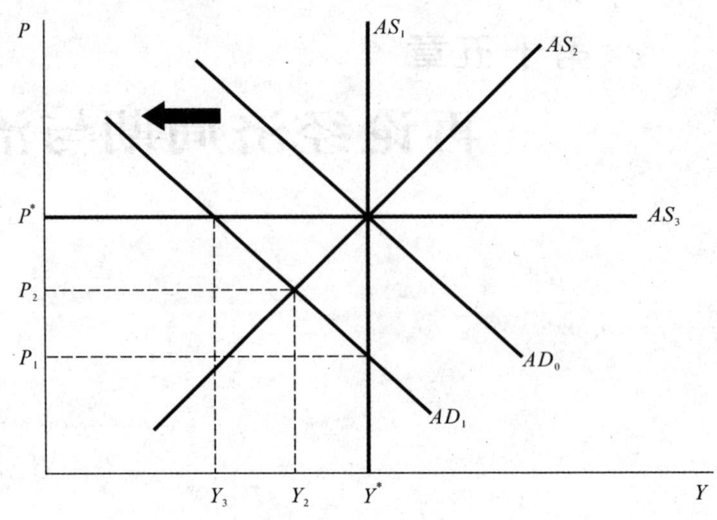

图 15-1　需求冲击论经济周期

到 Y_2。从图 15-1 中，我们还可以看出，当遇到需求冲击时，价格弹性越小，总供给曲线斜率就越小，产出减少的幅度(如 AS_1、AS_2 和 AS_3 相对应的减少幅度分别为 0、Y^*-Y_2 和 Y^*-Y_3)也就越大，与产出相关的一系列经济变量(如就业、消费和投资等)波动的幅度也就越大。因此，随着总供给曲线斜率变大，经济波动的程度，即方差也会变大。

在现代宏观经济学中，需求冲击论主要有理性预期学派和新凯恩斯主义学派两大主流学派。

理性预期学派

理性预期(rational expectations)学派十分强调用新古典优化选择理论来构建宏观经济学理论的微观基础。这一微观基础建立在瓦尔拉一般均衡的理论框架下。理性预期学派关于经济波动的理论突出了货币供给不稳定的影响(有关信息不完全造成总供给曲线非垂直的讨论参见第十一章)，所以，它也被称为货币经济周期模型(monetary business cycle model)或均衡经济周期模型(equilibrium model of the business cycle)。在理性预期学派的经济波动分析中，信息不充分或不完全问题被给予了十分重要的地位。理性预期学派认为，信息不充分或不完全的工人和企业，在面对未预见到的总需求冲击(其主要来自于未预见到的货币供给的冲击)时，往往会错误地将一般价格的变化当做相对价格的变化，并且通过改变劳动和产出的供给做出相应反应，从而导致就业和产出背离了其长期均衡水平(如自然率或潜在产出)。但是，随着时间推移，人们掌握同一种冲击的有关信息会逐渐充分起来，这种预期的偏差也会慢慢缩小，产出和就业就会重新接近或回归长期均衡水平。如果这种未预见的冲击越频繁，那么经济就越不稳定。

该理论在 20 世纪 70 年代中期以后的宏观经济数据检验中，表现出来的拟合性并不理想，20 世纪 80 年代中期后逐渐让位于实际经济周期理论和新凯恩斯主义周期理论。

新凯恩斯主义

一些新凯恩斯主义者强调，价格或工资黏性是造成经济周期的关键因素。他们认为，价格黏性或工资黏性导致了价格或工资对经济冲击(主要来自需求方面)反应的滞后，其不但影响了总供给曲线的斜率，而且还会延缓总供给曲线的变动，造成短期总供给曲线不能“及时”恢复到位。正是总供给曲线对总需求冲击的反应滞后才引发了经济周期。这些经济学家将产生这类反应滞后的原因归咎于交错价格调整和交错工资合同这两个方面。

交错调整价格(staggered price adjustment)理论认为，在不完全竞争的市场中，企业通常采用交错方式而不是同步方式来调整价格。在市场不完全的情况下，企业面对市场需求的变动，未必都会立即作出响应，它们要等到旧的供货合同结束后，在新的供货合同签订时，才能调整自己产品的价格。不同企业签订合同的时间不可能相同，从而使市场形成交错或异步调整价格，导致一般价格水平存在黏性。其结果是，一般价格水平不可能对总需求的变动做出迅速的反应。因此，当面临总需求的冲击时，经济就会产生较大的波动。

交错调整工资(staggered wage adjustment)理论认为，现代经济中企业与工人的工资合同是长期的，如两年，而且合同签订时间是不一致的，如一半工人合同今年到期，而另一半要到明年才到期。所以，工资调整的决策一般也是交替做出的。在一段时期内，不同企业形成一个交替调整工资的系列。交错调整工资导致了工资黏性，使产出容易受总需求冲击的影响。工资合同期越长，名义工资水平就越稳定，名义工资黏性就越大，产出和就业就越不稳定，经济波动就越大。

供给冲击论

当代宏观经济学中，能与需求冲击论相抗衡的就是实际经济周期理论(real business cycle theory)。实际经济周期理论认为，诱发经济波动最重要的冲击来自供给方面，即技术冲击。即使在一个没有货币和政府甚至没有市场的鲁宾逊世界里，仅仅由于“技术”的不稳定也会引起经济周期。需要指出，实际经济周期理论使用的“技术冲击”一词是广义的，泛指各种导致生产率发生显著变化的冲击。技术冲击包括以下几大方面：

一是对农业产出产生不利影响的物质环境变化。这一类冲击包括地震、干旱、洪水之类的自然灾害。

二是初级产品，特别是能源价格的明显变化，如 20 世纪 70 年代的石油危机。

三是破坏现存经济运行和结构的战争、政治动乱或者劳工骚乱，如伊拉克战争。

四是政府管理体制的显著变迁，如 20 世纪 70 年代末以来的中国经济体制改革。

五是资本和劳动输入的质量变化、新的企业管理实践方式、新产品的开发，以及新的生产技术的引进所产生的生产率冲击。

其实，实际经济周期理论并未排斥现代经济中受到需求冲击的影响，只不过其认为需求冲击对经济周期的影响是次要的。即使总需求与总供给同步增长，也会由于总供给本身，特别是技术进步增长速度的不稳定而诱发经济周期，而且技术冲击对经济周期的影响还相当大。基德兰德和普雷斯科特还估算出，技术冲击造成的经济周期约占所有周期中的 70%。

实际经济周期理论认为，经济波动是按照下列方式产生的：假定存在一个正向的技术冲击(如发明一种新生产方法)。这种新生产方法提高了劳动生产率，从而提高了现行的实际工资水平。在冲击发生时，这个发明者就要判断这种冲击究竟是暂时性的还是持续性的。如果发明者认为这种冲击是暂时性的，那么他会认为与未来的实际工资相比，现在的实际工资较高，他就会用劳动替代闲暇，从而刺激他现期提供更多的劳动，由此导致现期产出的增加，使经济处于上升阶段。当闲暇的跨时替代效应较大时，即使微小的生产率冲击也会导致相对较大的产出效应。如果他认为这种冲击是长久性的，他就会进行新的资本投资，扩大生产。由于从增加投入资本到产量增加之间需要一定的时间，产出会在初始冲击发生后的相当长的时间内继续增加，直至冲击的影响消失。在这个过程中，如果不存在进一步的技术冲击，他迟早会发现，与保持稳定状态的增长所需要的资本相比，他所持有的资本存量太多了，因而他必然会降低投资率，直到资本折旧使经济恢复到稳定增长路径为止。在投资率下降的过程中，就业和产量便会发生相应的波动。

根据实际经济周期理论，我们在现实经济中遇到的周期类似于鲁宾逊经济中的周期。对生产产品与服务的能力的冲击(好比是鲁宾逊岛上天气和周边海况的变化)改变了经济自然就业率与潜在产出，这些冲击并不一定是我们合意的，但它们却是不可避免的。一旦经济出现了这些冲击，GDP、就业和其他实际宏观经济变量做出反应所产生的经济波动必定也是合意的。

鲁宾逊世界的经济周期

经济学家曾借用作家笛福《鲁滨逊漂流记》中的主人公鲁宾逊的例子讲述了一个关于实际经济周期的故事。

鲁宾逊是一个搁浅在荒岛上的海员。为了使事情简化，设想鲁宾逊只从事少数几种活动。鲁宾逊把自己的一些时间用于享受闲暇，如在这个岛的海边游泳或散步。他把其他时间用于工作，如捕鱼或收集藤蔓编织渔网。这两种工作形式都生产了有价值的产品：鱼(用于消费)和渔网(用于投资)。如果我们要计算鲁宾逊岛上的GDP，则可以把捕到的鱼的数量和织成的渔网的数量加在一起(根据某种“价格”加权来反映鲁宾逊对这两种产品的相对评价)。

鲁宾逊根据自己的偏好和他得到的机会把自己的时间分配于游泳(或散步)、捕鱼和织渔网上。假设鲁宾逊选择实现最优化是合理的。也就是说，给定自然带来的限制，他选择对自己最好的闲暇、消费与投资量组合。

慢慢地，鲁宾逊的决策会随着对他的生活的冲击而改变。假如天有一大群鱼游过这个岛，那么鲁宾逊经济中的GDP便会由于两个原因而增加：其一，鲁宾逊的生产率提高了，由于海里有大量鱼群，鲁宾逊单位时间里捕获鱼的数量将会增多；其二，鲁宾逊的就业增加了，也就是说，他决定暂时减少自己的闲暇享受，以便努力工作，利用这个不寻常的机会捕鱼。这样一来，鲁宾逊的经济便处于繁荣状态。

同样地，假设有一天暴风雨突然来临。由于暴风雨使室外活动变得更加困难，导致生产率下降，因而单位生产(如捕鱼或织渔网)时间所带来的产出便会减少。鲁宾逊对此的反应是决定把较少时间用于工作，并在茅屋中等待暴风雨过去。因此，鱼的消费和渔网的投资都减少了，GDP也就减少了。鲁宾逊的经济便处于衰退中。

假设有一天鲁宾逊受到了土著人的攻击。出于防卫需求，鲁宾逊所能享受的闲暇时间将会减少。因此，防卫需求的增加刺激了鲁宾逊经济中的就业，特别是“防卫产业”(如制作弓箭、修建围墙)中的就业。在某种程度上，鲁宾逊用于捕鱼和织网的时间都将减少，因为把这些工作搁置一段时间也无关紧要。因此，防卫支出挤出了投资。由于鲁宾逊把更多时间用于工作，GDP(现在包括防卫的价值在内)

提高了。鲁宾逊的经济经历着战时繁荣。

这个繁荣与衰退的故事值得人们注意之处在于它的简单性。在这个故事中，产出、就业、消费、投资和生产率的波动都是个人对环境不可避免的变动所做出的自然而合意的反应。在鲁宾逊经济中，经济波动与货币政策、黏性价格或任何一种市场失灵机制都无关。

协调失效

除了市场不完全性外，凯恩斯在《通论》中还提出了另一种引起经济周期的原因——协调失效(coordination failure)。凯恩斯认为，消费者和企业家并非是完全理性的，而是具有“动物精神”的常人。他们的心理变化或乐观情绪和悲观情绪的交替将会导致经济周期，从而使经济在“好的”和“坏的”经济状态之间徘徊。经济衰退源于协调失效，即整个社会选择了“坏的”经济状态。在发生大萧条的时候，一方面大量机器厂房处于闲置，另一方面大批工人却在失业挨饿，这就是一个协调失效的最好例子。

现代经济学家用博弈论的方法分析了这类协调失效的现象，认为由于经济中的许多产品具有互补性或替代性，各家企业产品的需求量不仅取决于自己产品的价格和产量，还取决于其他企业产品的价格和产量，这样就构成了不同企业之间的定价博弈。定价博弈往往有众多均衡。在这些均衡中，自然会有“好的”均衡和“坏的”均衡，“好”“坏”均衡之间的转换就产生了经济周期。

为了加深对协调失效导致的经济衰退机理的理解，我们可以考察下面的故事。假设一个经济有两家企业分别生产两种完全互补的中间产品。当最终产品需求下降时，每家企业有两种可供选择的策略，即“降价”和“不降价”。

图 15-2 是这两家企业进行定价博弈的支付矩阵。它表示两家企业的利润如何取决于它们行为的互动结果。如果两家企业都不降价，产量将会出现较大幅度的下降，每家企业的利润为 30 万元。如果两家企业都降价，降至最优水平，产量下降幅度较小，每家企业的利润为 60 万元。如果一家企业降价，另一家企业不降价，由于产品互补，降价企业产品的需求量与不降价企业一样，都会有较大幅度的下降。降价企业的利润为 15 万元，不降价企业的利润仍为 30 万元。

		企业 2	
		降价	不降价
企业 1	降价	(60, 60)	(15, 30)
	不降价	(30, 15)	(30, 30)

图 15-2 价格制定与协调失效

利用博弈论中的纳什均衡原理，预测这个经济运行的结果是：要么两家企业都降价，要么两家企业都不降价，即存在两个纳什均衡。显然，在这两个均衡中，两家企业都选择降价是“好的”均衡，是协调成功的例子；两家企业都选择不降价是“坏的”均衡，是协调失效的例子。如果可以协调，两家企业都会选择降价，得到“好的”均衡结果。然而，在现实经济中，涉及调整价格的企业数量众多，这种协调将会异常困难。如何应用宏观经济信号来实现这种协调就成了宏观经济学需要研究的课题。

均衡选择涉及人的“动物精神”，因而经济周期往往取决于一些与基本经济因素(如技术、偏好和禀赋等)完全无关的事情。一些经济学家将这些与基本经济因素无关的因素称为黑子，意指人们对待这类事情犹如对待太阳黑子一样。假设人们把看到黑子作为吉祥的事情，那么当人们观察到黑子时，经济就会走向“好的”均衡；当没有观察到黑子时，经济就会走向“坏的”均衡。似乎给人感觉的是，黑子成了引发经济周期的主要因素。

15.2 宏观经济政策理论

自凯恩斯发表《通论》后几十年来，学界在是否需要政府用货币政策和财政政策干预经济这一问题上一直争论不休，许多经济学家也各抒己见。

理性预期学派和实际经济周期理论认为，市场天生是稳定的，经济经历的大幅度和无效率的波动完全是由错误的经济政策造成的。所以，政府不应该试图用所谓的稳定政策去“微调经济”，而应选择不去干预市场的正常运行。

凯恩斯主义和新凯恩斯主义者则认为，市场经济本身具有内在的不稳定性。经济会频繁经历总需求和总供给的冲击，这些冲击诱发的经济波动会给社会福利带来损害，所以政府要用货币政策与财政政策稳定经济，缓解这些冲击带来的产出、就业和价格等不必要且无效率的波动。宏观经济政策应该是“逆风而上”，即当经济萧条时刺激经济，当经济过热时抑制经济。

下面就各学派关于政府是否需要干预经济的理论分析作一个简单介绍。

宏观经济政策的无效性

根据理性预期理论，未预见到的货币供给冲击首先会影响社会购买力的变化，使总需求曲线发生移动，从而影响到一般价格水平的变化。正是未预见到的原因，起初总有一部分人误将一般价格的变化当做相对价格的变动，从而做出偏离潜在产出的生产决策。但是，经过一段时间后，人们逐渐搞清这是一般价格的变化，从而改变未来的价格预期，使总供给曲线发生变动，并纠正原先错误的生产决策，让社会总产量恢复到潜在产出水平。也就是说，只要货币当局的政策具有系统性的操作，它就不会改变产出增长的长期路径。如果要长期影响产出，货币当局只能随机地改变货币政策，不让经济当事人掌握其规律，而代价是产出波动变得更为剧烈。这点可以用图 15-3 来加以说明。

在图 15-3 中，经济起初在 A 点处运行，A 点是总需求曲线 AD_0、总供给曲线 SAS_0 和长期供给曲线 LAS 三条曲线的交点。在 A 点，价格水平 P^* 被完全预见到(即实际和预期的价格水平一致)，产出处在其长期均衡的水平(潜在产出)Y^* 上。假设货币当局宣布打算提高货币供给(货币存量从 M_0 增至 M_1)，理性的当事人在形成他们的预期时会考虑到这个信息并完全预见到货币供给的提高对一般价格水平的影响，结果，产出会停留在潜在产出 Y^* 上不发生变动。当货币工资在一个向上的价格预期之下提高时，总需求曲线从 AD_0 向右移到 AD_1 的效果就会被总供给曲线从 SAS_0 向左移动到 SAS_1 所抵消。在这种情况下，经济将从 A 点直接移动到 C 点，停留在垂直的长期供给曲线 LAS 上，即使在短期，产出也不会发生变化，也就是说，货币是中性的。

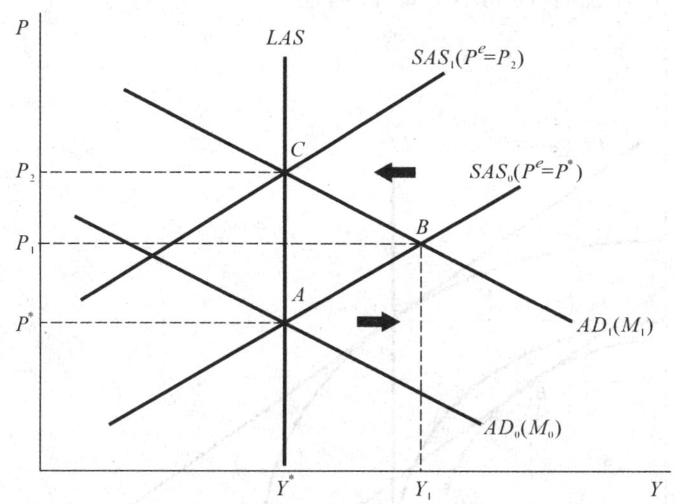

图 15-3　理性预期学派的“政策无效性”

相反地，如果货币当局在未宣布其打算即出乎许多人意料的情况下增加货币供给，那么拥有不完全信息的企业和工人很可能会把一般价格水平上升的结果错误地当做相对价格的上升，进而做出提高产量和增加劳动供给的反应。例如，在图 15-3 中，当总需求曲线从 AD_0 移动到 AD_1 时，社会没有改变价格预期，总供给曲线仍为 SAS_0。AD_1 与 SAS_0 相交于 B 点。此时经济的产出增至 Y_1，偏离潜在产出 Y^*，这正是预期误差的结果。按照理性预期理论的说法，产量偏离潜在产出的变化都是暂时的。一旦当事人意识到相对价格并没有发生变化，产量又会回到它们的长期均衡(潜在产出)水平。在图 15-3 中，当人们纠正了价格预期，总供给曲线就会从 SAS_0 向左移动到 SAS_1，与 AD_0 在 C 点相交。产量又会回到潜在产出 Y^*，但是，价格却从 P^* 上升到了 P_2。

总之，理性预期学派的观点是：其一，能预期到的货币供给的变化将只改变价格水平，对实际产出不会产生影响；其二，只有未预期到的货币供给的变化才会影响实际产出。宽松的货币政策可能会暂时增加实际产出，但最终只会制造通货膨胀，而不会影响实际产出。

时间不一致性

时间不一致性(time inconsistency)是指政府在某一时期制定并执行一项最优政策，随着时间推移，由于政策环境的变化，原来是最优的政策变得不是最优的了。如果政府的行动可以不受约束或允许政府相机抉择的话，有时一项政策起初是最优的，但在社会不断改变价格预期的情况下，最后可能会变得非最优的了。由于短期菲利普斯曲线揭示了通货膨胀和失业之间存在一种短期替代关系，政府为了争取更大的支持率，往往会利用经济政策对经济进行“调整”。例如，起初时候通货膨胀为 0，失业为自然率。政府为了争取支持率，制订了一项“以通货膨胀换就业”的计划。计划实施初期，人们的通货膨胀预期为 0，社会对以低通货膨胀换更高就业计划是满意的。但是，随着计划实施的持续，人们会逐渐改变对通货膨胀的预期，短期菲利普斯曲线会向右移动，失业又会回到自然率水平。最后，人们会发现通货膨胀并不能持续换来更高的就业。结果，制订的计划与执行的计划之间的经济环境发生了分离，进而产生所谓的“动态不一致性”。

下面我们用图 15-4 说明“时间不一致性”问题。

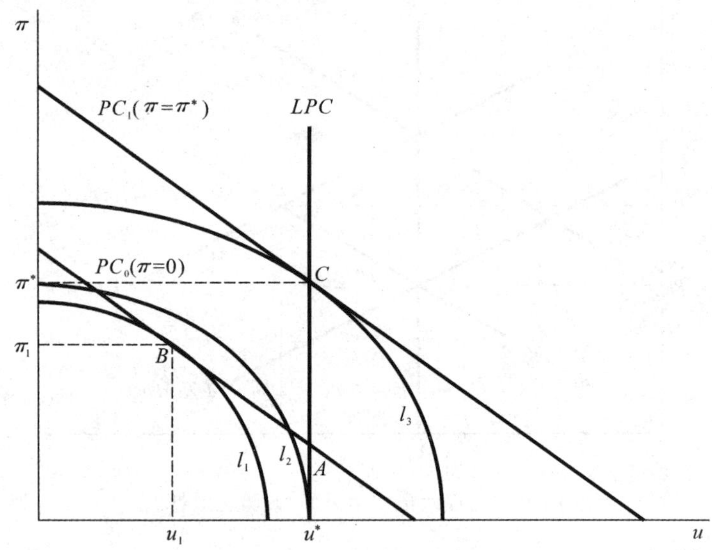

图 15-4　时间不一致问题

在图 15-4 中，横轴表示失业率，纵横表示通货膨胀率。一簇外凸曲线 l_1、l_2、l_3……为表示政府厌恶函数的无差异曲线。失业和通货膨胀都是厌恶品，厌恶程度 B 是失业率 u 和通货膨胀率 π 的递增函数。政府自然希望 B 越小越好，因此会选择靠近原点无差异曲线上的组合。PC_0 是通货膨胀率等于 0 时的短期菲利普斯曲线。如果起初经济处在 A 点，通货膨胀率为 0，失业率为自然率 u^*。一个短视的政府可能就会追求短期厌恶最小化目标，通过扩张经济政策，使经济达到短期均衡点 B，失业率下降到 u_1，而通货膨胀率上升到 π_1。然而，随着时间推移，人们对通货膨胀率的预期不再是 0，而是 π_1（>0）。这时，短期菲利普斯曲线就会向右移动，B 点自然也就不再是短期均衡点了。短视的政府又会在经济处于预期通货膨胀率等于 π_1 的短期菲利普斯曲线上寻找新的短期均衡点……最终，政府使经济处于 C 点（短期菲利普斯曲线 PC_1 和厌恶函数的无差异曲线 l_3 的切点落在长期菲利普斯曲线 LPC 上，且可看作短视政府与社会博弈的长期均衡点)，这时，失业率仍为自然率 u^*，可是通货膨胀率却达到 π^*。这是因为，过 A 点厌恶无差异曲线 l_2 代表的厌恶程度要低于过 C 点厌恶无差异曲线 l_3 代表的厌恶程度。从长期来看，稳定政策不但没有使厌恶程度下降，反而使厌恶程度上升了。因此，早知如此，政府最初还不如让经济处在 A 点。

宏观经济政策对改善社会福利的影响

与新古典宏观经济学家的观点不同，新凯恩斯主义者不但不认为稳定政策是无效的和有害的，反而认为它是有用的，有助于改善社会福利。我们用下面的模型说明稳定政策对改善社会福利的作用，如图 15-5 所示。

假定经济起初位于总需求曲线 AD_0 和短期总供给曲线 SAS_0 及长期总供给曲线 LAS 共同的交点上，这时价格水平为 P^*，实际收入为充分就业的收入 Y^*。如果经济受到总需求冲击(不妨设其为负向的)，则会使总需求曲线从 AD_0 向左移动到 AD_1。

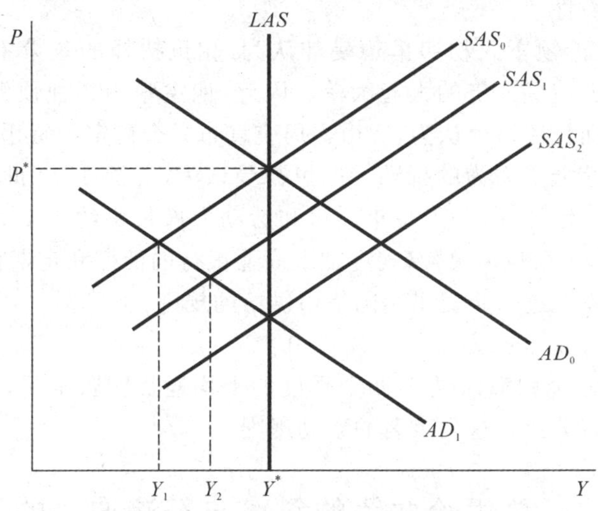

图 15-5　新凯恩斯主义稳定政策

现在假定劳动市场的工资合同为期 2 年，且每年都有一半合同需要重新签订。按照新凯恩斯主义者的理论，当总需求曲线移到 AD_1 后，实际产出(或收入)下降到 Y_1，这种状态会一直持续到第一批劳动合同被重新签订时为止。在第一批占总数一半的劳动合同重新签订时，劳动供求双方达成了较低的名义工资协议，较低的名义工资使短期总供给曲线向右移动到 SAS_1，这时，实际产出(或收入)将增加到 Y_2。直到总需求发生冲击后的第二年，当第二批劳动合同重新签订时，总供给曲线向右移动到 SAS_2 为止，产出(或收入)才会恢复到总需求发生冲击前的充分就业时的水平 Y^*。

新凯恩斯主义者的政策观点是，由于价格和工资的黏性，经济出现总需求冲击后(如导致经济衰退)，从一个非充分就业的均衡状态回复到充分就业的均衡状态是一个缓慢的过程，因此用政策来刺激总需求是必要的，不能等待工资和价格向下的压力自动带来经济恢复，因为这将是一个长期而痛苦的过程。

相机抉择和单一规则

凯恩斯主义者、新凯恩斯主义者甚至货币主义者都认为，虽然资本主义经济体制具有某些自动稳定器的功能，可以起到缓和经济周期的作用，但是仍不足以克服经济周期可能带来的严重经济衰退和恶性通货膨胀。因而，政府需要应用“逆经济风向”的经济政策“熨平”经济周期，改善社会福利。然而，赞成政府干预经济的经济学家在具体如何操作、如何制定政策的问题上却存在一定分歧，大致可以分为“相机抉择”(discretion)和“单一规则”(single rule)两种观点。下面以货币政策为例说明两者的差异。

相机抉择是指政府根据一定时期的经济社会状况，有机动地决定和选择不同类型的反经济周期的经济政策工具，干预经济运行，实现宏观经济目标。货币当局或中央银行通过改变准备金或货币流量变化率，调节宏观经济走向，控制失业率和通货膨胀率。相机抉择的货币政策是指：当经济衰退、失业增加、总需求不足时，货币当局应该增加货币供给，降低利率，刺激经济；当经济过热、通货膨胀加剧、总需求过度时，货币当局应该减少货币供给，提高利率。然而，相机抉择只给出了政策的方向，却没有提及政策的力度。相机抉择的政策力度往往带有很大的主观随意性。

相反地，货币主义的领军人物弗里德曼却认为，相机抉择的政策不仅很难收到预期效果，甚至还会适得其反，造成经济的大起大落。因此，他主张用一种预先制定的对货币投放有约束力的“规则”取而代之。他认为，货币当局应宣布一个稳定的货币供给增长率，以避免对价格膨胀和通货紧缩造成人为的扰动。弗里德曼认为，美国在20世纪70年代以前每年物价上涨为3%～5%，他估计，美国每年人口和劳动力增长率约为1%～2%，每年的GDP增长率约为3%，这样，货币供应总额（现金加上商业银行的活期和定期存款）每年增长3%～5%就可以了。后来，泰勒进一步提出美国货币供给的规则：

$$r=\pi+0.5\Delta Y+0.5(\pi-0.02)+0.02$$

上式中，r 为联邦基金利率，π 为前四个季度的平均通货膨胀水平，ΔY 为实际产出相对潜在产出出现偏离的百分比。这是著名的泰勒规则。

附录1　总供给曲线的斜率与经济波动的关系

在15.1节中，我们用振幅来说明经济波动的大小只是出于一种方便考虑。严格地说，说明随机波动的大小应该采用（振幅的）方差，而非振幅。为了说明问题的方便起见，这里我们假定只有来自总需求方面的冲击 ε。设总供给曲线为 $Y=Y^*+(P-P^e)/\lambda$，总需求曲线为 $P=-\alpha Y+\varepsilon$（舍掉无关紧要的常数项），λ 是总供给曲线斜率（$0\leqslant\lambda<+\infty$），$\alpha$ 是总需求曲线斜率（$0<\alpha$），P^e 是预期价格。根据上述方程组，我们解得均衡产量 Y^e 和它的方差 σ_Y^2：

$$Y^e=\frac{\lambda Y^*-P^e}{\lambda+\alpha}+\frac{\varepsilon}{\lambda+\alpha},\ \sigma_Y^2=\left(\frac{1}{\lambda+\alpha}\right)^2\sigma_\varepsilon^2$$，其中，σ_ε^2 是总需求冲击 ε 的方差。

因为 $\frac{d\sigma_Y^2}{d\lambda}=\frac{-2\sigma_\varepsilon^2}{(\lambda+\alpha)^3}<0$，故总供给曲线斜率越大，经济波动就越小。当价格具有完全黏性，即总供给曲线水平（$\lambda=0$）时，经济波动将最大，因为 $\sigma_{YMAX}^2=\frac{\sigma_\varepsilon^2}{\alpha^2}$。当价格具有完全弹性，即总供给曲线垂直（$\lambda\to\infty$）时，经济波动最小，因为 $\sigma_{YMIN}^2=0$。

附录2　货币经济周期模型

总需求曲线

根据货币需求函数 $MV=PY$，其中，M 是名义货币，P 是价格，Y 是产出，V 是货币流通速度。两边取对数，有 $\ln M+\ln V=\ln P+\ln Y$，如果 $\ln V$ 随机变动，取 $m=\ln M$，$p=\ln P$，$y=\ln Y$，就有总需求曲线 $y=\alpha+(m-p)$（舍掉无关紧要的常数项，α 为除了货币供给外的白噪声，期望值等于0且随机扰动，即 $E\alpha=0$）。

经济周期模型

根据前面的讨论，我们有总供给曲线 $y^s=y^*+\lambda(p-p^e)$ 和总需求曲线 $y^d=\alpha+(m-p)$。

当经济达到均衡时，$y=y^s=y^d$。

对总供给曲线和总需求曲线两边取期望，有：

$$y^e=y^*,$$

$y^e = m^e - p^e$，

解得：$y^* = m^e - p^e$，将总供给曲线和总需求曲线分别减去上面两式，得到：

$y - y^* = \lambda(p - p^e)$，

$y - y^* = \alpha + (m - m^e) - (p - p^e)$，

解得：

$$y = y^* + \frac{\lambda}{1+\lambda}[\alpha + (m - m^e)],$$

$$p = m^e - y^* + \frac{1}{1+\lambda}[\alpha + (m - m^e)]。$$

由于人们经过一段时间总能预期到总需求的波动 α，故 α 不能导致产量 y 长期偏离潜在产出 y^*，只有未预期到的货币供给量的变化$(m - m^e)$才能使产出水平长期偏离潜在产出。

附录3　实际经济周期的基本模型

假设经济由众多永远存在的相同的家庭组成，它们做出有关消费、投资和劳动供给的决策。再假定家庭决策者无限理性，能确定未来消费序列 C_t，每个家庭的目的是选择消费序列 C_t，使长期效用最大化，即：

$$\max E_t U = E_t\left[\sum_{i=0}^{\infty} \beta^{t+i} u(C_{t+i})\right],$$

其中，β 是贴现因子。

为了讨论的方便起见，假定人口和劳动力固定，这个经济中所生产的实际收入取决于技术和资本存量，从而总产量可表示为：

$$Y_t = A_t f(K_t) = C_t + I_t。$$

在简单的新古典框架下，产品要么被消费掉，要么被用于投资。资本存量的运动规律为下一期的资本等于新投资加上本时期资本存量再减去折旧，即：

$$K_{t+1} = (1-\delta)K_t + I_t$$

综上所述，可以归纳为以下最优规划问题：

$$\max E_t U = E_t\left[\sum_{i=0}^{\infty} \beta^{t+i} u(C_{t+i})\right]$$

$$\text{s.t. } Y_t = A_t f(K_t) = C_t + I_t, \quad K_{t+1} = (1-\delta)K_t + I_t$$

将 $Y_t = A_t f(K_t) = C_t + I_t$ 和 $K_{t+1} = (1-\delta)K_t + I_t$ 代入 $E_t U = E_t\left[\sum_{i=0}^{\infty} \beta^{t+i} u(C_{t+i})\right]$，可得：

$$\max E_t U = E_t\left\{\sum_{t=0}^{\infty} \beta^{t+i} u[A_{t+i} f(K_{t+i}) - K_{t+i+1} + (1-\delta)K_{t+i}]\right\}$$

对 K_{t+1} 求导，可得：

$-\beta u'(C_t) + E_t\{\beta^{t+1} u'(C_{t+1})[A_{t+1} f'(K_{t+1}) - (1-\delta)]\} = 0$，简化处理后，可得到一阶条件：

$$u'(C_t) = E_t\{\beta u'(C_{t+1})[A_{t+1} f'(K_{t+1}) + (1-\delta)]\}$$

如果满足横截条件：$\lim_{i\to\infty} \beta^{t+i} u'(C_{t+i}) K_{t+i+1} = 0$，则上述最优规划的解存在。

为了得到显示解，对效用函数、生产函数和参数做一些特殊的设定，这里取：

$$u(C_t) = \ln C_t\ ,\ Y_t = A_t K_t^{\alpha}\ ,\ \delta = 1\text{（各期资本完全折旧）。}$$

根据约束条件和一阶条件，可得：

$$A_t K_t^{\alpha} = C_t + K_{t+1}\ ,$$

$$\frac{1}{C_t} = \mathrm{E}_t\left[\beta\frac{\alpha A_{t+1}K_{t+1}^{\alpha-1}}{C_{t+1}}\right] = \alpha\beta\mathrm{E}_t\left[\frac{Y_{t+1}}{C_{t+1}(Y_t - C_t)}\right]\text{。}$$

化简后可得：

$$\frac{Y_t}{C_t} - 1 = \alpha\beta\mathrm{E}_t\left(\frac{Y_{t+1}}{C_{t+1}}\right)\text{。}$$

令 $s_t = \frac{Y_t}{C_t}$，可以得到：$s_t - 1 = \alpha\beta\mathrm{E}_t s_{t+1}$。此方程中可求得一个稳定解：$s_1 = s_2 = \cdots = s_t \cdots = s = \frac{1}{1-\alpha\beta}$。即：

$$C_t = \frac{Y_t}{1-\alpha\beta}\ ,\ K_{t+1} = \frac{\alpha\beta A_t K_t}{1-\alpha}\ ,\ Y_t = \left(\frac{\alpha\beta}{1-\alpha}\right)^{\alpha} A_t Y_{t-1}^{\alpha}\text{。}$$

取 $y_t = \ln Y_t$，$a_t = \ln A_t$，省略不重要的常数项后可以得到：

$$y_t = \alpha y_{t-1} + a_t$$

注意在舍掉常数项的过程中，潜在产出也被“舍掉”了，剩下的就是“波动”部分。

假设技术冲击服从一阶自回归过程，即：

$$a_t = \rho a_{t-1} + \varepsilon_t$$

其中，$\rho<1$，ε_t 是一个白噪声，即 $\mathrm{E}\varepsilon_t=0$。

由 $a_t = y_t - \alpha y_{t-1}$，可得：

$$y_t - \alpha y_{t-1} = \rho(y_{t-1} - \alpha y_{t-2}) + \varepsilon_t\text{，移项可得：}$$

$$y_t = (\alpha+\rho)y_{t-1} - \alpha\rho y_{t-2} + \varepsilon_t\ ,$$

即产出是一个二阶自回归过程。

附录4　对实际经济周期模型中工资顺周期的说明

为了讨论的方便起见，这里将多时段简化为两时段，即：

$$\max\left[C_1 - \frac{L_1^{1-\eta}-1}{1-\eta} + \beta\left(C_2 - \frac{L_2^{1-\eta}}{1-\eta}\right)\right]$$

$$\text{s.t. } C_1 + S = W_1 L_1\ ,\ C_2 = W_2 L_2 + (1+r)S\text{，其中，}\eta<0$$

$$\Leftrightarrow \max\left[C_1 - \frac{L_1^{1-\eta}-1}{1-\eta} + \beta\left(C_2 - \frac{L_2^{1-\eta}}{1-\eta}\right)\right]$$

$$\text{s.t. } W_2 L_2 + (1+r)W_1 L_1 - (1+r)C_1 - C_2 = 0$$

构建拉氏函数为：

$$F = \left[C_1 - \frac{L_1^{1-\eta}-1}{1-\eta} + \beta\left(C_2 - \frac{L_2^{1-\eta}}{1-\eta}\right)\right] + \lambda\left[W_2L_2 + (1+r)W_1L_1 - (1+r)C_1 - C_2\right]$$

一阶条件为：

$$\frac{\partial F}{\partial L_1} = -L_1^{-\eta} + \lambda(1+r)W_1 = 0$$

$$\frac{\partial F}{\partial L_2} = -\beta L_2^{-\eta} + \lambda W_2 = 0$$

$$\frac{\partial F}{\partial \lambda} = W_2 L_2 + (1+r) W_1 L_1 - (1+r) C_1 - C_2 = 0$$

前两式相除，整理可得：$\frac{L_1}{L_2} = [\beta(1+r)]^{-\frac{1}{\eta}}\left(\frac{W_1}{W_2}\right)^{-\frac{1}{\eta}}$，其中，$-\frac{1}{\eta} > 0$。

所以，劳动供给与工资成顺周期关系。

附录5　对时间不一致性的说明

为了说明问题的方便起见，设政府的厌恶函数为 $B=\pi^2+u^2$，政府短期决策的优化问题为：

$$\min B = \pi^2 + u^2$$

$$\text{s.t. } u = u^* - \lambda(\pi - \pi^e)$$

$\pi^e=0$ 时，上述方程就可以简化为：

$$\min B = \pi^2 + (u^* - \lambda\pi)^2$$

一阶条件为：

$$2\pi + 2\lambda(\lambda\pi - u^*) = 0$$

短期均衡点 B 对应的 $\pi_1 = \frac{\lambda u^*}{1+\lambda^2}$，$u_1 = \frac{u^*}{1+\lambda^2}$。

根据 C 点要求，应满足下面方程：

$$u = u^*$$

$$-\frac{1}{\lambda} = \left.\frac{d\pi}{du}\right|_{SRPC} = -\frac{\frac{\partial B}{\partial u}}{\frac{\partial B}{\partial \pi}} = -\frac{2u}{2\pi}$$　　解得：

C 点的通货膨胀率 $\pi^* = \lambda u^*$，相应的厌恶度为 $B_C = (1+\lambda^2)u^{*2}$ 要大于 A 点的厌恶度 $B_A = u^{*2}$。

选择题

1. 以下各项都是与名义变量相对的实际变量，除了(　　)。

A. 产出　　B. 就业　　C. 消费　　D. 价格

2. 按照实际经济周期理论，实际 GDP 总是(　　)。

A. 大于产出的自然率　　B. 等于产出的自然率

C. 小于产出的自然率　　D. 不能确定

3. 以下各项都是实际经济周期理论的特点，除了(　　)。

A. 价格是黏性的　　B. 经济按照古典模型的假设运行

C. 所有的失业都是自愿的　　D. 实际工资是灵活的

4. 在鲁宾逊经济假设中，实际 GDP 的变化源于(　　)。

A. 总需求的变化，如货币供给的变化

B. 总供给的变化，如技术冲击与天气的变化

C. 既不是总需求的变化也不是总供给的变化

D. 通货膨胀

5. 按照实际经济周期理论，当实际利率提高时，产出增加，这是因为（　　）。

A. 技术变化　　B. 时际劳动替代

C. 实际货币余额的变化　　D. 价格与工资黏性

6. 新古典主义经济学家把经济衰退期的产出减少解释为（　　）。

A. 过低的实际利率，导致工人选择现在休息而将劳动时间推迟到未来的某个阶段

B. 可用生产技术的退化

C. 失业保障收益的增加使工人选择更多的闲暇

D. 以上全部正确

7. 按照实际经济周期理论，以下所有关于就业的陈述都是正确的，除了（　　）。

A. 人们总是在他们的劳动供给曲线上行动

B. 就业的波动反映了想要在市场工资水平下工作的人数的变化

C. 因为实际工资完全可变，所有劳动市场总是出清的

D. 人们通过改变他们愿意供给的劳动力数量回应名义工资的变化，即使实际工资保持不变

8. 按照实际经济周期理论，货币供给的增加将（　　）。

A. 降低实际利率

B. 提高实际利率

C. 对实际利率没有影响

D. 降低实际利率或者对实际利率没有影响

9. 以下哪项不是货币非中性的论据（　　）。

A. 大萧条　　B. 经济政策与 GDP 变化之间的关系

C. 足球比赛用掷硬币决定选边的传统　　D. 控制通货膨胀的牺牲率

10. 按照实际经济周期理论，GDP 与货币供给之间的正相关性可能是由于（　　）。

A. 货币供给的增加使实际利率下降，投资与产出增加

B. 产出的增加使货币需求增加，适应了货币供给的增加

C. 货币供给的增加引起通货膨胀，降低了实际工资，增加了劳动需求量与 GDP

D. 以上全部正确

11. 新凯恩斯主义经济学家认为，短期内的黏性价格与价格是以下哪项的结果（　　）。

A. 理性预期　　B. 货币供给的改变　　C. 菜单成本　　D. 自由竞争

12. 企业不考虑它们价格的下降对（　　）的影响时，将出现总需求的外部性。

A. 通货膨胀　　B. 产出　　C. 政府支出　　D. 货币供给

13. 如果出现下列（　　）情况，协调失效可能导致经济衰退。

A. 经济参与者中无人具有竞赛精神

B. 企业保持自己的价格不变，因为它们预期其他企业也保持价格不变

C. 企业组成卡特尔以协调价格

D. 企业许诺联合，但结果却没有做到

14. 可能支持经济衰退期推行扩张性货币政策与财政政策的经济学家是(　　)。

A. 古典主义经济学家　　B. 新古典主义经济学家

C. 新凯恩斯主义经济学家　　D. 货币主义学派经济学家

15. 企业最常用(　　)来作为它们不愿改变价格的理由。

A. 它们认为这对消费者不公平

B. 它们决定等到其他企业也改变价格时再改变价格

C. 改变价格会使企业损失惨重

D. 它们担心消费者会把价格的下降误认为产品质量的下降

练习题

1. 实际经济周期理论如何解释就业的波动?

2. 个别企业价格调整的交错效应如何影响物价总水平对货币紧缩的调整?

3. 根据实际经济周期理论,持久的与暂时的技术冲击对经济应该会有完全不同的影响。用鲁宾逊经济的故事来比较暂时冲击(预期好天气只持续几天)与持久冲击(气候模式的有利变动)的影响。哪一种冲击对鲁宾逊的工作努力程度影响更大?对 GDP 的影响更大?这些冲击中哪一种会减少工作努力程度?

4. 用协调失灵理论解释经济周期现象。

5. 用工资交错调整理论解释经济周期现象。

主要参考文献

[1] [英]布莱恩·斯诺登,霍华德·R.文.现代宏观经济学:起源、发展和现状[M].佘江涛,魏威,张风雷译.南京:凤凰出版传媒集团,2009.

[2] [美]鲁迪格·多恩布什,斯坦科·费希尔,理查德·斯塔兹.宏观经济学(第十版)[M].王志伟译.北京:中国人民大学出版社,2010.

[3] [美]N.格里高利·曼昆.宏观经济学(第七版)[M].卢远瞩译.北京:中国人民大学出版社,2011.

[4] [美]罗伯特·J.巴罗.宏观经济学:现代观点[M].沈志彦,陈利贤译.上海:格致出版社等,2008.

[5] [美]斯蒂芬·D.威廉森.宏观经济学(第三版)[M].郭庆旺译.北京:中国人民大学出版社,2010.

[6] 高鸿业.西方经济学(第五版)[M].北京:中国人民大学出版社,2011.

[7] 袁志刚,樊潇彦.宏观经济学[M].北京:高等教育出版社,2008.